高职高专经济管理专业"十四五"规划精品教材·会计类

会计基础知识与应用

■ 主　编　蒋漱清　朱晓芸
■ 副主编　夏　莹　朱　琰　顾冰清

华中科技大学出版社
http://www.hustp.com
中国·武汉

内 容 提 要

本教材立足高职高专财经商贸类专业学生未来职业岗位对会计知识的需求,结合"大智移云区"背景下会计职能的变化,围绕财务会计和管理会计基础知识,以会计信息的生成和使用流程为主线,以项目任务为载体重组课程内容,构建了提升职业道德和职业能力的知识结构,改变了原来以培养学生记账技能为主的会计专业使用的基础会计教材体系。具体包括五个项目:初识会计——树立现代会计观念;识别和生成会计信息;记录制造企业会计信息;阅读与分析会计信息;解锁管理会计信息。

本书适合作为高职高专非会计类专业的专业基础课教材,也可供财经商贸从业人员参考使用。

图书在版编目(CIP)数据

会计基础知识与应用/蒋漱清,朱晓芸主编.—武汉:华中科技大学出版社,2022.8
ISBN 978-7-5680-8666-0

Ⅰ.①会… Ⅱ.①蒋… ②朱… Ⅲ.①会计学-高等职业教育-教材 Ⅳ.①F230

中国版本图书馆 CIP 数据核字(2022)第 138471 号

会计基础知识与应用　　　　　　　　　　　　　　蒋漱清　朱晓芸　主编
Kuaiji Jichu Zhishi yu Yingyong

策划编辑:聂亚文
责任编辑:段亚萍
封面设计:孢　子
责任监印:朱　玢
出版发行:华中科技大学出版社(中国·武汉)　　电话:(027)81321913
　　　　　武汉市东湖新技术开发区华工科技园　　邮编:430223
录　　排:武汉创易图文工作室
印　　刷:武汉开心印刷有限公司
开　　本:787mm×1092mm　1/16
印　　张:19.25
字　　数:514千字
版　　次:2022年8月第1版第1次印刷
定　　价:48.00元

本书若有印装质量问题,请向出版社营销中心调换
全国免费服务热线:400-6679-118　竭诚为您服务
版权所有　侵权必究

前言
PREFACE

现代信息技术与社会各行业的深度融合创造了一个全新的互联网时代,"大智移云区"(大数据、人工智能、移动互联、云计算、区块链)等新技术支撑的多维化数据系统,使业务数据与财务数据、会计数据与管理数据融于一体,这是当代商业环境最为重要的特征之一。商业活动中的新业态、新模式、新技术层出不穷,会计作为商业语言与信息系统,其运作方式必然受到这一特征的深刻影响。

财经商贸类专业的学生将来不一定从事会计核算工作,但他们一定是会计信息的使用者,培养其看懂企业运营、实践管理知识,为企业发展创造价值更为重要。目前,多数学校"会计基础知识与应用"课程的教学一般都从"会计"这一职业岗位出发,讲授会计核算和会计监督两大传统职能,以"账房先生"的工作为主。"不日新者必日退","大智移云区"时代需要能发展和运用会计的信息化功能的"企业军师"——通过信息资源共享融合来发挥会计数据在分析、预测、决策领域的重要作用。会计核算与监督职能已经不能够满足信息使用者的需求,会计工作重点更多地体现在战略制定、数据预测、执行运营以及绩效方案管理的各个环节。互联网时代,信息爆炸对未来会计信息使用人员甄别、分析、披露信息的能力提出了更高要求。专业实践自信之余,更应守住爱国、法制的底线,因此加强学生职业道德、职业素养等方面的教育不容忽视。基于此,编者对本书内容进行了全新的编排。

本书从财经商贸类实用型人才的职业需要出发,增加了管理会计基础知识,着重体现对学生使用会计信息分析和解决经济、管理中财务问题基本能力的培养,同时将求真务实、坚持原则的职业道德教育贯穿全课程,以促进学生健全、高尚人格的塑造和培养。人类命运共同体下"计利当计天下利",本书将"术""道"相结合,既注重专业知识与能力的培养,更注重立德树人的"润物细无声",将诚实守信、谨慎务实、科学管理、人性化管理、公允与平衡、责任与担当、恪守职业道德等课程思政元素融入教材。

教材内容和建议课时如表1所示。

表1 本书内容及课时

序号	教材内容	学时分配			
		讲授	案例	实操	合计
1	项目1 初识会计——树立现代会计观念	4	2		6
2	项目2 识别和生成会计信息	10	4	4	18
3	*项目3 记录制造企业会计信息(实务拓展,选修)	10		6	16
4	项目4 阅读与分析会计信息	6		4	10
5	项目5 解锁管理会计信息	8	4	2	14
6	总计	38	10	16	64

本书由无锡科技职业学院蒋漱清教授团队编写。蒋漱清负责全书结构、内容的规划、编排和统稿，肖陆嘉参与项目1的编写，朱琰负责项目2的编写，朱晓芸负责项目3和项目5的编写，顾冰清负责项目4的编写。夏莹(无锡城市职业技术学院)、徐颖、华雨斐、陆珂等也参与了相关编写工作。

　　本书配套了丰富的数字化资源，二维码扫一扫，相关学习资料、视频立即呈现，满足学生随时随地的学习需求。

　　由于编者水平有限，书中错漏之处在所难免，敬请有关专家和读者批评指正。

编者
2022年3月

目录
CONTENTS

项目 1　初识会计——树立现代会计观念 ... 1
- 1.1　分析职业岗位与会计信息 ... 3
- 1.2　认知现代会计 ... 7
- 1.3　了解现代会计目标 ... 16
- 1.4　生成会计信息的条件和方法 ... 26

项目 2　识别和生成会计信息 ... 38
- 2.1　确认会计要素 ... 41
- 2.2　设置账户 ... 56
- 2.3　学会借贷记账法 ... 61
- 2.4　学会编制财务报表 ... 79

*项目 3　记录制造企业会计信息 ... 97
- 3.1　记录筹资业务会计信息 ... 99
- 3.2　记录生产准备业务会计信息 ... 115
- 3.3　记录简单生产业务会计信息 ... 129
- 3.4　记录销售业务会计信息 ... 145
- 3.5　记录利润形成与分配业务会计信息 ... 159
- 3.6　生成制造企业会计信息 ... 179

项目 4　阅读与分析会计信息 ... 193
- 4.1　阅读会计信息 ... 196
- 4.2　分析会计信息 ... 212

项目 5　解锁管理会计信息 ... 241
- 5.1　初识管理会计 ... 243
- 5.2　分析成本性态 ... 250
- 5.3　解析本量利原理 ... 260
- 5.4　编制预算 ... 271

参考文献 ... 301

项目1
初识会计——树立现代会计观念

KUAIJI JICHU ZHISHI YU YINGYONG

知识目标

1. 理解现代会计的内涵,熟悉现代会计的对象、职能。
2. 明确现代会计目标,树立现代会计观念。
3. 了解现代会计信息的形式、生成前提及流程、方法。

能力目标

通过完成本项目任务,你应该能够:
1. 畅想未来有可能从事的经济、管理工作岗位,识别不同职业与会计的关系,能制定职业生涯规划。
2. 会分析会计在经济管理中的功能。

素养目标

1. 通过分析职业岗位与会计的关系,培养学生兢兢业业、扎实做好每一项工作的职业态度。
2. 通过认知会计和了解会计目标,培养学生爱岗敬业、诚信守法、开拓创新、廉洁奉公的职业精神。
3. 通过掌握阅读和分析会计信息的方法,树立学生"不做假账"的正确职业道德观念。

项目任务

1.1 分析职业岗位与会计信息
1.2 认知现代会计
1.3 了解现代会计目标
1.4 生成会计信息的条件和方法

案例导入

我们身边的"会计"

有一种"魔幻"的广告——"征婚启事",短短几句介绍蕴含着大量的信息,不妨试着给自己拟一则征婚启事,这其中定包括会计中的财务信息和非财务信息(见图1-1)。除了"肤白貌美""温柔善良""身高体重"……你是否还会关注"有房""有车""年薪多少"呢?

图1-1 征婚启事

有一个小姑娘是学会计的,最近谈了个对象,为了更加了解对方,她决定对小伙子来一番"审计"。

小姑娘问:你每月的"主营业务收入"是多少?

小伙子反应蛮快,心想,这是在问我工资,答:10 000元。

小姑娘为保险起见,问:是"毛"收入,还是"净"收入?

小伙子心中有点发毛,虽说每月一万,但到手没那么多。答:毛收入吧。

小姑娘心中马上打起小算盘:按最低标准计算,社保基数1 800元,个人承担9%得162元;公积金基数2 000元,个人承担10%得200元,医保基数1 600元,个人承担2%得32元,个人所得税(10 000－162－200－32－基数5 000)元×10%－210元＝250.6元。问:实发工资9 355.4元吧? 小姑娘胸有成竹。

小伙子一惊,答:你怎么知道的?

小姑娘微微一笑,问:有"其他业务收入"吧?

小伙子又一惊,答:你怎么全知道啊?

小姑娘又微微一笑,问:家里有多少"固定资产"?

小伙子有点心虚,答:摩托车、彩电、冰箱、电脑、空调、洗衣机算不算? 我妈说了,这些我家都有,到时你家就……

小姑娘打断,提醒说,按照会计标准2 000元以上的才算"固定资产"。

专业性很强的会计,不仅是从事会计工作的女主人公天天会碰到它,故事当中的男主人公在生活中也经常会接触到会计。会计涉及我们生活的很多方面,与我们未来从事的工作更是息息相关。任何一个投资者与企业经营管理者一样,都希望所做的投资决策或管理决策是正确的,而决策正确要依靠公司的财务信息、行业相关信息、宏观经济状况与经济政策的信息等,其中本企业财务信息很重要。我们作为未来经济、管理类从业人员,必须能看懂并能对这些信息进行分析。

1.1 分析职业岗位与会计信息

【任务提示】本分项任务将引领你了解学习会计的必要性和重要性。

【任务先行】基础会计是很多管理类专业的学生觉得枯燥乏味的一门必修课,他们总是疑惑自己不是会计专业的学生,为什么还是要学习基础会计。也因为一直抱着这种想法,所以很多学生在整个学期的课堂上都是插科打诨,期末考试也是抱着"及格万岁"的心态。其实当这些学生走出学校、踏上社会的时候,往往都离不开会计。有的自己创业了,当开拓好市场,生意上轨道后,发现最大的问题,就是增值税、所得税和利润报表,这时他们才发现自己对财务是一窍不通,大学里学的那些东西全忘记了。虽然他们找了代理记账公司,但做老板的总想掌管自己的财务信息,不想被牵着鼻子走,所以很多人利用闲暇时间在网上自学会计。

1.1.1 经营管理者需要有"会计思维"

"会计基础知识与应用"这门课程是会计学课程体系中的一门基础课,然而它不仅是会计专业学生的一门专业基础课程,也是经济管理类所有专业的学生必修的一门管理类基础课程。作为经济管理类的学生,毕业后无论从事什么职业,走上什么类型的工作岗位,都会接触到会计,确切地讲都将是会计信息的使用者,不懂会计思维的人,只能一辈子当基层员工。只有用"会计思维"经营,公司才能稳步提升。

会计思维是指"为了在竞争中获胜,产生利益留下资金,利用会计数字来思考的方法"。具体来说,经营管理者需要用会计数字作为思考的基础,要充分了解公司的赚钱机制和利润形成过程;同时也要了解公司的财务状况,以及资产、负债和所有者权益的构成情况;也要了解公司的现金收支情况以及现金流量结构情况。在此基础上找出让企业实现盈利或者提高盈利能力的方法,有效提高公司资金的使用效率,不断壮大企业实力。会计思维要求把企业的一切经营活动都数字化,通过进行观察和对比分析,就能看出经营变化;只要采取相应的应对措施,数字就会发生变化,而且可以看出改变措施时数字会如何变化。因此,会计思维就是以会计数字为基础,制订计划,然后实施,若有差异,就调查、分析其内容并迅速采取行动。

在企业经营过程中,必须适时掌握顾客的需求,不断培育企业业务新的增长点,经常思考企业的各项经营业务,并且在做任何决策的时候,都要学会利用会计数字问问自己:这在会计上有利润吗?这会给企业带来现金流入吗?这样持续投入下去就会有经济效益吗?……这就是典型的应用会计思维经营和管理企业。

在现代市场经济中,企业经营管理者都是在与其他公司竞争,跟其他公司在同一产业领域或同类产品一决胜负,如果企业不能在竞争中获胜,就必然被对手打垮。企业好比一辆汽车,引擎和车身在企业经营上就相当于"企业本身",而驾驶的时候要依赖的仪器和方向盘就是"会计思维"和"财务报表",驾驶者就是企业的经营管理者。企业是否拥有赚钱的利润结构和正向现金流量,取决于经营者是否运用会计思维来经营企业。如果企业能够正确快速地运用相关经营数据和每月的预算进行分析比较,一旦发现问题就立刻采取措施,就必定能够在竞争中立于不败之地,就可以让公司成为持续增长的强大公司。

1.1.2 职业岗位与会计信息的关系

一、企业的利益相关者

企业是运用各种生产要素(土地、劳动力、资本和技术),从事生产、流通、服务等经济活动,以生产或服务满足社会需要,实行自主经营、独立核算、自负盈亏,具有法人资格的经济组织。通常有以下五个特征:①企业是经济组织;②企业在经营上是独立的;③企业是以盈利为目的的;④企业具有法人资格,可以独立承担民事责任;⑤企业具有完整的组织架构,如图1-2所示。

企业的表现形式有:以投资人出资方式和责任形式不同划分为个人独资企业、合伙企业、公司制企业,其中公司制企业又可以分为有限责任公司和股份有限公司;企业按规模不同可以划分为特大型企业、大型企业、中型企业、小型企业和微型企业。

企业的利益相关者是指与企业有一定利益关系的个人或其他群体,他们能够被另一些群体组织影响,同时也能对群体组织产生影响。企业通常有以下七个利益相关者:①投资者(股东);②雇员;③政府;④债权人;⑤顾客;⑥社会主体;⑦竞争者。

投资者是企业中最重要的利益主体,其投入的资金形成企业的资本金,是企业的主要资金来源。雇员就是企业的员工,包括企业的管理者和一般员工,他们是企业主要的劳动者。政府

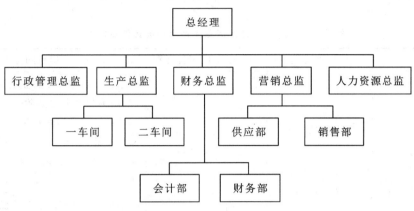

图 1-2 常见的企业组织结构图

作为社会的管理者,在企业社会责任履行中充当引导者、推动者、规制者、催化者和监督者的角色。企业的债权人关心企业的债息收入、公司运营情况,同时还关心通货膨胀和对其的法律保障。顾客关心的利益主要是物超所值、价格合理,安全可靠的产品与服务,诚实的商品信息以及周到的售后服务。社会主体主要包括社区、媒体、工商支持团体、社会大众和社会利益团体等企业相关者。这些利益相关者关注企业公共设施的安全、公害污染、社区安全、就业机会、与企业文化融合、社会正义等其他一系列问题。竞争者关心企业的市场占有率、竞争强度、产业情报、产品创新、营销策略等。

二、会计信息使用者

到底为什么经济管理类的学生都要学会计呢?这需要分析经济管理类专业学生未来的职业岗位与会计的关系。

如果你是一位投资者,你在进行投资时需要利用会计信息了解投资对象的获利能力和发展前景。如果你是一位商业银行信贷员,在做出信贷决策时,你必须根据会计信息分析贷款对象的偿债能力等。这时会计对你来说应该是一个信息系统,它能为你提供你做出投资或信贷决策所需要的会计信息。

人人需要"小会"

如果你未来升职为企业的管理者,包括公司董事会成员、公司经理以及公司计划、财务、人事、供应、市场营销、技术等方面的管理者,就需要对企业的日常经营负责,为维持企业的不断发展,关注企业的整体运行状况,协调各方面的利益关系,利用会计信息做出一系列与经营有关的决策。如筹资决策、生产决策、投资决策、员工薪酬决策、销售决策等,这些工作都离不开会计的背景支持。因此,会计对你来说不单是记账、算账,也不仅仅是一个信息系统,它还是企业管理活动的一个重要部分。

当然在更多的情况下,你扮演着企业的其他一些利益相关者的角色,如普通职工或者顾客等。职工作为劳动者,肯定希望自己能找个经济效益好点的企业就业,肯定需要关注自身报酬的高低、福利的好坏以及职业的稳定性,所以你在找工作之前也一定会去了解这个企业的盈利能力和债务结构;作为顾客购物也需要了解企业的未来各项服务承诺的可实现情况,以便做出购买决策。那么,你也需要会计信息,也需要懂得会计。

经济管理类专业学生未来的职业岗位与会计的关系如表 1-1 所示。

表 1-1　职业岗位、会计信息使用者与会计信息的关系

职业岗位	会计信息使用者	会计信息使用者类别	对会计信息的需求情况
董事长、股东	投资者	内部使用者	通过会计信息了解企业的盈利能力状况,因为盈利能力是投资人资本保值和增值的关键。但是投资人仅关心盈利能力还不够,为了解资本保值增值,他们还要研究企业的权益结构、支付能力及营运状况
厂长、总经理、部门经理	企业管理者		需要通过会计信息了解企业盈利能力、盈利的原因和过程,及时发现生产经营中存在的问题与不足,并采取有效措施解决这些问题
企划、行政外勤、招聘培训员、质量安全技工	企业职工		需要懂得反映企业就业机会及其稳定性、劳动报酬的高低和职工福利的好坏等方面的会计信息
银行信贷员、持有企业发行在外债券者	债权人	外部使用者	通过会计信息分析其债权是否能及时、足额收回,即分析企业的偿债能力,同时还要分析自身的收益状况与风险程度是否相适应
采购员、销售员	企业关联方:供应商(债权人)客户(债务人)		通过会计信息关注企业的信用状况,分析其按时、按质完成各种交易的行为,及时清算各种款项的信誉,并决定以后交易
财政、税务、统计、审计等部门工作人员	政府机关		通过会计信息监督检查企业执行国家各项政策、法规、制度的情况,并为宏观决策提供可靠信息

从表 1-1 可以看出,经济管理类专业的学生,毕业后无论走上什么类型的工作岗位,都将是会计信息的使用者。会计信息的使用者有企业外部的,如投资者、债权人、企业关联方和政府机构等;也有企业内部的,比如企业管理者、普通职工。由于他们与企业利益关系的密切程度不同,实现自身财务利益的具体途径和方式不同,所关心的重点是不同的。

1. 投资者

在企业所有的利益相关群体中,投资者是与企业利益关系最为密切的群体。投资者主要通过会计信息了解企业的盈利能力状况,因为盈利能力是投资人资本保值和增值的关键。但是投资人仅关心盈利能力还不够,为了解资本保值增值,他们还要研究企业的权益结构、支付能力及营运状况。只有投资人认为企业有着良好的发展前景,企业的所有者才会保持或增加投资,潜在投资者才能把资金投入该企业。否则,企业投资者将会尽可能抛售股权,潜在投资者将会转

向其他企业投资。随着企业规模的扩大,资金需求的扩张使企业逐步改变所有权结构,很多企业发展成为有限责任公司或股份公司,此时一部分股东因时间、能力或兴趣等原因无法直接参与企业的经营管理,会计信息成为他们了解企业财务状况和经营成果的主要信息来源。

2. 债权人

债权人包括企业借款的银行及其他金融机构,以及购买企业债券的单位与个人等。他们一方面从个体经营或收益目的出发,愿意将资金贷给企业;另一方面又要非常小心地观察和分析该企业有无违约或清算破产的可能性。一般情况下,金融机构及其他债权人不仅要求本金及时收回,而且要得到相应的报酬或收益,而收益的多少又与其承担的风险程度相适应,通常偿还期越长,风险越大。因此,债权人需要通过会计信息分析对企业的借款或其他债权是否能及时、足额收回,即分析企业的偿债能力,同时还要分析自身的收益状况与风险程度是否相适应。

3. 企业关联方

企业关联方主要是指材料供应者、产品购买者等。这些单位出于保护自身利益的需要,也非常关心往来企业的财务状况。他们需要通过财务报表关注企业的信用状况,包括商业信用和财务信用。商业信用是指按时、按质完成各种交易的行为,财务信用则指及时清算各种款项的信誉。对企业信用状况进行分析,既可以通过对企业支付能力和偿债能力的评估进行,又可以通过对利润表中反映的企业交易完成情况进行分析判断。

4. 政府机构

企业的会计资料从微观上讲,可以作为政府课税的基础资料。尽管税务部门不会完全按照企业提供的会计报表征税,但企业提供的会计资料仍然是征税的基本依据。企业财务报告从宏观上看还可以成为政府宏观决策的依据。基层企业会计报表,通过有关部门的统计和汇总,可以反映国民经济运行的基本状况,可以作为政府检验宏观政策效果和进一步实施某些经济政策的依据。

5. 企业管理者

企业的管理者主要是指企业的经理以及各分厂、部门、车间的管理人员。从对所有者负责的角度,他们首先也关心盈利能力,这只是他们的总体目标。除此之外,他们还关心盈利的原因和过程,如资产结构、营运状况、效率、经营风险与财务风险、支付能力和偿债能力等。其目的是及时发现生产经营中存在的问题与不足,并采取有效措施解决这些问题,使企业不仅能用现有资源实现更多盈利,而且使企业盈利能力保持持续增长。

6. 职工

企业内部职工最关注的是企业为其所提供的就业机会及其稳定性、劳动报酬的高低和职工福利的好坏等方面的情况。这些情况又与企业的债务结构及其盈利能力密切相关。因此,依据企业财务报表,还可以关注和评价有关职工福利等方面的情况。

因此,经济管理专业的同学应该懂得如何获取和使用会计信息,为自己的所从事的工作服务。

1.2 认知现代会计

【任务提示】本分项任务将引领你认识现代会计的起源、定义及发展历程等。

【任务先行】我们心中所向往、憧憬,社会所重视的会计到底是什么(会计不是什么)?会计已是什么(会计做了什么)?这些问题很重要。从有文字记载到现在会计留下来的东西,了解其本质,了解会计的历史以后,就可以比较客观地认识现代会计。

经济发展从蒸汽时代、电气时代、信息时代逐渐过渡到今天的数字时代,技术进步对经济增长的作用越来越重要。"大智移云"等新技术把经济发展引入数字经济时代,同时也促使现代会计发展进入了一个全新的时代。会计发展至少存在两大基础:理性基础和技术基础。所谓理性基础,是指会计系统赖以建立和存在的基本前提,如会计假设及会计基本理论等。所谓技术基础,是指会计系统得以正常运行的技术支撑或技术手段。会计的起源就与计算和记录技术有着密切的联系,在现代会计演进中,每次计算和记录技术手段的重要发展都会对现代会计演进产生直接影响。技术进步是现代会计发展演进的直接动因。

1.2.1 会计是什么

一、"会计"就是把钱的事讲清楚

会计自古以来就是一种国际通用的商业语言。会计既是经济管理的工具,又是经济管理的重要组成部分。

会计有财务会计和管理会计两大分支,可以从两个角度分别理解会计的定义。

1. 财务会计

财务会计是以货币为计量单位,运用专门的方法和程序,对会计主体(企业、事业、机关、团体等单位)的各项经济活动进行全面、综合、连续、系统的核算和监督,旨在提高经济效益的一种经济管理活动。简而言之,会计就是指将能够换算成金额的所有交易和事项,按照一定的记账规则(即借贷记账法)归纳整理到财务报表上,同时也是针对出资者、投资人、债权人等对象报告企业特定期间内的财务状况、经营成果以及现金流量情况。财务会计属于对外会计,需要把企业的资金运动用统一规范的会计语言进行交流传递,通过会计提供的信息,看数字就能清楚地知道相关交易详情,无须文字说明。

会计核算贯穿于经济活动全过程,是会计最基本的职能,也称反映职能,它是指会计以货币为主要计量单位,通过确认、计量、记录、报告等环节,对特定主体的经济活动进行记账、算账、报账,为各有关方面提供会计信息的功能。记账是指对特定对象的经济活动采用一定的记账方法,在账簿中进行登记;算账是指在记账的基础上,对企业一定时期的收入、费用(成本)、利润和一定日期的资产、负债、所有者权益进行计算;报账是指在算账的基础上,对企业单位的财务状况、经营成果和现金流量情况,以会计报表的形式向有关方面报告。所以说财务会计对公司业务只是事后核算,在业务完成后将业务数据交予会计人员核算出财务数据。

2. 管理会计

管理会计是一个管理学名词,是为强化企业内部经营管理、提高经济效益服务的。它运用一系列专门的方式方法,收集、汇总、分析和报告各种经济信息,借以进行预测和决策,制订计划,对经营业务进行控制,并对业绩进行评价,以保证企业改善经营管理,提高经济效益。管理会计属于对内会计,对财务会计信息做价值评价,进而提出解决方案,把业务、财务和技术一体化,服务事前、事中和事后,会计工作也实现了四个转变:

一是意识转变。销售总监在制定营销政策时,应该了解公司该类业务在行业中的地位,是垄断者、领头羊还是跟随者,不同的行业地位在市场上的话语权是不一样的;了解行业发展趋势,是下游市场供求量有增加趋势,还是纷纷面临转型、找替代品,上游原料工序状况如何,接下来会如何影响产品定价,可能造成的影响结果是什么;了解客户需求,通过了解客户需求对应预测未来业务收入情况、制定业务员激励政策、评估现有产能等。

二是专业技能转变。技能转换要求我们从掌握单一的会计基础知识转变为具有商业敏感度、逻辑分析能力的人员。对数据进行不断的分析、挖掘、利用,实现数据的增值。

三是沟通能力转变。将财务数据转化为业务部门需要的建议,并在理解业务的基础上回应业务部门的质疑,提高沟通效率。

四是眼界的转变。财务人员的眼界不能局限于眼前的凭证、报表、单据,我们应将眼界扩展至行业、客户、供应商;不能将眼界局限于会计准则的要求,还应放眼于行业政策、行业趋势、商业模式、竞争者信息等。

不论古今中外,人们从事各种经济活动,都要讲究经济效益,即将从事经济活动所投入的人力、物力和财力与产出进行比较,确定经济效益,并通过分析评价,总结经验,用于经济决策,以便取得更大的经济效益。为了进行科学的决策和有效经营,就要借助于各种有用的经济信息,例如企业的资产、负债、所有者权益、销售收入、销售成本、毛利率、管理费用、销售费用、利润等信息,而这些信息都要依赖于会计信息系统来提供相关数据。如果对企业的各项经济活动心中无数,就不能适时调整和控制经济活动,并难以取得预期的经济效益。会计就是满足经济决策需要的一种信息系统,它既包括对某一经济组织各项活动的财务成本信息进行观察、计算、记录、分类、汇总、分析和总结评价,又包括对该组织未来和目前的经济活动进行预测和控制,以便于会计信息使用者做出明智的决策。

会计中的真善美

在现代知识体系中,因为发现存在的"真",形成了科学;让存在满足人类身心健康需要,就表达了存在对人类的"善",产生了"管理";使存在成为人类赏心悦目的东西,满足了人类的"爱美"之心,表现为"艺术"。

1. 真。我们最常说的"真"就是科学,那么科学到底是什么?真实有真和假两个层面,因为有真的实,也有假的实。我们需要真的实还是假的实?真的实还有两个层面,即全面的和片面的。什么是全面的呢?全面的就是整体的。什么是片面的呢?一个因素、一个侧面。会计中的"真"就是要做真账,不做假账,任何记录和计量都必须客观真实,只有经过审核无误的原始凭证(凭据)才能据以编制记账凭证,登记账簿进行加工处理,这就使会计信息具有真实性和可验证性。

2. 善。善不外乎大善与小善。所有善,集中表达了人类以下这些基本理念:在自然面前,人类是渺小的;对于人类而言,会计是渺小的;对于会计而言,每一个会计人是渺小的。反过来,我们每个个体对于会计行业,会计行业对于人类社会,人类社会对于整个自然,不再渺小。体现并追求这种不渺小,就形成了朴实无华的"善"的概念。会计行业,在人类社会文明进步当中不再渺小,那就必须对人类文明进步有"善"的贡献,即表现为激发、鼓励、引起人类表达善意,而不应该助长恶行,通俗来讲就是要劝诫、阻止违反财经纪律、违反会计准则的行为。

3. 美。美是人类赏心悦目的东西,满足了人类的"爱美"之心,表现为"艺术"。会计有一种形式美——"变量A—变量B=变量C",即一个指标减另一个指标等于一个结果性指标:资产—负债=所有者权益,收入—费用=利润,流入—流出=净流量。三张报表,三个最基本的公式,我们通常把它们概括为会计的形式美。会计中最重要的一张表是资产负债表,它最大的特点是左右两边始终是平衡的,现代经济学当中很多非常棘手的问题,在资产负债表中得到了一览无遗的充分表达。因此,一张资产负债表既可以是两权分离的直观表达方式,又可以看作是对公司治理内在制衡机理的直观体现。借贷两极永远相等,不仅仅代表着数量上的平衡,更代表着一种责任和权利的平衡、资源和能力的平衡、委托和代理关系的平衡。所以,关于现代经济学的一系列难题,在现代会计学当中已经表达得非常清楚了。反过来,解释并解决现代经济学所有的难题,离开了会计的努力,都将一事无成。所以对于会计而言,美是一个永恒的存在。

二、会计发展史

中国古代原始人有很多在岩石上刻字、刻画,用来记录财产和分配财产,"计数"逐渐成为社会生活的必要。由实物记事(计数)、绘画记事(计数)、结绳记事(计数)、刻契记事(计数)等方式所体现的原始计量记录行为基本代表着同时期的"会计"行为,或者说,原始计量记录行为是会计的萌芽状态,成为会计的直接渊源。从商朝开始形成"官厅会计"。西周采用了井田制,产生了很多会计名称。《闲话中国古代会计史》提到,春秋战国时人们广泛使用算子,推动了会计记录法。秦汉时期出现了名为"计簿"的账册,会计记录在内容结构及账簿设置方面更加统一。唐朝账簿体系已经初步形成,为后来的"龙门账""四脚账"的产生奠定了基础。宋朝审计司的出现,标志着开始对经济活动和会计的监督。宋朝官府已经开始使用四柱清册。明清建立龙门账、四脚账、三脚账。龙门账遵循"有来必有去,来去必相等"的记账原则。清末引入了借贷记账法,建立了现金分录簿,选用日本国立银行采用的现金分录簿。

18世纪60年代至19世纪中期,第一次工业革命期间,开创了以蒸汽机为首的机器代替手工工具的时代,也称之为蒸汽时代。资本主义经济迅速发展,工业结构也发生了变化,出现了工厂制度和批量生产。企业规模的扩大导致经营活动更加复杂,英国首先产生了适应大生产的新的企业组织形式——股份公司。这给会计提出了新的要求,引起了会计服务对象和内容的变化。在服务对象方面,由之前的只服务单个企业到为所有企业服务,使会计成为一种社会活动;在内容方面,由之前的记账和算账增加到编制和审查报表。

19世纪70年代,进入了第二次工业革命,以电力大规模应用为代表的电气时代,加速了资本主义经济的发展。随着生产规模的社会化和激烈的竞争,工厂建立生产线、流水线,更多的科学管理理论与方法被引入会计,同时成本会计应运而生,使得会计方法更加完善和成熟。

第一、二次工业革命时期,整体经济发展水平较低,会计发展水平停留在手工会计,中间穿插机械会计,但始终以手工会计为主。

20世纪50年代之后,发生了第三次工业革命,全球进入以计算机和电子数据等为代表的信息科技时代。西方经济发展进入了一个"黄金时代",金融投资市场在世界范围内逐渐扩大。会计作为一种"商业语言",在国际经济事务和国际协调格局中扮演着不可替代的角色。同时,由于计算机广泛应用于会计领域,会计的发展由传统的手工会计向电算化会计转型。

21世纪初至今,世界进入智能化和自动化的数字经济时代。数字经济时代对信息的要求越来越高,而会计作为提供财会信息不可或缺的一个组成部分,随着新时代经济发展快速转型,由之前的电算化会计逐步向信息化及智能化转型,由核算、报表等事务性工作转向全面的财务分析和决策支持,也从低效率、低价值性活动转向高效率、高附加值活动。

回顾世界范围内经济发展与会计演进的关系可知,"经济越发展,会计越进步"。现代会计从会计电算化时代到会计信息化时代,再到现在的会计智能化时代,经济发展的客观环境及其变化对会计有着直接的影响。这期间现代会计经历了一个由低级到高级、从简单到复杂、从不完善到逐渐完善的发展过程。

1.2.2 现代会计是什么

一、会计发展的现状

会计学是一门人人都觉得非常有用的学问,是现代商业活动的基石。没有现代会计学的基本知识,就根本不可能从事任何商业活动。所以对现代人来说,会计知识几乎与空气、阳光和水一样不可或缺。

1. 经济管理工作与会计工作联系紧密

会计是经济部门的重要环节,我国也针对会计制定了会计法,全面约束了会计行业的现代化发展趋势。实践中相关会计行业的内容创新,也要与现代化的形势进行接轨,逐步走向世界、走向全球,才能与管理紧密联系。国家经济走向世界和国际化,需要会计融入国际会计行业中,积极构建国内经济环境的隶属点,积极发扬具有特色的优秀会计服务方向,强化经济管理工作与会计工作的紧密联系,才能实现会计管理工作的可持续性发展。

2. 有现代会计才有企业的现代化发展体系

会计很多观念受到一定因素的影响,如所处环境和管理理念、手段的影响,特别是其传播经济管理的特点,使得其也必须注重现代化的发展趋势。当下严峻的市场竞争形势,也促使会计体系进行全面的革新,如打破了传统经济体制的束缚,经营单位逐渐形成了以市场经济为主体的全面管理体系,注重时代性的市场发展需求,会计也开始逐渐实现了现代化。在现代化的会计理论发展方面,企业应加强对相关会计理论的掌握,注重多样化的会计研究视角,全面真实地实现会计的社会职能,运用多样化的角度进行会计的现代化发展,才能让会计跟随时代发展的变迁,注重全面现代化的发展体系建设,才能与国际会计时刻保持接轨。

3. 新问题、新挑战提出了更高的目标

我国在会计法律法规中明确要求会计信息应具有一定的真实有效性,在经济管理上要做到经济活动状况的真实反映,明确要求会计在经济管理上要注重信息的真实性,注重相关经济活动的准确性,真正避免弄虚作假,才能实现会计的长远发展。经济管理体系中有效的会计法律法规的落实,能够防范一些知法犯法行为,能够避免相关违法乱纪事件的发生。会计应严格履行法律职能并遵守一定的法律条文,健全相关监督管理制度,通过高质量、规范化的会计行为来促进现代化的发展。会计工作者应高度重视会计法律和相关文件,注重以主人翁的态度进行审视,进行相关法律法规的全面构建,同时在实践中规范会计行为,保障会计工作质量,才能真正地促进市场经济高效化运转。

二、现代会计的职能

现代会计的职能是指会计在经济管理中所具有的职能,是会计本质的外在表现,传统会计的基本职能是核算和监督。随着人工智能时代的到来,现代会计工作的各个方面都发生了重大的变化,会计的职能也会随之发生变化,一些新的职能不断出现。财务机器人在企业工作中承担着一些重复性高的会计工作,包括基本会计核算、会计监督等。财务机器人可以模拟人在会计核算中对重复性项目的处理,通过程序让这些重复性的会计核算工作自动循环;可以根据设置好的程序,针对经济业务引起的资金运动进行程序化的审核,如自动识别发票、审核记账凭证,在此基础上完成制单、记账并审核;可以根据设置好的程序,监控和管理各自动化财务流程,根据既定的业务逻辑自行做出判断,识别财务流程中的优化点。这种会计进步对现代会计的职能提出了转型要求。

1. 侧重管理职能

会计管理是在企业资金运营、成本管控等环节,以公司战略为目标进行的价值管理,是对企业生产经营活动实行宽泛的全程性、动态化、多维度的管理与控制。财务机器人通过履行会计核算职能,将企业的财务状况和经营成果以数据的形式加以呈现。这些会计信息是对企业经营完成情况的客观反映,是开展会计管理的依据,要履行会计管理的职能还需要会计人的判断和执行。会计管理职能应重点包括:

(1)对企业经营活动做出价值判断及合理的评价,通过评价发现不足,进一步挖掘潜力;

(2)在企业动态化、多维度的经营中会有许多随机的不确定因素产生,而且有些不确定因素可能是企业正常经营的隐患,要对隐患进行控制、监测、抑制;

(3)构建完善的企业预算体系,实现对企业当前拥有的各项资源的合理配置,提升企业各项运营活动的均衡性。

通过梳理、协调及综合评估,实现对企业运营管理、业务绩效进行科学评价,及时找出预算和绩效之间的偏差,根据偏差产生原因,提出对应的优化对策,以此促进企业各项资源的高效运用。执行会计管理是企业正常经营和可持续发展的重要因素,是智能时代下现代会计的重要职能所在,是财务机器人不能替代完成的。

2. 强化预测、决策职能

所谓预测,就是根据企业过去一段时期的财务信息,结合目前面临和即将面临的各种变化因素,运用数理统计方法,结合主观判断,来预测企业未来的财务状况及经营态势。预测是超前思维的过程,是对未来各种可能前景的思考和认识,预测体现会计管理的事先性,可以帮助会计管理未来的不确定性,使我们对未来的无知降到最低限度。要完成财务及经营预测,财务机器人只能根据设定程序及计算公式推演和提供各种预测数据,而对预测数据的分析、评价需要会计人主观的职业判断。投资是企业可持续发展的源泉和动力,正确的投资决策可以维护和推动企业的成长,错误的投资决策可能使企业面临破产的灾难。投资决策涉及对投资项目未来发展前景的判断和估计,而未来是充满着不确定性和风险的。财务机器人可以针对投资方案完成数据的定量分析,但是如何择优,则需要会计人对投资方案做充分的定性分析。这包括结合历史的经验综合比较,分析行业内外的变化情况,预计和推测未来经营活动的变动趋势和风险,权衡各方案的利弊,最终通过理性的职业判断,择优决策。

人工智能在会计领域的应用,通过财务机器人将会计人从繁重且重复的会计核算工作中解放出来。财务机器人较好地履行了会计核算与会计监督两大基本会计职能,使会计人由财务数据的生产者变为财务数据的使用者。由于财务机器人是人工智能软件,是在人为设置的程序下工作的,它不具备人类的思考能力,也不像人类能够依靠常识及丰富的经验等去理解、判断,且面对经济多元化的随机性会计事项的会计管理,对诸多不确定性因素的会计预测,错综复杂的会计决策等,财务机器人因没有预先设定的程序可遵循而无能为力。所以,财务机器人入侵会计,只是替代履行了会计核算与监督两项会计职能。这使会计人有更多的时间和精力完成会计管理、会计预测、决策等更有价值的工作,使现代会计更侧重履行会计管理、经营预测和决策的职能,为企业经营管理服务,为企业创造价值和持续发展服务。

会计文化

会计文化的内容十分丰富,其核心内容是会计价值观,会计价值观的核心价值是诚信。而会计精神是会计文化的主干,是会计工作的血脉和灵魂。

从《孟子·万章下》说,"孔子尝为委吏矣,曰:'会计当而已矣'",到《韩非子·说林上》说,"巧诈不如拙诚",再到《史记·夏本纪》载,"禹会诸侯江南,计功而崩,因葬焉,命曰会稽。会稽者,会计也";从明清的徽州会计、晋商会计、潮商会计的诚信衣钵,到1940年,在《敬告国内有志于会计职业之青年》一文中,被誉为"中国现代会计之父"的潘序伦先生提出,"信之一字,所包甚广。简言之,即诚实不欺,言行如一,有诺必践之谓也。孔子云,民无信不立。可见信为吾人立身之要件,尤为吾会计从业员之要件,此因吾辈会计员受人重托,担任金钱财产之记录、保管及管理工作,设稍于信字有亏,则不仅本人名裂,亦将贻害社会";国务院前总理朱镕基同志指出,"诚信为本,操守为重,坚持原则,不做假账",财政部前副部长王军也曾指出,"诚信是会计行业的核心价值观和灵魂"。以上这些精辟的话语,都强调了会计要守诚信及其重要性,会计人员必须守诚信,会计报告必须真实可信,这才是会计的核心本质所在。

从会计产生以来,虽然会计的方法、技术以及所提供的信息内容都发生了巨大的变化,但会计的这种诚信价值观始终没有改变。在现代市场经济中,会计诚信不仅会影响企业的信誉,乃至企业的发展与兴衰,而且对于建立一个公平的市场、文明和谐的社会具有重要而深远的意义。所以,诚信是会计行业职业道德的核心和精髓,是立业之本和发展之要,是会计文化的核心价值观。

经过广大会计工作者的实践积淀和精心培育,经过不断挖掘和认真提炼,激励会计事业永葆青春、永续发展的会计精神就是:爱岗敬业、守法诚信的坚定信念,开拓进取、务实精进的创新意识,严谨求实、客观公正的科学态度,淡泊名利、无私奉献的崇高品质。以社会主义核心价值观为引领,树立会计人崇高的理想信念、价值理念和道德观念,努力培养会计人的大局观念、专业品格、责任意识和团队精神,形成一种朝气蓬勃、积极向上、充满活力的良好氛围,使团结务实、创新发展、廉洁奉公的优良作风内化于心、外化于行,实现自我价值提升。

1.2.3 现代会计的对象

我们以制造企业为例来看一下企业的基本业务流程。企业要制造产品,首先必须筹资来购买生产中必备的三要素——设备、原材料和人力。其次,对原材料进行加工形成在产品,一旦所有加工工序完成,在产品就变成了产成品。此时,设备的价值以折旧的形式,部分进入本期产品成本中,而人力成本也以工资、奖金的形式进入本期产品成本。最后,通过产品销售收回现金,从而完成了一次基本业务的流转。由于生产的连续性,这种基本业务流转周而复始地反复进行,直到企业寿命终结。上述基本业务流程如图1-3所示。

会计既然是要把"钱"的那些事讲清楚,那么会计核算的对象就是资金和资金运动,就是将企业能够换算成金额的所有交易和事项反映出来。企业的资金运动包括资金投入、资金运用、资金退出三个环节,具体到营利组织(企业)、非营利组织(事业、行政单位)的资金运动过程又有

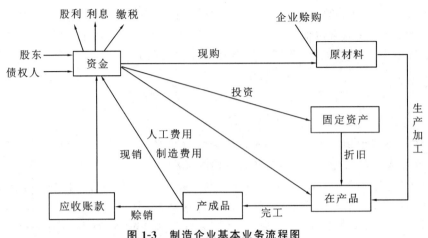

图 1-3 制造企业基本业务流程图

"小会"的工作 1

较大的差异。同是营利组织（企业）的工业、农业、商业、交通运输业、建筑业及金融业等不同行业的资金运动过程也各有特点。

我们还是以制造企业为例来看一下企业的资金运动的一般过程。制造企业是从事工业产品生产和销售的营利性组织。为了开展产品的生产与销售活动,工业企业必须拥有一定数量的资金。企业通过发行股票等方式从国家、其他企业单位、个人等投资者处取得的资金构成企业的自有资金,企业通过发行债券、借款、应付款项等方式取得的资金称为借入资金,上述投入和借入的资金表现为企业可以支配的各项资产,这些资产构成了企业开展经营活动的基础。

企业将筹集到的资金投放于各项经营活动中。制造企业的资金主要投放在供应过程、生产过程和销售过程三个环节。此外,企业还可以采用一定的方式将资金投放于其他单位,形成短期投资或长期投资。

在供应环节,一方面企业通过固定资产投资来兴建厂房、建筑物,购置机器设备等,使货币资金转化为固定资金;另一方面通过使用货币资金购买原材料、燃料等,形成生产所需的各种生产资料,从而使货币资金转化为储备资金。

在生产环节,劳动者借助于劳动手段将劳动对象加工成特定的产品,同时消耗原材料形成材料费,消耗固定资产形成折旧费,消耗工人劳动形成人工费等,各种耗费的货币化表现就是产品等有关对象的成本。这样,企业所消耗的固定资产、流动资产价值就转化为未完工产品资金,随着产品生产工序的完成,进一步转化为成品资金。

"小会"的工作 2

企业投放和耗费资金的目的是取得一定的收益。在销售环节,随着产成品的出售,取得销售收入,企业资金从成品资金又回到货币资金形态。销售收入补偿成本以后,形成企业的营业利润。除产品销售利润外,企业还可取得投资收益和其他收入。企业应从利润中提取盈余公积金和公益金,分别用于扩大生产和职工集体福利设施建设等,其余利润可以向所有者进行分配。

资金运动阶段,随着企业供、产、销活动的依次展开,资金的形态由货币资金形态开始,依次转化为储备资金、未完工产品资金、成品资金形态,最后又回到货币资金形态,这一资金运动过程通常称之为资金的循环。资金的这种周而复始的循环过程称为资金的周转。只要企业持续经营,企业资金总是这样周而复始地循环和周转着。

随着一个资金周转周期的结束,企业的一部分资金会通过偿还各项债务、上缴各种税金、向所有者分配利润等方式陆续退出企业。

制造企业资金运动过程如图1-4所示。

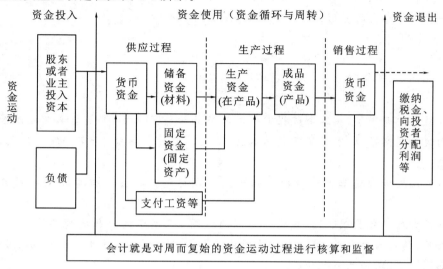

图1-4 制造企业资金运动过程

搜集资料,了解会计未来发展的方向。

张阿姨的面馆

退休的张阿姨开了一家面馆,几年下来,面馆生意越来越好,来吃面的顾客经常排起长队,顾客建议张阿姨租个大点的铺子,开个大点的店。张阿姨和家里人商量,租个大点的店铺固然好,但是租金也增加了,像是给别人打工的。她们看中了不远处,比隔壁店面稍大的一家店,打听了价格后,张阿姨一家人商量直接把店面给买下来。新店开张、店面加上装修等费用大约需要65 000元,张阿姨拿出部分存款30 000元,女儿觉得面馆有投资价值也入股了一份,价值30 000元,总共加起来60 000元,还差这么点,于是女儿提议向其他亲戚借款,到期偿还等同于银行同期利率的利息。亲戚朋友手头有余钱,爽快地答应了。张阿姨顺利地买好店铺,装修好后,配齐了厨房设备、营业柜台、桌椅、餐具等。接下来就要考虑员工的安排,2名员工是必需的。

张阿姨预算了做一碗面所必需的原料及其买价(单位:元):

面粉   0.50

汤料   0.50

小菜（叉烧肉、笋干等）	5
其他（一次性筷子、调味品、牙签等）	1

除材料费以外每月的费用（每月必需的费用，单位：元）：

水电气	1 000
维护费用	500
工资	5 000
合计	6 500

装修后就再次开张了，在这个过程中一家人虽然忙碌了一番，但是全家人还是很高兴。年底张阿姨向税务局交了税，偿还了亲戚的本息，留下必要的储备金，给女儿发了红包，给自己也发了个红包。

张阿姨的面馆资金是如何往来的？张阿姨应该通过什么会计核算方法来记录资金的往来呢？

张阿姨面馆的资金管理过程，我们也可以通过图1-3所示的流程图来解释：图中的股东是张阿姨和女儿，债权人为亲戚；固定资产是厨房设备、店铺和桌椅；材料是面粉、水、汤料和小菜；在产品是面团和干面；产品为碗面。

张阿姨开设面馆必须拥有一定数量的资金。张阿姨利用自己的积蓄和女儿的投资构成企业的自有资金，还有从亲戚那儿取得等同银行同期利率的借款构成企业的债务资金。这些资金构成了企业开展经营活动的基础。张阿姨成为股东和管理者，女儿成为股东，亲戚成为债权人。

张阿姨将筹集到的资金投放于各项经营活动中，主要是供应过程、生产过程和销售过程三个环节。

在供应环节，张阿姨一方面购买店铺、购置厨房设备等使货币资金转化为固定资金；另一方面使用货币资金购买面粉、水、汤料、小菜等原材料使货币资金转化为储备资金，此外还雇用工人，最终形成生产所需的各种生产资料。

在生产环节，张阿姨消耗面粉、水、汤料等，产生了材料费；房屋和厨具在使用中发生磨损，形成折旧费；支付工人工资形成人工费等。面粉被加工成面团，面团加工成面条，最终变成一碗香喷喷的面。这一过程中货币资金转化为未完工产品资金，最终转化为成品资金。

在销售环节，随着碗面的出售，取得销售收入，资金从成品资金又回到货币资金形态。当销售收入大于成本时，形成了营业利润。

年底张阿姨向税务局交了税，偿还亲戚的本息，给女儿发了红包，给自己也发了个红包。这就是一个资金退出企业的过程。除此之外，张阿姨还留存了一部分资金作为来年的流动资金，这部分资金叫作留存收益。

每一个企业都是像张阿姨的面馆这样，经历资金投入、资金运用和资金退出阶段，这一资金运动过程通常称之为资金的循环。资金的这种周而复始的循环过程称为资金的周转。只要企业持续经营，企业资金总是这样周而复始地循环和周转着。

1.3 了解现代会计目标

【任务提示】本分项任务将引领你熟悉现代会计目标。

【任务先行】随着经济全球化的发展,通信技术、网络技术的推广,世界已经成为一个真正的地球村,人与人之间、企业与企业之间甚至国与国之间的关联都越来越紧密。我们处理问题、办理事情的过程,很多时候都变成了获取有效信息并成功处理这些信息的过程。财务报表作为所有企业经营活动最基本的也是最重要的信息披露方式,已经成为这个信息化社会最为关注的元素,成为我们每个人生活的一部分。

目标亦是目的,是要求会计工作完成的任务或达到的标准。我国企业财务报告的目标是向财务报告使用者提供与企业财务状况、经营成果和现金流量等有关的会计信息,反映企业管理层受托责任履行情况,有助于财务报告使用者做出经济决策。

1.3.1 现代会计目标

一、向财务会计报告使用者提供决策有用的信息

企业会计核算的主要目的是满足财务报告使用者的信息需要,有助于他们做出经济决策。因此,向会计信息使用者提供决策有用的信息是会计的基本目标。

对于投资者来说,有用的信息有助于他们就继续投资还是撤资做出正确决策。投资者最关注的是企业的利润表,也就是他们的钱能生出多少钱来。这就好比我们买股票,从一定期间来看,我们希望自己买的那只股票天天能涨停,至于大盘(上证综合指数),我们买的股票和大盘的跌涨没有太多关系,我们甚至不在乎大盘是3 000点还是5 000点。

对于债权人来说,有用的信息能帮助他们就继续借款还是取消借款做出正确决策。他们重视的是企业的现金流量表,因为只有足够多的现金,才能归还他们的欠款。

对于经营管理者来说,有用的信息能帮助他们就继续旧方案还是实施新方案做出正确决策。他们重视的是企业的绩效,对利润表和现金流量表都很关注。只有利润丰厚,才能让投资者、债权人、企业员工和管理者均受益。

对于职工来说,有用的信息能帮助他们就继续工作还是辞职做出正确决策。他们重视的是企业的经营现状,期望在企业经营良好的情况下,得到更多的薪水,所以他们也关注利润表。

对于供应商来说,有用的信息能帮助他们就继续提供商品或服务还是取消做出正确决策,他们更多关注的是资产负债表,只有资金运转良好,才能长期合作。

对于政府来说,有用的信息能帮助他们就继续旧政策还是实施新政策做出正确决策。

简单地说,有用的会计信息可以帮助会计信息使用者做出正确的决策。

"老母亲餐厅"的会计信息

夏若是一个大家庭中兄弟姐妹四个里的老大,他和他的弟弟妹妹都各自成家,互相住得有点远。某天,老母亲说:"你是老大,你帮我在家组织大家吃个饭,这个钱我出。也不知道会花多少钱,我先给你1 000元,剩下的你自己想办法,最后花了多少钱我们再算。厨房用具一般的都有,你直接用就好。"然后,她把饭菜规格,几个凉菜、几个热菜一说,扔下1 000元就回自己屋了。

这顿饭后,夏若要给老母亲一个交代:花了多少钱,除了老母亲给的1 000元钱外其余的钱是怎么筹备的,做了哪几个菜,大家吃饱了没有。老母亲是否满意等。这就是财务报表。

夏若做饭前要筹备,除了老母亲给的1 000元,家里只有600元,他还向弟弟借了300元,

向朋友借了400元(长期借款,到期偿付本息),大米是夏若大妹自家产的,等等,以上这些就是财务状况,用资产负债表反映。

他买了鸡鸭鱼肉等,请了村子里的厨师二胖,在借钱时付了利息,由于吃饭的人太多,家里的厨具和餐具不够,于是便租赵三家的锅碗瓢盆,用了120元。大家吃饭时,对这顿饭评价很好,觉得这顿饭够2 800元的档次,夏若的老母亲听了很高兴,认为夏若两口子辛苦了,便给了他们2 800元,多的当他们的工钱。夏若推辞不掉便收下了,事后他一算账,刨除本钱、利息、工钱外,还赚了200元。夏若所列的这个账单就是利润表。

再仔细清点一下,他们还剩下些鱼和肉,是卖了回收现金,还是留着自己吃呢?夏若想反正也要买,但是这样可能就还不上借款了。夏若的这些统计,就是现金流量表。

除了这些,可能还有一些与组织这顿饭相关的事情,比如夏若自己那600元本来计划要干什么,邻居家的吴老太太也想要夏若帮忙筹备一顿饭,她付工钱等,再同老母亲商量。这些就是财务报表附注中所反映的内容。

在此案例中,老母亲就是一个投资者,她不关心夏若借了多少钱,请了几个师傅,她只关心最后这顿饭大家是不是满意,会不会让大家觉得超值。借钱给夏若的朋友是债权人,他不在意聚餐组织得怎么样,他只在乎到期夏若是否能还钱。而夏若充当了经营管理者这个角色,他需要同时考虑到老母亲(投资方)、兄弟姐妹各个家庭(客户)、债权人(朋友)以及雇员(厨师二胖)的感受。同时,他还需要去确认有现金可以花,可以买到东西来筹备这次聚餐。

二、反映企业管理层受托责任的履行情况

现代企业制度强调企业所有权和经营权相分离,企业管理层是受委托人之托经营管理企业及其各项资产的,负有受托责任,即企业管理层所经营管理的企业各项资产基本上均为投资者投入的资本(或者留存收益作为再投资)或者向债权人借入的资金所形成的,企业管理层有责任妥善保管并合理、有效运用这些资产。企业投资者和债权人等也需要及时或者经常性地了解企业管理层保管、使用资产的情况,以便于评价企业管理层的责任情况和业绩情况,并决定是否需要调整投资或者信贷政策,是否需要加强企业内部控制和其他制度建设,是否需要更换管理层等。因此,财务报告也应当反映企业管理层受托责任的履行情况,以有助于外部投资者和债权人等评价企业的经营管理责任和资源使用的有效性。

小故事

有一位主人要出门远行,他有三个仆人,每个仆人有不同的才干。在主人出门前,他分给了每个仆人一份银两,但是每个人得到的银两不同,最有才干的仆人得到五千,才干其次的仆人得到两千,还有个傻傻的仆人得到一千,主人希望三个仆人运用手中的银两在这段时间为他创造财富。领了五千银子的仆人,拿了这些银两随即就去做大买卖,赚了五千,自己拿了其中的两千享乐。领了两千银子的仆人,拿了这些银两随即就去做小买卖,赚了两千,分文未动。而领了一千银子的仆人,得到银两后就掘开地,然后把银子包好放到地里,等主人回来再还给主人。故事中主人给了每一个人同样的机会——一个人分有多少银两是次要的,重要的是每一个仆人都领到了银两,但是结果却不尽相同:最有才干的仆人赚得最多但是公款私用,傻傻的仆人不想让主人亏本,于是分文未动。其中表现最好的就是第二个仆人,也就是领到两千银两的仆人,他既有创造财富的能力又忠诚。

在一个企业中,通常大家认为企业的投资人就是企业日常的管理者,这种情况通常发生在小企业中,尤其是独资企业,投资人既是企业的所有者,又参与了企业的日常经营管理。而实际上很多企业尤其是大企业,投资人并不参与企业的管理,而是聘请其他人,委托他们管理企业。现实社会中像故事中第二个仆人那样的管理者少之又少,他们可能为了自己的利益而伤害投资者的利益。比如:为了舒适的办公环境,进行高档装修;利用公款宴请自家宾客等。怎么才能既雇到有才干的管理人,又能规范他们的行为呢?这就得靠会计了。会计的财务报告就是一项最有用的工具,一份客观及时的财务报告能够反映企业管理层受托责任的履行情况,有助于投资者、债权人及其他利益相关方正确评价企业的经营管理者责任履行的全面性和资源使用的有效性。

1.3.2 现代会计目标的实现方式

会计目标的实现方式主要强调的是会计信息的提供方式及用途。由于我们已明确会计信息的使用主体是那些和企业产权相关的投资者、债权人、政府、接受委托经营管理企业的企业内部各级管理人员以及众多潜在的产权主体,那么会计信息在考虑各方的诉求之后,其提供方式相应地就有了正式对外公布的会计报表和对内的会计报告及非簿记方式。

对于企业外部会计信息使用者,就是通过提供财务报表的方式,提供有关企业财务状况和经营成果的信息,根据这些信息,投资者和债权人就可以预测企业未来的盈利状况和支付能力。由于用表格的形式作为会计信息的载体既可以使会计信息简单明了,同时便于实现输出信息标准化,因此会计信息主要通过资产负债表、利润表和现金流量表三张会计报表来体现。

一、反映企业财务状况信息的会计报表

会计信息的一个重要内容是财务状况信息。所谓的财务状况是指某一特定日期企业拥有的资源及其分布、企业资金的来源及其构成方面的情况。反映企业财务状况的报表称为资产负债表。表1-2是天成公司2021年12月31日的资产负债表的简化格式。

表 1-2 资产负债表

编制单位:天成公司　　　　　　　　　2021年12月31日　　　　　　　　　　　　单位:元

资产	年初数	年末数	负债及所有者权益	年初数	年末数
流动资产:			负债:		
货币资金	153 000	209 000	短期借款	250 000	300 000
应收账款	255 000	305 000	应付账款	250 450	280 000
原材料	240 000	200 000	应付职工薪酬	10 000	12 000
库存商品	150 000	285 000	应交税费	6 000	5 000
固定资产(房屋)	450 000	400 000	长期负债		45 000
固定资产(设备)	280 000	230 000	负债合计	516 450	642 000
无形资产		45 000	所有者权益:		
			实收资本	1 000 000	1 000 000
			未分配利润	11 550	32 000
			所有者权益合计	1 011 550	1 032 000
资产总计	1 528 000	1 674 000	负债及所有者权益总计	1 528 000	1 674 000

通过表1-2,我们可以了解到天成公司如下财务信息:

(1)天成公司拥有的资源价值为1 674 000元,这些资源中,以货币形式存在的有209 000元,客户欠款305 000元,库存材料价值200 000元,库存商品285 000元,设备230 000元,房屋400 000元,还有一项无形资产45 000元,可能是专利权或其他,具体可以查会计账簿记录。

(2)天成公司购置这些资产的资金来源有两个渠道:第一,企业的所有者以资本形式投资1 000 000元,还有企业以前盈利中留下来,没有分配给投资者的利润32 000元;第二,企业通过负债筹措资金642 000元。这些负债中,长期负债有45 000元,可以作为长期资金使用;剩下的597 000元属于流动负债,只能作为短期资金使用。其中应付职工薪酬12 000元和应交税费5 000元,是企业欠职工和税务机关的,一般在下月初就得偿还,利用价值不大;而短期借款300 000元是企业向银行借入的流动资金贷款,需按借款合同规定日期偿还;应付账款280 000元是企业采购材料时应付而未付的货款,企业应按采购合同的规定按期偿还。

(3)根据表1-2的资料,还可以对天成公司2021年末的财务状况做进一步分析:①所有者权益占资金来源总额的61.65%(1 032 000/1 674 000),而所有者提供的资金是企业可以长期使用、不需偿还的永久性资金,由此可见,天成公司有较强的长期偿债能力,债权人的风险较低。②公司的长期资本包括所有者提供的资金和长期负债所获得的资金,合计1 077 000元,与长期资产(房屋、设备和无形资产)合计数675 000元相比,处于比较理想的状态。③负债中的短期借款、应付账款、应付职工薪酬和应交税费合计597 000元,需要在短期内偿还,而公司可以用于偿还短期负债的货币资金和应收账款只有514 000元,存在一定的资金缺口,如果应收账款不能及时收回且产品销售不理想,公司有可能出现短期的偿债危机,财务人员应加强资金的预算管理。

二、反映企业经营成果信息的会计报表

企业的经营成果可以用利润及与利润相关的指标来反映。根据企业实现的利润情况,可以判断企业的盈利能力,如果将企业若干年度的利润进行比较,还可以判断企业的发展趋势。利润信息可以通过编制利润表来报告。表1-3是天成公司2021年度的利润表的简化格式。

利润表由收入、费用和利润三大部分组成,通过利润表,会计信息使用者不仅可以了解企业利润的实现情况,还可以了解企业利润的形成过程、利润的主要来源等。

表1-3 利润表

编制单位:天成公司　　　　　　　　2021年12月　　　　　　　　　　　　单位:元

项目	本月数	本年累计数(略)
收入:		
主营业务收入	1 000 000	
其他业务收入	20 000	
收入合计	1 020 000	
减:费用		
主营业务成本	500 000	
其他业务成本	100 000	
销售费用	160 000	
管理费用	100 000	

续表

项目	本月数	本年累计数（略）
财务费用	25 000	
费用合计	885 000	
利润总额	135 000	
减：所得税费用	44 550	
净利润	90 450	

通过表1-3，我们可以了解到天成公司如下经营信息：天成公司2021年12月份的收入总额为1 020 000元，费用总额为885 000元，利润总额为135 000元，应交所得税44 550元，净利润为90 450元。

与资产负债表不同，利润表反映的是整个会计期间的经营成果，利润是通过该会计期间的收入扣除该会计期间的费用得到的。在利润表中，一般要列出两个会计期间的数据，以便进行比较，更好地了解企业的经营情况，这种报表有时也称为比较财务报表。

三、反映企业现金流量信息的会计报表

企业的现金流量情况是财务信息的重要组成部分。利润表虽然可以反映企业的盈利能力，但是企业偿债必须采用现金来偿还。企业有利润并不意味着企业有足够的现金，因为构成利润来源的收入，并不一定代表实际收到了现金。为了了解企业是否拥有足够现金，并由此判断企业未来获取现金的能力和偿还债务的能力，企业还必须提供有关现金流量的信息。反映企业现金流量的报表称为现金流量表。表1-4是天成公司现金流量表的简化格式。

现金流量表将企业的现金流量分为经营活动产生的现金流量、投资活动产生的现金流量和筹资活动产生的现金流量三部分。经营活动的现金流量是企业通过自身经营活动创造现金流量能力的反映，可以说明企业不动用外部筹资的情况下通过经营活动产生的现金流量是否足以偿还负债、支付利润和对外投资，也是评价获取现金流量能力、偿债能力、支付能力最重要的指标。

表1-4 现金流量表

编制单位：天成公司　　　　　　2021年12月　　　　　　单位：元

项目	
一、经营活动产生的现金流量	
销售商品、提供劳务收到的现金	950 000
出租房屋收到的现金	20 000
现金收入合计	970 000
购买商品、接受劳务支付的现金	(660 000)
支付给职工及为职工支付的现金	(110 000)
支付的各项税费	(50 000)

续表

项目	
支付其他与经营活动有关的现金	(49 000)
现金支出合计	(869 000)
经营活动产生的现金流量净额	101 000
二、投资活动产生的现金流量	
购建固定资产、无形资产所支付的现金	(45 000)
投资活动产生的现金流量净额	(45 000)
三、筹资活动产生的现金流量	
借款所收到的现金	95 000
分配利润所支付的现金	(70 000)
偿付利息所支付的现金	(25 000)
筹资活动产生的现金流量净额	0
现金净增加额	56 000

从表1-4可以看出，天成公司2021年度的现金来源主要是经营活动产生的，经营活动收支相抵，为企业增加101 000元的现金；而投资活动本年度没有现金收入，只有购买无形资产支出一项，金额为45 000元；筹资活动虽然通过借款增加95 000元的现金收入，但分配股利70 000元和支付利息25 000元，收支刚好相抵，没有为企业增加现金净收入。现金流量表的现金净额56 000元，刚好就是资产负债表的货币资金期末数(209 000)与期初数(153 000)的差额。

"老母亲餐厅"的会计信息(续)

针对"老母亲餐厅"的例子，在做饭前编制了相应的报表，我们暂且叫它老母亲餐厅资产负债表，如表1-5所示。

表1-5　资产负债表(聚餐前)

编制单位：老母亲餐厅　　　　2021年12月01日　　　　　　　　　　　　单位：元

资产	聚餐前	负债及所有者权益	聚餐前
货币资金	2 300	流动负债：	
库存商品	0	短期借款	600
流动资产合计	2 300	短期借款——夏若弟弟	300
固定资产		应付账款	0
固定资产原值	2 000	流动负债合计	900
减：累计折旧		非流动负债：	

续表

资产	聚餐前	负债及所有者权益	聚餐前
固定资产净值	2 000	长期借款	400
无形资产	0	非流动负债合计	400
		负债合计	1 300
		所有者权益：	
		实收资本	3 000
		未分配利润	0
		所有者权益合计	3 000
资产总计	4 300	负债及所有者权益合计	4 300

备注：将老母亲提供的"一般厨房用具"全部折现，金额为2 000元，这样老母亲共投资了3 000元（其中1 000元为现金）。

从表1-5左列（资产列），我们可以非常清楚地看出，在聚餐前，老母亲餐厅拥有资产4 300元，分别是2 300元现金和2 000元的厨房房产及餐厅用具等。同样，从表1-5右列（负债及所有者权益列），我们可以看出，这个家庭聚餐对外欠款是1 300元，其中900元是短期内需要偿还的，还有400元可以适当延期偿还，但是利息费用比较高。通过老母亲餐厅的资产负债表，我们可以知道如下财务信息：老母亲餐厅，除了1 300元欠款外，剩下的全部为净资产，共3 000元。

再来看利润表：这次聚餐，取得的收入应该为2 800元，假设餐厅的成本支出如表1-6所示。

表1-6 老母亲餐厅费用支出表

编制单位：老母亲餐厅　　　　　　2021年12月01日—31日　　　　　　单位：元

行次	费用项目明细	支出金额	归属于利润表科目
1	购买鸡、鸭、鱼、肉及蔬菜水果等原材料开支（共1 700元，剩大约200元）（备注1）	1 500	主营业务成本
2	请村子里的厨子二胖，支付工钱	200	主营业务成本
3	夏若的妻子协助厨师工作的工钱（备注2）	150	主营业务成本
4	厨房磨损费（备注3）	100	主营业务成本
5	支付村子里的人头税	40	税金及附加
6	租赵三家的碗筷等	120	销售费用
7	夏若本人筹划整个过程，计算工钱（备注2）	250	管理费用
8	支付夏若垫付款、夏若弟弟借款及朋友借款利息（备注2）	17	财务费用
9	夏若的大妹从自家带来大米一袋（备注4）	20	营业外收入

备注1：准备聚餐中个别物品由夏若从自家取，假设每一样东西都付钱买。

备注2：为了成本核算准确，对夏若、夏若妻子的劳动都计划支付工资；对于所有借款，不管是夏若垫付的资金还是他弟弟暂时借给老母亲餐厅的钱，全部计算利息。

备注3：厨房磨损费为100元。

备注4：夏若的大妹送来一袋米，坚决不收钱。

注:所有的费用发生,都不是直接记入利润表科目,而是通过生产成本等科目归集和核算后,结转到利润表科目的,这个问题不在本处赘述。

基于表1-6所示的费用表汇总,得出的利润表如表1-7所示。

表1-7 老母亲餐厅聚餐经营后利润表

编制单位:老母亲餐厅　　　　　　　　2021年12月　　　　　　　　　　　　　　单位:元

行次	项目	本期金额	数据来源说明
1	一、营业收入	2 800	消费者老母亲同意付款金额
2	减:营业成本	1 950	表1-6中第1、2、3、4行
3	税金及附加	40	表1-6中第5行
4	销售费用	120	表1-6中第6行
5	管理费用	250	表1-6中第7行
6	财务费用	17	表1-6中第8行
7	二、营业利润	423	
8	加:营业外收入	20	表1-6中第9行
9	减:营业外支出		
10	三、利润总额	443	
11	减:所得税费用		
12	四、净利润	443	

从表1-7我们可以很直观地看出,经历聚餐经营后,老母亲餐厅整个收入是2 800元,而为了实现这个收入(做好这顿饭),主营业务成本为1 950元,实现的营业利润是423元(本次赚的钱)。老母亲把夏若列出来的利润表一看,觉得这孩子用心了,组织得还不错。

我们再来列示老母亲餐厅聚餐经营后的现金流量表,了解一下老母亲餐厅的现金流量信息,如表1-8所示。(假设条件为:应该付给所有人的工资都支付了,应该归还的短期借款,也就是夏若和他弟弟垫付的资金及利息,都归还了,朋友借款的利息也支付了,但朋友借款的本金没有归还。)

表1-8 老母亲餐厅现金流量表

编制单位:老母亲餐厅　　　　　　　　2021年12月31日　　　　　　　　　　　　单位:元

项目	行次	本期金额	数据来源说明
一、经营活动产生的现金流量	1		
销售商品、提供劳务收到的现金	2	1 400	备注1
……			
经营活动现金流入小计	5	1 400	
购买商品、接受劳务支付的现金	6	1 700	源于表1-6第1行,备注2
支付给职工及为职工支付的现金	7	600	源于表1-6第2、3、7行合计
支付的各项税费	8	40	源于表1-6第5行

续表

项目	行次	本期金额	数据来源说明
支付其他与经营活动有关的现金	9	120	源于表1-6第6行
经营活动现金流出小计	10	2 460	
经营活动产生的现金净额	11	-1 060	
二、投资活动产生的现金流量			
……			
投资活动产生的现金流量净额	24		
三、筹资活动产生的现金流量	25		
吸收投资收到现金	26	1 000	投资人老母亲初始投入
借款所收到现金	27	1 300	备注3
……			
筹资活动产生的现金流入小计	30	2 300	
偿还债务支付的现金	31	900	备注4
分配股利、利润或偿付利息支付的现金	32	17	源于表1-6第8行
筹资活动产生的现金流出小计	33	917	
筹资活动产生的现金流量净额	34	1 383	
……			
期末现金及现金等价物余额	38	323	备注5

备注1：在这个例子中，老母亲同时是消费者，我们为了分析，假设她认可这顿饭值2 800元，但是聚餐后只付了1 400元餐费，剩下的400元需要过些日子，等有了钱再付。

备注2：虽然计入成本的材料费只有1 500元，但因为备料时花费共1 700元，也就是现金减少了1 700元。

备注3：为了组织聚餐，夏若垫付了600元，向弟弟借300元，向朋友借400元。

备注4：假设夏若本人和弟弟的借款在聚餐当天还了。

备注5：本栏数据等于本表第11行、第24行、第34行的和。

从表1-8的现金流量表可以看出，由于消费者（老母亲）只支付了部分餐费，导致目前餐厅现金流状态不好，如果想要承接邻居吴老太太家的家庭聚餐，恐怕吴老太太不事先付款是没有办法采购菜品的。更为糟糕的是，由于目前只有323元，不够支付朋友的欠款，朋友可能来催款，将会影响夏若的生活。

老板关心企业的哪些财务状况？

1.4 生成会计信息的条件和方法

【任务提示】本分项任务将引领你了解会计信息生成的前提条件(即会计假设),在此基础上熟悉生成会计信息(会计核算)的程序和方法。

【任务先行】会计的目标是通过运用专门的方法提供有用的会计信息,则应首先明确会计核算的范围有多大,给谁记账;企业的资金运动能否不断地持续进行下去,会计应该在什么时候记账、算账、报账;以及核算过程中应该采取什么计量手段等,这些都是会计信息生成的前提条件。生成会计信息的基本程序是确认、计量、记录和报告,这个程序也是会计核算的本质,同时还要熟悉会计核算的方法。

老李的修理部

老李在村口开了一家摩托车修理部,刚开始的时候,老李自己负责修理、进配件,妻子管账。为了将家里现金的收支和修理部的现金收支分开,计算修理部的盈利情况,妻子的办法是将家里的钱和修理部的钱分开放。很快,生意做起来了,老李发现资金不足,人手也不够,就邀请表弟陈青入伙,并请了一个叫李平的伙计来看店。现在又如何区分老李家里的收支和修理部的收支呢?

老李和陈青共同经营这个修理部之后,他们都对这种合作经营方式感到满意,都想将这个修理部稳定地经营下去,而且最好能逐步发展壮大,成为一个修理厂。也就是说,他们的合作是稳定的、长期的,并非针对某一笔业务,生意做完就解散。因此,在未来持续经营的期间内,他们如何计算修理部的利润?

这个案例提出了负责会计记账的老李妻子该为谁记账、记录谁的盈利以及该在什么时候核算利润的问题。

1.4.1 生成会计信息的前提条件

会计信息生成的前提条件即会计假设,是指为了保证会计信息生成工作的正常进行和会计信息的质量,对会计信息的范围、内容、生成的基本程序和方法所做的基本假定,包括会计主体假设、持续经营假设、会计分期假设和货币计量假设。

一、会计主体

会计主体假设具体描述为"企业应当对其本身发生的交易或事项进行会计确认、计量和报告"。

会计主体(或称会计个体、会计实体)就是会计为之服务的特定单位或组织。会计主体假设是指会计信息的生成应以某一个特定企业的经济业务为对象,记录和反映的是企业本身各项经济活动的会计信息,也就是只记本主体的账。

会计主体是一个重要概念,规定了会计信息的特定空间范围。凡是实行独立核算的单位,都可以设定为一个会计主体。会计主体作为一个独立的经济实体,是独立于财产所有者之外的会计核算单位,独立地记录与核算单位有关的经济业务,严格排除与企业生产经营无关的属于其他单位的或所有者本人的收支活动。比如业主在其他单位的投资信息、合伙人处理已分得的利润信息,都不能在本会计主体中反映。

需要指出的是,会计主体与经济上的法律主体(法人)不是一个概念。法人是一种享有民事主体资格的组织,法律赋予它等同于自然人一样的人格,以便于其独立地行使权利并承担自身的义务。成为一个法人首先在经济上是独立的,从这个角度来说,法人肯定是会计主体,但仅仅独立核算是不足以支撑其成为法人的,所以,法人一定是会计主体,但会计主体不一定是法人。比如企业集团、企业独立核算的车间均是会计主体而非法人。

例如,甲公司持有乙公司80%的股份,持有丙公司90%的股份,该种情况存在4个会计主体,但只有3个法人,甲、乙、丙公司组成的企业集团属于会计主体但不属于法人。

因此。作为会计主体必须具备三个条件:

(1)具有一定数量的资金;
(2)进行独立的生产经营活动或其他活动;
(3)实行独立核算。

会计主体确定后,会计人员只是站在特定的会计主体的立场,核算特定会计主体的经济业务,生成特定会计主体的会计信息,从而确定了会计活动的空间范围和界限。

简言之,就是会计应当仅为特定的会计主体服务。会计主体假设要求企业应当对其本身发生的交易或者事项进行会计确认、计量和报告,反映企业本身从事的各项生产经营活动。明确界定会计主体是开展会计确认、计量和报告工作的重要前提。

案例分析

某奶茶店一年实现的净利润为300万元。奶茶店老板拿出10万元去买彩票,结果亏了,要求会计做如下分录:

借:营业外支出　　　　　　　　　　　　100 000
　　贷:银行存款　　　　　　　　　　　　　　100 000

会计王晓丽对老板说,这样做违反了会计主体假设,因为老板从公司拿走的10万元从事的是个人行为,不应与奶茶店的账务相混淆。若想体现会计主体假设,可做如下分录:

①此笔款项作为老板从奶茶店借入的:

借:其他应收款　　　　　　　　　　　　100 000
　　贷:银行存款　　　　　　　　　　　　　　100 000

②或者作为撤资:

借:实收资本　　　　　　　　　　　　　100 000
　　贷:银行存款　　　　　　　　　　　　　　100 000

在市场经济条件下,国民经济的基层单位,企业、事业等单位都应作为一个会计主体,相对独立地实行自主经营、自负盈亏,以自己的收入抵偿其支出,并努力增加盈利。行政事业单位也必须按照独立核算的原则,在保证完成行政和事业任务的前提下,尽量节约经费开支。

会计主体假设是持续经营假设、会计分期假设和其他会计核算的基础,因为不划定会计核算的空间范围,会计核算工作就无法进行,指导会计核算工作的有关要求就失去了存在的意义。

二、持续经营

企业会计确认、计量和报告应当以持续经营为前提。

持续经营前提主要针对企业,是指企业在可以预见的将来,不会面临破产和清算,而是持续不断地经营下去。既然不会破产和清算,企业会计主体所持有的资产将按预定目的在正常的经营过程中被耗用、出售或转让,它所承担的债务将如期偿还。这样,就为各种费用摊配方法的确定提供了依据。也正是在这一前提下,才建立起了会计确认和计量的原则。在市场经济条件下,由于价值规律和竞争而产生的优胜劣汰,企业的关、停、并、转并不鲜见,实际上每个企业都存在着经营失败的风险。因而,如果有证据说明一个会计主体已无法履行它所承担的义务,正常的经营活动亦无法维持下去,即持续经营这一前提已不能成立时,那么,建立在此前提之上的各种会计准则将不再适用,而只能用另外一些特殊的会计准则、会计方法进行会计处理。

持续经营对于生成会计信息十分重要,它为正确地确定财产计价、收益,为计量提供了理论依据。只有具备了这一前提条件,才能够以历史成本作为企业资产的计价基础,才能够认为资产在未来的经营活动中可以给企业带来经济效益,固定资产的价值才能够按照使用年限的长短以折旧的方式分期转为费用。对一个企业来说,如果持续经营这一前提条件不存在了,那么一系列的会计准则和会计方法也相应地会丧失其存在的基础,所以,作为一个会计主体,必须以持续经营作为前提条件。

三、会计分期

会计分期也称会计期间假设,是指为及时提供企业财务状况和经营成果的会计信息,可将连续不断的经营活动分割为若干较短的、相等的会计期间(年、季、月)来反映。

企业的生产经营活动是连续不断地进行的,会计要连续不断地对经济活动进行计量、记录和考核,必须将无限的经济活动期人为地划分为若干个首尾相接、等间距的会计期间,按照划分的会计期间进行核算,确定每一个会计期间的收入、费用和利润,确定每一个会计期间期末的资产的存量、负债和所有者权益的数额,按会计期间结算账目,编制财务报告。定期进行会计总结,报告会计信息。会计期间假设是持续经营假设的补充,会计信息生成的方法和原则只有建立在持续经营的前提下,依照会计期间分期记录、计算、汇总和报告,才能达到会计预定的目标。

会计期间通常为一年,称会计年度。我国企业会计准则将会计期间划分为年度、季度和月度。其年度、季度、月度的起讫日期都采用公历日期,即每年1月1日至12月31日为一个会计年度。

四、货币计量

货币计量是指会计主体在会计信息生成过程中应采用货币为主要计量单位,且其币值不变。

会计核算应以货币作为统一的尺度来计量,即将会计对象的一切内容都转化为统一的货币单位的会计信息。会计核算的内容是十分复杂的,各种劳动占用和耗费的形态不同,性质各异,计量的方式有多种,实物量度以不同质的实物数量为单位,劳动量度以时间为单位。在会计核算中物化劳动换算为时间量度是相当不容易的,不同质的财产物资又不能用同一个实物量度去汇总,只有采取货币量度才能便于对不同形态的劳动耗费用同质的量度去衡量。货币是一般的等价物,从价值形态看,尽管资产、负债、所有者权益各异,性质不同,但其价值形态是同质的,可以进行汇总、比较、计算。

在存在多种货币的情况下,会计主体应确定以某一种货币作为记账本位币。我国企业货币计量主要采取人民币作为记账本位币,业务收支以外币为主的企业,可以选用某种外币作为记账本位币,但在编制会计报表时应折算为人民币反映。

货币计量包含着币值稳定的假设,即设定货币本身的价值是稳定的,当货币本身的价值波动不大或前后波动可以抵消时,会计核算中可以不考虑波动,仍按照稳定的币值计量进行会计处理。

1.4.2 会计信息的质量要求

真假亏损

有一回,美国一家棒球俱乐部的球员们一起罢工,希望以此要挟老板为自己涨工资。这个俱乐部的老板就拿出报表给球员们看,还说俱乐部正面临全面亏损,如果要给球员涨工资,俱乐部就开不下去了,球员就要失业了。可老板万万没想到的是,这些球员里面有会计学得特别好的,他们马上就发现,这报表做得有问题。原来,这家俱乐部刚刚用1亿美元与当家球星签了3年的协议,这1亿美元应该记入"长期待摊费用",而俱乐部把这1亿美元全部记入了当年的费用,从而导致当年亏损。因此,老板说俱乐部即将破产的谎言自然就被揭穿了。于是,这位老板不得不乖乖地给他的球员们涨了工资。

会计信息质量要求是对企业财务报告中所提供的会计信息质量的基本要求,是使财务报告中所提供的会计信息对投资者等使用者决策有用应具备的基本特征,它主要包括可靠性、相关性、可理解性、可比性、实质重于形式、重要性、谨慎性和及时性等。

一、可靠性

可靠性就是真实性,要求企业应当以实际发生的交易或者事项为依据进行确认、计量和报告,如实反映符合确认和计量要求的各项会计要素及其他相关信息,保证会计信息真实可靠、内容完整,不得根据虚伪的、没有发生的或者尚未发生的交易或者事项进行确认、计量和报告。编报的报表及其附注内容等应当保持完整,不能随意遗漏或者减少应予披露的信息,与使用者决策相关的有用信息都应当充分披露。

二、相关性

相关性要求企业提供的会计信息应当与投资者等财务报告使用者的经济决策需要相关,有助于投资者等财务报告使用者对企业过去、现在或者未来的情况做出评价或者预测。

会计信息质量的相关性要求,需要企业在确认、计量和报告会计信息的过程中,充分考虑使用者的决策模式和信息需要。但是,相关性是以可靠性为基础的,两者之间并不矛盾,不应将两者对立起来。也就是说,会计信息在保证可靠性的前提下,尽可能地做到相关性,以满足投资者等财务报告使用者的决策需要。

三、可理解性

可理解性要求企业提供的会计信息相当清晰明了,便于投资者等财务报告使用者理解和使用。

企业编制财务报告、提供会计信息的目的在于使用,而要让使用者有效地使用会计信息,应当能让其了解会计信息的内涵,弄懂会计信息的内容,这就要求财务报告所提供的会计信息清晰明了，易于理解。只有这样，才能提高会计信息的有用性，实现财务报告的目标，满足向投资者等财务报告使用者提供决策有用信息的要求。

四、可比性

可比性要求企业提供的会计信息应当相互可比，主要包括两层含义。

1. 同一企业不同时期可比

为了便于投资者等财务报告使用者了解企业财务状况、经营成果和现金流量的变化趋势，比较企业在不同时期的财务报告信息，全面、客观地评价过去、预测未来，从而做出决策，会计信息应当可比。会计信息质量的可比性要求统一企业不同时期发生的相同或者相似的交易或者事项，应当采用一致的会计政策，不得随意变更。但是，满足会计信息可比性要求，并非表明企业不得变更会计政策，如果按照规定或者在会计政策变更后可以提供更可靠、更相关的会计信息的，可以变更会计政策。有关会计政策变更的情况，应当在附注中予以说明。

2. 不同企业相同会计期间可比

为了便于投资者等财务报告使用者评价不同企业的财务状况、经营成果和现金流量及其变动情况，会计信息质量的可比性要求不同企业同一会计期间发生的相同或者相似的交易或者事项，应当采用相同或者相似的会计政策，确保会计信息口径一致、相互可比，以使不同企业按照一致的确认、计量和报告要求提供有关会计信息。

五、实质重于形式

实质重于形式要求企业应当按照交易或者事项的经济实质进行会计确认、计量和报告，而不仅仅以交易或者事项的法律形式为依据。

企业发生的交易或事项在多数情况下，其经济实质和法律形式是一致的。但在某些特定情况下，也会出现不一致。例如，以融资租赁方式租入的资产，虽然从法律形式来讲企业并不拥有其所有权，但是由于租赁合同中规定的租赁期相当长，接近于该资产的使用寿命，租赁期结束时承租企业有优先购买该资产的选择权，在租赁期内承租企业有权支配资产并从中受益等，因此，从其经济实质来看，企业能够控制融资租入资产所创造的未来经济利益，在会计确认、计量和报告上就应当将以融资租赁方式租入的资产视为企业的资产，列入企业的资产负债表。

六、重要性

重要性要求企业提供的会计信息应当反映与企业财务状况、经营成果和现金流量有关的所有重要交易或者事项。在实务中，如果会计信息的省略或者错报会影响投资者等财务报告使用者的决策判断，该信息就具有重要性。重要性的应用需要依赖职业判断，企业应当根据其所处环境和实际情况，从项目的性质和金额大小两方面加以判断。

七、谨慎性

谨慎性要求企业对交易或者事项进行会计确认、计量和报告应当保持应有的谨慎，不高估资产或者收益、低估负债或者费用。在市场经济环境下，企业的生产经营活动面临着许多风险和不确定性，如应收款项的可收回性、固定资产的使用寿命、无形资产的使用寿命、售出存货可能发生的退货或者返修等。会计信息质量的谨慎性要求，需要企业在面临不确定性因素的情况下做出职业判断时，应当保持应有的谨慎，充分估计到各种风险和损失，既不高估资产或者收益，也不低估负债或者费用。例如，要求企业对可能发生的资产减值损失计提资产减值准备，对售出商品可能发生的保修义务等确认预计负债等,就体现了会计信息质量的谨慎性要求。

八、及时性

及时性要求企业对已经发生的交易或者事项,应当及时进行确认、计量和报告,不得提前或者延后。会计信息的价值在于帮助所有者或者其他方面做出经济决策,具有时效性。即使是可靠、相关的会计信息,如果不及时提供,就失去了时效性,对于使用者的效用就大大降低,甚至不再具有实际意义。

在会计核算中坚持及时性要求主要体现在以下三方面:一是要求及时收集会计信息,即在经济业务发生后,及时收集整理各种原始单据;二是要求及时处理会计信息,即在国家统一规定的时限内,及时编制出财务会计报告;三是要求及时传递会计信息,即在国家统一规定的时限内,及时将编制出的财务会计报告传递给财务会计报告使用者。

什么是有用的会计信息?

1.4.3 生成会计信息的程序和方法

一、会计核算程序

会计核算程序是对企业实际发生的经济业务事项进行确认、计量、记录和报告,它是提供会计信息的基本程序,也是会计核算的本质。

1. 会计确认

会计确认是会计对象即单位会计经济业务事项的确认,是指对单位发生的经济业务事项按一定的标准进行分析和判断,确定其对企业财务状况、经营成果和现金流量的影响,并确认其归属于哪类会计要素的过程,又称"会计核算对象的确认"或"会计要素的确认"。对于一笔资产或负债,确认不仅要记录该项目的取得或发生,还要记录其后发生的变动,包括从财务报表中予以消除的变动。

广义的会计确认包括初始确认和再确认两个步骤。其中,初始确认也称为初次确认,也是狭义的会计确认,它决定了哪些数据应当进入会计核算系统进行核算与反映。具体而言,即对企业生产经营活动中产生的大量原始数据,按照一定的标准进行辨认,确定它是否属于交易或会计事项,并通过填制和审核会计凭证的方法,登记到相关的账簿中。

再确认又称第二次确认,是对账户所反映的企业生产经营活动情况的数据资料,按照一定的标准进行辨认,以确认它是否属于反映企业财务状况、经营成果和现金流量的信息,并编制到财务会计报表中。所以严格讲,再确认应属于会计报告的内容,在后面会计报告部分还将讨论。

会计确认是会计核算的基础,是会计核算诸多环节中最重要的一个环节。因为,单位发生的经济事项如果定性错了,其后续会计核算环节得出的都是错误的结论和信息。因此,在实际工作中,会计机构和会计人员应依据国家统一会计核算制度的规定,正确分析和判断单位发生的各种经济业务事项,把好确认关。同时,应正确理解与把握会计确认对象的定义,明确会计确认的基础、范围与内容,划清与确认对象易混的内容的界限,从而保证确认的科学性与准确性。

2. 会计计量

会计计量是指入账的会计业务事项应按什么样的金额予以记录和报告,具体讲,用货币或其他量度单位从数量角度计算、衡量、描述企业各项经济业务发生的过程和结果,又称"会计核算对象的计量"或"会计要素的计量"。

会计计量是会计处理的第二步,它用货币量来表示每笔经济业务事项,以确定有关经济业务的影响程度,如资产、负债、所有者权益、收入、费用、利润各自增加了多少、减少了多少。

3. 会计记录

会计记录是根据确认和计量的结果,按照复式记账的要求,在账簿中全面、系统地加以登记,又称"会计核算对象的记录"或"会计要素的记录"。

会计记录是会计核算的第三步,这一步是会计确认和计量的具体体现,它反映每笔经济业务事项是如何入账的。会计记录的目的是按照国家统一的会计制度的规定,将经济业务事项具体记录在凭证、账簿等会计资料中。

会计要素的确认和计量只是解决了企业发生的经济业务事项能否、何时及如何进入会计核算系统中的问题,而会计确认和计量的结果必须以适当的方式在会计核算系统中加以记录、核算,形成全面、综合、连续、系统的会计核算数据资料,并通过会计再确认的程序,将这些数据资料编入企业的财务会计报表,形成有助于使用者做出决策的会计信息。所以,在对企业发生的经济业务事项进行会计确认和计量后,必须将这些经济业务事项在账户中进行记录、核算。

4. 会计报告

会计报告是指根据账簿记录以及其他有关资料,编制财务会计报告,提供有关信息,又称"会计核算对象的报告"或"会计要素的报告"。

会计报告是生成会计信息即会计核算的最后一步,具体来讲,它是对已记录的每笔经济业务事项进行归纳汇总,形成书面报告,即会计报告是在会计确认、会计计量、会计记录的基础上,对凭证、账簿等会计资料进行进一步的归纳整理,通过会计报表、会计报表附注和财务情况说明书等方式将财务会计信息提供给会计信息使用者。

二、会计核算方法

通过会计核算提供会计信息的方法主要包括:设置会计科目及账户、复式记账、填制与审核凭证、设置与登记账簿、成本计算、财产清查和编制会计报表。

1. 设置会计科目和账户

根据会计对象具体内容的不同特点和经济管理的不同要求,选择一定的标准进行分类,并按分类核算的要求,逐步开设相应的账户。

2. 复式记账

复式记账是指对所发生的每项经济业务,以相等的金额,同时在两个或两个以上相互联系的账户中进行登记的一种记账方法。采用复式记账方法，可以全面反映每一笔经济业务的来龙去脉，而且可以防止差错，便于检查账簿记录的正确性和完整性，是一种比较科学的记账方法。

3. 填制和审核凭证

对于已经发生的经济业务，都必须由经办人或单位填制原始凭证，并签名盖章。所有原始凭证都要经过会计部门和其他有关部门的审核，并根据审核后的原始凭证编制记账凭证，作为登记账簿的依据。

4. 登记会计账簿

登记会计账簿简称记账，是以审核无误的会计凭证为依据在账簿中分类、连续、完整地记录各项经济业务，以便为经济管理提供完整、系统的会计核算资料。账簿记录是重要的会计资料，是进行会计分析、会计检查的重要依据。

5. 成本计算

成本计算是按照一定对象归集和分配生产经营过程中发生的各种费用，以便确定各对象的总成本和单位成本的一种专门方法。产品成本是综合反映企业生产经营活动的一项重要指标，正确地进行成本计算，可以考核生产经营过程的费用支出水平，同时又是确定企业盈亏和制定产品价格的基础，并为企业进行经营决策提供重要数据。

6. 财产清查

财产清查是指通过盘点实物，核对账目，以查明各项财产物资实有数额的一种专门方法。通过财产清查，可以提高会计记录的正确性，保证账实相符。同时，还可以查明各项财产物资的保管和使用情况以及各种结算款项的执行情况，以便对积压或损毁的物资和逾期未收到的款项，及时采取措施，进行清理和加强对财产物资的管理。

7. 编制会计报表

根据账簿记录的数据资料，采用一定的表格形式，概括地、综合地反映各单位一定时期内的经济活动过程和结果。

会计核算各方法相互联系、相互配合，构成了一个完整的核算方法体系，如图1-5所示。在经济业务发生时，首先根据经济业务的内容取得或填制会计凭证并加以审核；同时按照会计科目对经济业务进行分类，并在账簿中开设账户，根据审核无误的记账凭证，运用复式记账法登记账簿；对生产经营过程中发生的各项费用，以及各种需要确定成本的经济业务进行成本计算，根据成本计算过程中的原始凭证，编制记账凭证并登记账簿；对凭证、账簿等会计记录进行财产清查，保证账簿记录的正确性；根据核实后的账簿资料编制会计报表。

会计确认、计量、记录和报告是会计核算的四个基本环节，组成了会计核算的基本程序，它们相互独立，又相互联系，并有相应的会计核算方法支撑。其中，会计确认是对经济业务事项进行定性，主要解决某项经济业务"是不是""算不算""是什么""算什么"的问题，一般借助于"填制和审核凭证"等方法来完成。会计计量是对经济业务事项进行定量，主要解决某项经济业务"用什么量反映""反映多大""反映多少"的问题，一般借助于"货币计价"（包括计量属性和计量单位的选择等）、"成本计算"等方法来完成。会计记录主要是解决某项会计事项"如何入账""如何登记"的问题，一般借助于"设置会计科目和账户""复式记账""登记账簿"等方法来完成。会计报告主要是解决某项会计事项"是否列表""怎样列表"的问题，一般借助于"财产清查""期末计价"

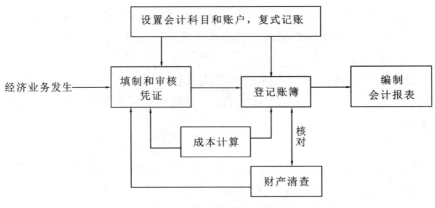

图 1-5 会计核算方法体系

"编制会计报表"等方法来完成。

项目 1 小结

本项目主要引领大家认识什么是会计以及会计的职能、对象;明确现代会计目标;了解会计信息提供的程序与方法;明确经济管理专业就业岗位与会计信息的关系,明确为什么要学习会计。

会计是以反映和控制企业和各单位的经济过程为内容,以为用户提供决策有用信息为目标的管理信息系统。会计的基本职能包括核算和监督。会计核算是会计最基本的职能,是以货币为主要计量单位,对企业、单位一定时期的经济活动进行真实、准确、完整和及时的记录、计算和报告。会计核算的内容即会计对象,即企业在生产经营过程中的资金及其运动(简称资金运动)。会计监督是会计监督工作应发挥的作用,或它应有的功能,包括事前、事中、事后监督。两者的关系十分密切,相辅相成:会计核算是会计监督的基础,而会计监督是会计核算的保证。随着人工智能时代的到来,会计工作的各个方面都发生了重大的变化,会计的职能也会随之发生变化,一些新的职能不断出现,会计工作更侧重管理、强化预测和决策职能。

会计提供信息的程序是确认、计量、记录和报告,提供方法包括设置会计科目和账户、复式记账、填制和审核凭证、登记会计账簿、成本计算、财产清查和编制会计报表。会计核算程序之间相互独立,又相互联系,并有相应的会计核算方法支撑。会计核算各方法是相互联系、相互配合的,构成一个完整的核算方法体系。

会计的目标,是向财务会计报告使用者提供与企业财务状况、经营成果和现金流量等有关的会计信息,反映企业管理层受托责任履行情况,有助于财务会计报告使用者做出经济决策。会计信息主要通过资产负债表、利润表和现金流量表三张会计报表来体现。

会计信息生成的前提,亦称基本假定或基本假设,是规范组织会计核算工作应具备的前提条件,包括会计主体假设、持续经营假设、会计分期假设和货币计量假设。

作为经济管理专业的学生,毕业后无论走上什么类型的工作岗位,都将是会计信息的使用者,应该懂得如何获取和使用会计信息,为自己所从事的工作服务。

◆ **核心技能**

树立现代会计观念；分析职业岗位与会计的关系。

◆ **课堂讨论**

为什么说会计除了核算和监督两个基本职能之外，还有侧重管理、预测经济前景、参与经济决策等职能？

我们应树立怎样的现代会计观念？

课后自测

一、**单项选择题**（下列每小题备选答案中，只有一个符合题意的正确答案，请将选定的答案编号，用英文大写字母填入括号内。）

1. 会计的基本职能是（　　）。
   A. 确认和计量　　　　B. 核算和监督　　　　C. 报告和分析　　　　D. 分析和控制

2. （　　）是会计核算和监督的内容。
   A. 会计职能　　　　　B. 会计方法　　　　　C. 会计对象　　　　　D. 会计要素

3. 会计的对象是指（　　）。
   A. 资金的投入与退出　　　　　　　　　　　B. 企业的各项经济活动
   C. 社会在生产过程中能用货币表现的经济活动　D. 预算资金活动

4. 会计核算采用的主要计量单位是（　　）。
   A. 劳动计量单位　　　　　　　　　　　　　B. 时间计量单位
   C. 货币计量单位　　　　　　　　　　　　　D. 实物计量单位

5. 下列方法中，不属于会计核算方法的有（　　）。
   A. 填制会计凭证　　B. 登记会计账簿　　C. 编制财务预算　　D. 编制会计报表

二、**多项选择题**（下列每小题备选答案中，有两个或以上符合题意的正确答案，请将选定的答案编号，用英文大写字母填入括号内。）

1. 下列各项关于会计核算和会计监督之间的关系说法正确的是（　　）。
   A. 两者之间存在着相辅相成、辩证统一的关系
   B. 会计核算是会计监督的基础
   C. 会计监督是会计核算的保障
   D. 会计核算和会计监督没有什么必然的联系

2. 会计核算的方法有（　　）。
   A. 填制会计凭证　　B. 财产清查　　　　C. 复式记账　　　　D. 成本计算

3. 会计对象是指（　　）。
   A. 会计核算和监督的内容　　　　　　　　　B. 特定单位的资金运动
   C. 特定单位的经济活动　　　　　　　　　　D. 特定单位的价值运动

4. 会计核算职能是指会计以货币为主要计量单位，通过（　　）等环节，对特定主体的经济活动进行记账、算账、报账。
   A. 确认　　　　　　B. 记录　　　　　　C. 计算　　　　　　D. 报告

5.会计的目标是(　　)。
A.提高经济效益　　　　　　　　　B.向投资者提供信息
C.向债权人提供信息　　　　　　　D.为企业内部经营管理提供会计信息

三、判断题(请在每小题后面的括号内填入判断结果,正确的用"√",错误的用"×"。)

1.会计的最基本功能是会计监督。(　　)
2.会计核算的三项工作指记账、对账、报账。(　　)
3.会计是以货币为主要计量单位,以凭证为依据,借助于专门的技术方法,对一定主体的经济活动进行全面、系统、连续、综合的核算和监督,并向有关方面提供相关信息的经济管理活动。(　　)
4.会计监督职能也被称为控制职能,即实施过程控制,包括事前、事中和事后的监督。(　　)
5.会计对象就是对会计要素的基本分类。(　　)
6.会计的核算和监督是会计的两个基本职能,如果只有核算,没有监督,就无法保障会计信息的真实性和可靠性,所以会计的监督职能是会计最基本的职能。(　　)
7.经济管理类专业的职业岗位多多少少需要用到会计知识。(　　)

案例分析

张小莉的创业之路

张小莉是某著名美术学院的学生。她目前手头有50 000元,她决定于2020年12月开始创办一个美术培训室。她支出了300元在一家餐厅请朋友坐一坐,帮她出出主意,支出了2 000元印制了500份广告传单,用300元购置了信封、邮票等。根据她曾经在一家美术培训班服务兼讲课的经验,她向妈妈借款50 000元,以备租房等使用。她购置了一些讲课所必备的书籍、静物,并支出一部分钱用于装修画室。她为她的美术培训室取名为"墨莉美术工作室"。经过上述努力,8天后张小莉已经有了17名学员,规定每人每月学费1 800元,并且找到了一位较具能力的同学沈嘉墨做合伙人。她与沈嘉墨分别为培训室的发展担当着不同的角色(合伙人兼作培训室的会计和讲课教师)并获取一定的报酬。至2021年4月末,她们已经招收了50个学员,除了归还妈妈的借款本金和利息共计52 000元、抵销各项必需的费用外,各获得讲课、服务等净收入50 000元和32 000元。她们用这笔钱又继续租房,扩大了画室面积,为了扩大招收学员的数量,她们甚至聘请了非常有经验的教授、留学归国学者免费做了两次讲座,为培训室的下一步发展奠定了非常好的基础。

半年下来,她们的"墨莉美术工作室"平均每月共招收学员39位,获取收入计70 200元。她们还以每小时200元的讲课报酬雇用了4位同学做兼职教师。至此,她们核算了一下,除去房租等各项费用共获利125 800元。这笔钱足够她们各自购买一台非常可心的计算机,并且还有一笔不小的节余。但更重要的是,她们通过四个月来的锻炼,学到了不少有关财务上的知识,掌握了许多营销的技巧,也懂得了应该怎样与人合作和打交道,获得了比财富更为宝贵的工作经验。

请思考:
1. 张小莉是如何创办并发展她的企业的?会计在其经营活动中扮演什么角色?
2. 从这一案例中你获得了哪些有关会计方面的术语?

实训操作

一、实训目的

通过本实训,进一步明确经济管理类专业为什么要弄清会计信息的来龙去脉、看懂财务会计报告。

二、实训要求

学时要求:1学时。

按每组6～7人将学生分组,通过头脑风暴举行"学生专业技能与就业岗位专题研讨会",畅想经济管理类专业未来的职业岗位,规划职业生涯发展目标,讨论不同岗位与会计信息的关系。将讨论结果填入表1-9。

表1-9 职业岗位分析表

序号	组员姓名	职业岗位	职业生涯发展目标	与会计信息的关系

项目2
识别和生成会计信息

KUAIJI JICHU ZHISHI YU YINGYONG

知识目标

1. 了解会计信息可以归纳为六大会计要素,理解会计要素的概念、分类及内容。
2. 理解会计恒等式。
3. 明确会计科目与账户的概念和区别。
4. 掌握借贷记账法的特点、记账规则、试算平衡。
5. 熟悉借贷记账法下账户的结构。
6. 了解财务会计报表的概念、组成及编制要求。

能力目标

通过完成本项目任务,能够基于企业资金运动过程,确认会计要素。根据国家统一会计制度和企业实际情况设置会计科目(或账户)。编制会计分录,学会运用借贷记账法记录会计信息。学会编制资产负债表和利润表。

素养目标

通过借贷记账法和会计报表的学习,培养学生的诚信意识以及严谨细致的工作作风,树立学生正确的消费观和理财观。

项目任务

2.1 确认会计要素
2.2 设置账户
2.3 学会借贷记账法
2.4 学会编制财务报表

案例导入

会计速成

会计真的很难学吗?下面的案例可以让你1天学会如何做会计:

1. 张阿姨在开面馆的初期通过以下渠道筹集了650 000元:家庭投入400 000元;亲戚借款200 000元;银行借款50 000元。上述资金都存在银行,其相互之间的关系可以用一个恒等式表示:

银行存款650 000=亲戚借款200 000+银行借款50 000+家庭投资400 000

2. 上述恒等式,如果用会计语言表达,即为:

资产=负债+所有者权益

资产:银行存款650 000元是张阿姨能够控制的给自己带来经济利益的资源。

负债:亲戚借款200 000元、银行借款50 000元是张阿姨将来要偿还的,即承担的未来经济利益流出的义务。

所有者权益:家庭投入的本钱400 000元属于张阿姨自己所拥有的权益,为资产减去负债之后的差额。

3. 面馆经营后,银行存款用于多方面的开支,有 560 000 元从银行存款中划出,即:490 000 元买店铺,30 000 元买设备,10 000 元买桌椅,20 000 元买材料,另提取现金 10 000 元备用。无论怎么变化,上述恒等式不变,即:

$$资产\ 650\ 000\ (店铺\ 490\ 000 + 设备\ 30\ 000 + 桌椅\ 10\ 000$$
$$+ 材料\ 20\ 000 + 现金\ 10\ 000 + 银行存款\ 90\ 000)$$
$$= 负债\ 250\ 000 + 所有者权益\ 400\ 000$$

其中:店铺、设备、桌椅——使用期限在一年以上,价值大,流动性弱,叫"固定资产";材料——一次领用就一次消耗,流动性较强,叫"流动资产",现金和银行存款的流动性最强,也叫"流动资产"。

上述恒等式可表达为:

$$固定资产\ 530\ 000 + 流动资产\ 120\ 000 = 负债\ 250\ 000 + 所有者权益\ 400\ 000$$

4. 年底,张阿姨算了算公司开业以来的经营情况,有收入 250 000 元,支出材料费、人工费等 100 000 元。于是:

$$利润\ 150\ 000 = 收入\ 250\ 000 - 费用\ 100\ 000$$

同时,12 月 31 日张阿姨发现公司的资产状况也有了新的变化:

$$资产 = 店铺\ 550\ 000 + 设备\ 50\ 000 + 桌椅\ 10\ 000 + 材料\ 30\ 000$$
$$+ 现金\ 10\ 000 + 银行存款\ 150\ 000$$
$$= 800\ 000$$

如果此时面馆的负债和所有者权益还是最初数,那么恒等式该如何表达?即:

$$资产\ 800\ 000 = 负债\ 250\ 000 + 所有者权益\ 400\ 000 + ?$$

显然等式右边的差额 150 000 元,即为面馆实现的利润,这部分利润应该是归属于张阿姨的新增权益,如此的话,恒等式即为:

$$资产 = 负债 + 所有者权益(本钱 + 利润)$$

用会计语言表示,即:

$$资产 = 负债 + 所有者权益(实收资本\ 400\ 000 + 未分配利润\ 150\ 000)$$

会计核算的原理以及资产负债表就是建立在这个恒等式上。

5. 资产 = 负债 + 所有者权益,说明某一天,面馆有多少资产,还欠人家多少钱,自己有多少本钱。这反映了面馆的财务状况。

利润 = 收入 - 费用,说明某一段时间,面馆盈利多少。这反映了面馆的经营成果。

会计上,把上述表达财务状况、经营成果的项目,称作"会计要素",即:资产、负债、所有者权益、收入、费用。

6. 面馆的业务发展很快,资产、负债、所有者权益、收入、费用很多、很复杂。为了详细、全面、系统地进行记录和反映,就应该对会计要素进行分类,给每一类一个名称,比如库存现金、银行存款、固定资产等,用会计语言表达就是"会计科目"——会计要素类别的意思。一个要素之下该用多少或哪些会计科目?这个用不着你去考虑。在你去一家单位之前,人家已经在使用。

7. 只要有经济业务发生,比如客户来吃面,采购面粉、小菜,就会引起相关会计要素及其会计科目数据的变化。我们把经济业务发生时取得或填制的书面文件,比如给客户的发票,称之为"原始凭证"。将整理原始凭证并以此记入到相应账户中去的书面文件称为"记账凭证"。

而账户(账簿)是具有一定格式的以会计科目为名称的书面文件,专门记录"科目"名下的数据增减变动。期末,账户(账簿)数据的汇总,形成会计报表。

8. 会计最基本、最关键的工作:依据原始凭证按会计科目编制记账凭证,运用的方法是"复式记账法",常见的是复式记账法中的借贷记账法,即以"借"和"贷"为记账符号的复式记账法。

然后,依据编制好的记账凭证,登记相关会计科目名下的账簿。账簿即由具有一定格式而又互相联系的账页所组成,用以全面、系统、连续地记录各项经济业务的簿籍。

期末,张阿姨将生产过程中发生的各种耗费归集并分配到每一碗面上,以计算总成本和单位成本,就叫"成本核算"。此外,张阿姨还需要到仓库盘点面粉、汤料等材料的实际库存情况,将实际数与账本上的数量进行对比,查清有没有变质、偷窃或多记少记的情况,这个过程叫作"财产清查"。接着整理汇总账簿,再编制"会计报表"。

9. 会计程序:经济业务—原始凭证—记账凭证—账簿—会计报表。

简单说,会计就是一种记录和报告经济业务的工作,包括记账、算账、报账,以及管账、用账。

10. 概念总结:

(1)资金:财产物资的货币表现及货币本身。

(2)资金运动:能够以货币表现的经济活动,即会计对象,也是会计所核算和监督的内容。

——资金运动的静态表现:"你今天有多少钱",说明资金状况(或财务状况)。相联系:资产＝负债＋所有者权益。

——资金运动的动态表现:"你截止到今天挣了多少钱",说明资金效益(或经营成果)。相联系:利润＝收入－费用。

(3)会计要素:指对会计对象内容(资金运动)所做的基本分类。

其中,静态要素:资产、负债、所有者权益。动态要素:收入、费用。

(4)会计科目:对会计要素进行分类核算的标志或项目。

(5)账户(账本、账簿):具有一定格式的以会计科目为名称的工具,专门记录"科目"名下的数据。

(6)会计核算方法:就是围绕"记账、算账和报账"的程序与方法,核心是编制会计分录,掌握借贷记账法。

(7)资产负债表——根据账簿数据编制的,按"资产＝负债＋所有者权益"原理建立起来的,用于说明公司某一时点资金状况(或财务状况)的会计报表。

利润表——根据账簿数据编制的,按"利润＝收入－费用"原理建立起来的,用于说明公司某一时期经营成果的会计报表。

11. 几年后,张阿姨的面馆越做越大,作为董事长,她要在每个月月末看由财务部递交上来的月度会计报表(月报),每个季末看季度会计报表(季报),半年过后看半年报,年末看全年的年度会计报表(年报),以了解公司财务状况(通过资产负债表)、经营成果(通过损益表)和财务状况变动情况(现金流量表)。

2.1　确认会计要素

【任务提示】本分项任务将引领你了解会计信息的具体内容。

【任务先行】对会计信息使用者决策有用的会计信息包括财务信息、经营成果信息和现金流量信息等,这些会计信息可以归纳为资产、负债、所有者权益、收入、费用和利润六大会计要素。了解会计要素的具体内容和确认条件是生成和使用会计信息的基础。

会计要素是根据交易或者事项的经济特征对会计对象的基本分类,也是会计核算的内容,按照其性质分为资产、负债、所有者权益、收入、费用和利润。资产、负债和所有者权益构成资产负债表,称为资产负债表要素,也称静态会计要素,反映的是时点指标,反映了企业的财务状况;收入、费用和利润构成利润表,称为利润表要素,也称动态会计要素,反映的是时期指标,反映了企业的经营成果,如图 2-1 所示。

"小会"的要素 1

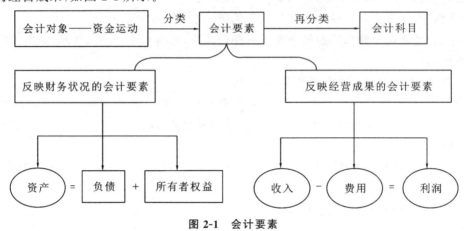

图 2-1 会计要素

2.1.1 确认资产负债表要素

一、资产要素的确认

故事的主角叫小刘,刚刚从北京某大学毕业即到北京某公司做销售。销售人员,代表了公司的形象,因此需得体的行头,而一身行头是需要花钱的!于是他来到自动取款机前,将银行卡插了进去,卡里还有 1 500 元,他一股脑儿全取出来了。

小刘想:我得从现在开始建本账,看看销售这份工作到底能挣多少钱,到底能花多少钱。目前这本账上小刘手头上的 1 500 元钱就是他的资产。什么叫资产?简单来说就是所拥有的东西。

1.资产的界定

资产是指企业过去的交易或者事项形成的、由企业拥有或者控制的、预期会给企业带来经济利益的资源。根据资产的定义,资产具有以下特征:

(1)资产应为企业拥有或者控制的资源。

资产作为一项资源,应当由企业拥有或者控制,具体是指企业享有某项资源的所有权,或者虽然不享有某项资源的所有权,但该资源能被企业所控制。

企业享有资产的所有权,通常表明企业能够排他性地从资产中获取经济利益。一般而言,在判断资产是否存在时,所有权是考虑的首要因素。有些情况下,资产虽然不为企业所拥有,即企业并不享有其所有权,但企业控制了这些资产,同样表明企业能够从资产中获取经济利益,符合会计上对资产的定义。

例如,某企业以融资租赁方式租入一项固定资产,尽管企业并不拥有其所有权,但是如果租赁合同规定的租赁期相当长,接近于该资产的使用寿命,表明企业控制了该资产的使用及其所能带来的经济利益,应当将其作为企业资产予以确认、计量和报告。

(2)资产预期会给企业带来经济利益。

资产预期会给企业带来经济利益,是指资产直接或者间接导致现金和现金等价物流入企业的潜力。这种潜力可以来自企业日常的生产经营活动,也可以是非日常活动;带来经济利益的形式可以是现金或者现金等价物形式,也可以是能转化为现金或者现金等价物的形式,或者是可以减少现金或者现金等价物流出的形式。

资产预期能为企业带来经济利益是资产的重要特征。

例如,企业采购的原材料、购置的固定资产等可以用于生产经营过程,制造商品或者提供劳务,对外出售后收回货款,货款即为企业所获得的经济利益。如果某一项目预期不能给企业带来经济利益,那么就不能将其确认为企业的资产。前期已经确认为资产的项目,如果不能再为企业带来经济利益,也不能再确认为企业的资产。例如,待处理财产损失以及某些财务挂账等,由于不符合资产定义,均不应当确认为资产。

(3)资产是由企业过去的交易或者事项形成的。

资产应当由企业过去的交易或者事项所形成,过去的交易或者事项包括购买、生产、建造行为或者其他交易或事项。换句话说,只有过去的交易或者事项才能产生资产,企业预期在未来发生的交易或者事项不形成资产。

例如,企业有购买某存货的意愿或者计划,但是购买行为尚未发生,就不符合资产的定义,不能因此而确认存货资产。

2.资产的确认条件

将一项资源确认为资产,还应同时满足以下两个条件:

(1)与该资源有关的经济利益很可能流入企业。从资产的定义来看,能带来经济利益是资产的一个本质特征,但在现实生活中,由于经济环境瞬息万变,与资源有关的经济利益能否流入企业或者能够流入多少实际上带有不确定性。因此,资产的确认还应与经济利益流入的不确定性程度的判断结合起来。如果根据编制财务报表时所取得的证据,与资源有关的经济利益很可能流入企业,那么就应当将其作为资产予以确认;反之,不能确认为资产。

(2)该资源的成本或者价值能够可靠地计量。财务会计系统是一个确认、计量和报告的系统,其中可计量性是所有会计要素确认的重要前提,资产的确认也是如此。只有当有关资源的成本或者价值能够可靠地计量时,资产才能予以确认。在实务中,企业取得的许多资产都是发生了实际成本的,例如企业购买或者生产的存货、企业购置的厂房或者设备等,对于这些资产,只要实际发生的购买成本或者生产成本能够可靠计量,就视为符合了资产确认的可计量条件。在某些情况下,企业取得的资产没有发生实际成本或者发生的实际成本很小。例如,企业持有的某些衍生金融工具形成的资产,对于这些资产,尽管它们没有实际成本或者发生的实际成本很小,但是如果其公允价值能够可靠计量的话,也被认为符合了资产可计量性的确认条件。

案例分析

A公司主要从事光伏电站的建造。2021年8月,A公司在某县拟投标建设光伏电站,当地县人民政府的文件《关于申报集中式光伏扶贫电站项目报名条件》规定:光伏电站项目均采取全部光伏扶贫模式。以装机1万千瓦、需带动贫困户334户为基数,申报带动贫困户上限封顶500户,由报名企业自行承诺,每户每年3 000元,连续扶贫20年,起始时间以省能源局正式批复为准。扶贫效益资金按要求时间汇入指定账户。A公司中标取得了30兆瓦的建设资格,为此支付了首期3年扶贫款1 350万元(30×0.1×500×3 000×3元=1 350万元)。

【解析】该扶贫支出是为取得光伏电站建设权的必要支出,如果没有获得电站建设项目则无须支付,如果不承诺支付该扶贫支出也不可能获得光伏电站建设权。运营期内支付扶贫款是获得项目建设和运营权的必要前提,因此符合资产的特征,预期会给企业带来经济利益,满足资产的构成条件。本案例中A公司现已支付了3年的扶贫款,则还需支付未来17年的扶贫款,未来每年需支付的扶贫款是定额的,该成本的金额是可以可靠计量的,将该负债的折现值计入资产成本中后,整体上该项目仍有盈利,表明该项支出能产生未来经济利益,且这部分经济利益日后归企业所有,企业能够控制该经济利益,因此满足确认为资产成本的条件。

3.资产的分类

资产按照流动性可分为流动资产和非流动资产。

1)流动资产

流动资产,是指可以在一年或者超过一年的一个营业周期内变现或耗用的资产,包括库存现金、银行存款、交易性金融资产、应收账款、应收票据、存货等。

(1)库存现金,是企业流动性最强的资产,可以充当媒介,立即投入流通,用以购买商品、劳务或偿还债务。

(2)银行存款,是企业存入银行或其他金融机构的款项,可以用于购买商品、劳务或偿还债务。

(3)交易性金融资产,是指以交易为目的的可转换债券、基金、股票,以公允价值计量且其变动计入公允价值变动损益的金融资产。

(4)应收账款,是企业因销售商品、提供劳务等经营活动而发生的应收而未收的款项。

(5)应收票据,是企业因销售商品、提供劳务等经营活动收到商业汇票而发生的应收而未收的款项。

(6)存货,是指企业在日常活动中持有以备出售的产成品或商品、处在生产过程中的在产品、在生产过程或提供劳务过程中所耗用的材料和物料等。

2)非流动资产

除流动资产以外的所有其他资产,统称为非流动资产。非流动资产包括持有至到期投资、长期股权投资、投资性房地产、固定资产、在建工程、无形资产等。

(1)持有至到期投资,是指企业购入的到期日固定、回收金额固定或可确定,且企业有明确意图和能力持有至到期的各种债券,如国债和企业债券等。

(2)长期股权投资,是指通过投出各种资产取得被投资企业股权且不准备随时出售的投资,是为了获得长远利益而影响、控制其他在经济业务上相关联的企业。企业进行长期股权投资后,成为被投资企业的股东,有参与被投资企业经营决策的权利。

(3)投资性房地产,是指为赚取租金或资本增值(房地产买卖的差价),或两者兼有而持有的房地产。

(4)固定资产,是指企业为生产产品、提供劳务、出租或者经营管理而持有的,使用时间超过一个会计年度,价值达到一定标准的非货币性资产,包括房屋、建筑物、机器、机械、运输工具以及其他与生产经营活动有关的设备、器具、工具等。

(5)无形资产,是指企业拥有或控制的,没有实物形态的可辨认非货币性资产,如专利权、非专利技术、商标权、著作权、土地使用权、特许权等。

实收资本属于企业的资产吗?

二、负债要素的确认

小刘决定开展他的衣服购置计划,他走遍北京的各大商场,发现1 500元钱远远不能满足目前服装市场的高价位,因此有必要再筹集一点资金。谁会借点钱给自己呢?他想到了正在大学读研究生的表哥王大拿。表哥二话没说,取了1 000元给了小刘。

亲兄弟,明算账,小刘郑重地写了一张欠条。此时他拥有了这1 000元钱,也有了这1 000元钱的支配权,小刘的资产也随之增加了1 000元。但是小刘并非真正拥有这1 000元,这笔钱迟早要归还的,是小刘的一笔债务。这时的小刘也有了1 000元的负债。负债,通俗地讲就是欠别人的钱,在还款之前,责任永远不会消失。

1. 负债的界定

负债是指企业过去的交易或者事项形成的,预期会导致经济利益流出企业的现时义务。根据负债的定义,负债具有以下特征:

(1)负债是企业承担的现时义务。

负债必须是企业承担的现时义务,这是负债的一个基本特征。其中,现时义务是指企业在现行条件下已承担的义务。未来发生的交易或者事项形成的义务,不属于现时义务,不应当确认为负债。这里所指的义务可以是法定义务,也可以是推定义务。其中法定义务是指具有约束力的合同或者法律法规规定的义务,通常必须依法执行。例如,企业购买原材料形成应付账款,企业向银行借入款项形成借款,企业按照税法规定应当交纳的税款等,均属于企业承担的法定义务,需要依法予以偿还。推定义务是指根据企业多年来的习惯做法、公开的承诺或者公开宣布的政策而导致企业将承担的责任,这些责任也使有关各方形成了企业将履行义务解脱责任的合理预期。

(2)负债预期会导致经济利益流出企业。

预期会导致经济利益流出企业也是负债的一个本质特征,只有企业在履行义务时会导致经济利益流出企业的,才符合负债的定义,如果不会导致企业经济利益流出,就不符合负债的定义。在履行现时义务清偿负债时,导致经济利益流出企业的形式多种多样。例如,用现金偿还或以实物资产形式偿还;以提供劳务形式偿还;以部分转移资产、部分提供劳务形式偿还;将负债转为资本等。

(3)负债是由企业过去的交易或者事项形成的。

负债应当由企业过去的交易或者事项所形成。换句话说,只有过去的交易或者事项才形成负债,企业将在未来发生的承诺、签订的合同等交易或者事项,不形成负债。

2.负债确认的条件

确认负债还应同时满足以下两个条件:

(1)与该义务有关的经济利益很可能流出企业。

从负债的定义来看,负债预期会导致经济利益流出企业,但是履行义务所需流出的经济利益带有不确定性,尤其是与推定义务相关的经济利益通常需要依赖于大量的估计。因此,负债的确认应当与经济利益流出的不确定性程度的判断结合起来。如果有确凿证据表明,与现时义务有关的经济利益很可能流出企业,就应当将其作为负债予以确认;反之,如果企业承担了现时义务,但是导致经济利益流出企业的可能性已不复存在,就不符合负债的确认条件,不应将其作为负债予以确认。

(2)未来流出的经济利益的金额能够可靠地计量。

负债的确认在考虑经济利益流出企业的同时,对于未来流出的经济利益的金额应当能够可靠计量。对于与法定义务有关的经济利益流出金额,通常可以根据合同或者法律规定的金额予以确定,考虑到经济利益的流出通常在未来期间,有时未来期间较长,有关金额的计量需要考虑货币时间价值等因素的影响。对于与推定义务有关的经济利益流出金额,企业应当根据履行相关义务所需支出的最佳估计数进行估计,并综合考虑有关货币时间价值、风险等因素的影响。

案例分析

承上例案例分析,如前所述,该项扶贫款的支付义务是源于取得光伏电站的建设和运营权(过去的交易或者事项),且支付该扶贫款会导致经济利益流出本企业。企业在获得光伏电站的建设和运营权之后,最晚在运营期开始之后,就相应承担了该项扶贫款支付义务,因此属于企业的现时义务。另外,未来每年需支付的扶贫款是定额的,因此未来流出的经济利益的金额能够可靠地计量。符合负债的定义和确认条件。

3.负债的分类

企业负债的内容较多,为了正确反映企业所承担负债的具体情况,通常将企业的负债按照偿还期的长短(流动性)划分为流动负债和非流动负债两大类。

1)流动负债

流动负债是指将在一年或长于一年的一个营业周期以内偿还的债务,包括短期借款、交易性金融负债、应付票据、应付账款、应付职工薪酬、应交税费、应付股利、应付利息、预收账款、其他应付款等。

(1)短期借款,是指企业向银行或其他金融机构借入的期限在一年以下(含一年)的各种借款,如生产周转借款等。

(2)交易性金融负债,是指企业采用短期获利模式进行融资所形成的负债,比如应付短期债券。作为交易双方来说,甲方的金融债权就是乙方的金融负债,由于融资方需要支付利息,因此,就形成了金融负债。

(3)应付票据,是指企业因购买材料、商品或接受劳务供应等经营活动,采用商业汇票结算方式而发生的应付给供应单位的款项。

(4)应付账款,是指企业因购买材料、商品或接受劳务供应等经营活动,而应付给供应单位的款项。

(5)预收账款,是以买卖双方协议或合同为依据,由购货方预先支付一部分(或全部)货款给供应方而发生的一项负债,这项负债要用以后的商品或劳务来偿付。

(6)应付职工薪酬,是指企业应付给职工的工资、奖金、津贴和补贴;职工福利费和医疗保险费、养老保险费、失业保险费、工伤保险费、生育保险费等社会保险费;住房公积金;工会经费和职工教育经费;非货币性福利;因解除与职工的劳动关系给予的补偿;其他与获得职工提供的服务相关的支出。

(7)应交税费,是指企业应缴纳的各种税费,包括增值税、消费税、所得税、资源税、城市维护建设税、土地增值税、车船使用税、房产税、土地使用税、教育费附加、矿产资源补偿费等。

(8)应付股利,是指企业应付给投资者的现金股利或利润。

(9)应付利息,是指企业按照合同约定应支付的利息,包括吸收存款利息、分期付息到期还本的长期借款利息、企业债券应支付的利息。

(10)其他应付款,是指企业在商品交易业务以外发生的应付和暂收款项,包括应付经营租入固定资产和包装物租金;职工未按期领取的工资;存入保证金(如收入包装物押金等);应付、暂收所属单位、个人的款项等。

2)非流动负债

非流动负债,是指将在一年或长于一年的一个营业周期以上偿还的债务,包括长期借款、应付债券、长期应付款等。

(1)长期借款,是指企业向银行或其他金融机构借入的期限在一年以上的各种借款。

(2)应付债券,是指企业为筹集长期资金而依照法定程序发行的、约定在超过一年的一定期限内还本付息的有价证券。

(3)长期应付款,是指企业除了长期借款和应付债券以外的长期负债,包括应付引进设备款、应付融资租入固定资产的租赁费等。

负债的确认除应满足负债的定义外,还应满足哪些条件?

三、所有者权益要素的确认

前面说到小刘拥有的从银行提取的1 500元的资产,这是他自己的钱,只有他有权花,用专业术语说,只有他能对这1 500元钱行使权利,这种权利受到法律的保护,称为所有者权益。小刘拥有这1 500元钱的所有权,即有1 500元的所有者权益。

1.所有者权益的界定

所有者权益又称股东权益,是指企业资产扣除负债后由所有者享有的剩余权益,是所有者对企业资产的剩余索取权,既可反映所有者投入资本的保值增值情况,又体现了保护债权人权益的理念。

2.所有者权益的确认条件

所有者权益的确认、计量主要取决于资产、负债、收入、费用等其他会计要素的确认和计量。所有者权益即为企业的净资产,是企业资产总额中扣除债权人权益后的净额,反映所有者(股东)财富的净增加额。通常企业收入增加时,会导致资产的增加,相应地会增加所有者权益;企业发生费用时,会导致负债增加,相应地会减少所有者权益。因此,企业日常经营的好坏和资产负债的质量直接决定着企业所有者权益的增减变化和资本的保值增值。

所有者权益反映的是企业所有者对企业资产的索取权,负债反映的是企业债权人对企业资产的索取权,而且通常债权人对企业资产的索取权要优先于所有者对企业资产的索取权,因此,所有者享有的是企业资产的剩余索取权,两者在性质上有本质区别,因此企业在会计确认、计量和报告中应当严格区分负债和所有者权益,以如实反映企业的财务状况,尤其是企业的偿债能力和产权比率等。在实务中,企业某些交易或者事项可能同时具有负债和所有者权益的特征,在这种情况下,企业应当将属于负债和所有者权益的部分分开核算和列报。

例如,企业发行的可转换公司债券,企业应当将其中的负债部分和权益性工具部分进行分拆,分别确认负债和所有者权益。

3.所有者权益的构成

(1)实收资本(投入资本),是指投资者按照企业章程或合同、协议的规定,实际投入企业的属于所占注册资本份额的资本,是所有者权益的重要组成部分。所有者在该部分的入资比例是所有者未来参与企业利润分配的主要依据,被称为有分红权的入资。实收资本可作为企业长期周转使用的经营资本。我国目前实行注册资本制度,要求企业的实收资本与其注册资本相一致。

(2)资本公积,是指企业来源于盈利以外的那部分积累,是企业取得的但不是生产经营活动本身带来的各种增值,包括资本(股本)溢价、法定财产重估增值、接受捐赠的差额、外币核算的差额和其他资本公积。

资本(股本)溢价,是指企业投资者投入的资金超过其在注册资本中所占份额的部分。

其他资本公积,是指直接计入所有者权益的利得和损失。

(3)盈余公积,是指企业按照规定比例从净利润中提取的各种公积金,是由企业盈利而形成的所有者权益,属于具有特定用途的留存收益。

根据《中华人民共和国公司法》的规定,公司制企业的盈余公积一般包括两部分,即法定盈余公积和任意盈余公积。法定盈余公积,是指企业按照规定的比例从净利润中提取的盈余公积金,一般按净利润的 10% 提取。任意盈余公积,是指企业经股东大会或类似机构批准按照规定的比例从净利润中提取的盈余公积。经股东大会或类似机构批准,企业提取的盈余公积可以用于弥补亏损、转增资本(股本),符合规定条件的企业,也可用来分派股利。

(4)未分配利润,是企业实现的利润中留于以后年度分配或待分配的部分,是指截至年度末累计未分配的利润,包括企业以前年度累计的尚未分配的利润以及本年度实现的未分配利润。盈余公积与未分配利润合称留存收益。未分配利润的计算公式为:

$$期末未分配利润 = 期初未分配利润 + 本期实现的税后利润 - 提取的盈余公积 - 向投资者分配的利润$$

张三投资了 10 万元现金和一个价值 5 万元的门面,开一家商店,开业当天查看有关的账目。他得到的所有资料如下:购买各类商品价值 10 万元,其中 6 万元付现款,尚欠 4 万元;购买柜台、设备等共 4 万元,付现金 3 万元,欠 1 万元;余 1 万元现金。

请你帮助张三计算:商店现在共拥有多少资产?商店共有多少欠款?张三在商店中享有多少权益?

2.1.2 确认利润表要素

"小会"的要素 2

收入,就是收到口袋里的钱财。刚刚做销售员的小刘还没有领到工资,所以现在小刘没有收入。但是随着销售业务的开展,工资、奖金也会纷至沓来。这就是小刘的收入。

一、收入要素的确认

1. 收入的界定

收入是指企业日常活动中形成的、会导致所有者权益增加的、与所有者投入资本无关的经济利益的总流入。在市场经济条件下,追求利润最大化已成为企业经营的主要目标之一。收入是利润的来源,因此,获取收入是企业日常经营活动中最主要的目标之一,通过获取的收入补偿为此而发生的支出,以获得一定的利润。

收入具有以下特征:

(1)收入是企业在日常活动中形成的。

日常活动是指企业为完成其经营目标所从事的经常性活动以及与之相关的活动。例如,工业企业制造并销售产品,商业企业销售商品,保险公司签发保单,咨询公司提供咨询服务,软件企业为客户开发软件,安装公司提供安装服务,商业银行对外贷款,租赁公司出租资产等,均属于企业的日常活动。明确界定日常活动是为了将收入与利得相区分,日常活动是确认收入的重要判断标准,凡是日常活动所形成的经济利益的流入应当确认为收入;反之,非日常活动所形成的经济利益的流入不能确认为收入,而应当计入利得。

例如,处置固定资产属于非日常活动,所形成的净利益就不应确认为收入,而应当确认为利得。再如,无形资产出租所取得的租金收入属于日常活动所形成的,应当确认为收入;但是处置无形资产属于非日常活动,所形成的净利益,不应当确认为收入,而应当确认为利得。

(2)收入是与所有者投入资本无关的经济利益的总流入。

收入应当会导致经济利益的流入,从而导致资产的增加。

例如,企业销售商品,应当收到现金或者在未来有权收到现金,才表明该交易符合收入的定义。但是,经济利益的流入有时是所有者投入资本的增加所致,所有者投入资本的增加不应当确认为收入,应当将其直接确认为所有者权益。

(3)收入会导致所有者权益的增加。

与收入相关的经济利益的流入应当会导致所有者权益的增加,不会导致所有者权益增加的经济利益的流入不符合收入的定义,不应确认为收入。

例如,企业向银行借入款项,尽管也导致了企业经济利益的流入,但该流入并不导致所有者权益的增加,而使企业承担了一项现时义务。不应将其确认为收入,应当确认为一项负债。

2.收入的确认条件

企业应当在履行了合同中的履约义务,即在客户取得相关商品控制权时确认收入。取得相关商品控制权,是指能够主导该商品的使用并从中获得几乎全部的经济利益。

双方合同应满足下列条件:

(1)合同各方已批准该合同并承诺将履行各自义务,即合同已经签字盖章。

(2)该合同明确了合同各方与所转让商品或提供劳务(以下简称"转让商品")相关的权利和义务。

需要注意的是,合同约定的权利和义务是否具有法律约束力,需要根据企业所处的法律环境和实务操作进行判断,包括合同订立的方式和流程、具有法律约束力的权利和义务的时间等。

对于合同各方均有权单方面终止完全未执行的合同,且无须对合同其他方做出补偿的,企业应当视为该合同不存在。其中,完全未执行的合同,是指企业尚未向客户转让任何合同中承诺的商品,也尚未收取且尚未有权收取已承诺商品的任何对价的合同。该合同不包括框架协议、战略合作协议,因为没有法律的约束力。

比如,2021年A保洁公司与B银行签订提供保洁服务的合同,服务期限是1年,合同约定:双方在每月末前一天均可以无条件终止合同,如果月末前未提出终止合同,则视为下月继续提供服务。由此本合同属于按月来履行合同义务。

(3)该合同有明确的与所转让商品相关的支付条款。

(4)该合同具有商业实质,即履行该合同将改变企业未来现金流量的风险、时间分布或金额。商业实质,简称互通有无。例如A公司想买一辆车,B公司想买20台电脑,于是,两家公司用本公司的商品交换,换取想购买的商品。正因为交易的标的是不同质的,于是产生了交易动因,所以出现买和卖的行为,具有商业实质。

(5)企业因向客户转让商品而有权取得的对价很可能收回。企业在评估其因向客户转让商品而有权取得的对价是否很可能收回时,仅应考虑客户到期支付对价的能力和意图(即客户的信用风险)。

案例分析

甲房地产开发公司与乙公司签订合同,向其销售一栋建筑物,合同价款为100万元。该建筑物的成本为60万元,乙公司在合同开始日即取得了该建筑物的控制权。根据合同约定,乙公司在合同开始日支付了5%的保证金5万元,并就剩余95%的价款与甲公司签订了不附追索权的长期融资协议,如果乙公司违约,甲公司可重新拥有该建筑物,即使收回的建筑物不能涵盖所欠款项的总额,甲公司也不能向乙公司索取进一步的赔偿。乙公司计划在该建筑物内开设一家餐馆,并以该餐馆的收益偿还甲公司的欠款。在该建筑物所在的地区,餐饮行业面临激烈的竞争,但乙公司缺乏餐饮行业的经营经验。

【解析】本案例中,乙公司计划以该餐馆产生的收益偿还甲公司的欠款,除此之外并无其他的经济来源,乙公司也未对该笔欠款设定任何担保。如果乙公司违约,甲公司虽然可重新拥有该建筑物,但即使收回的建筑物不能涵盖所欠款项的总额,甲公司也不能向乙公司索取进一步的赔偿。因此,甲公司对乙公司还款的能力和意图存在疑虑,认为该合同不满足合同价款很可能收回的条件。甲公司应当将收到的5万元确认为一项负债。

3. 收入的分类

按企业经营业务的主次,收入可分为主营业务收入和其他业务收入。主营业务与其他业务的划分,可根据营业执照上的营业范围来确定。

主营业务收入,是指来自企业主要营业活动的收入。在正常经营条件下,主营业务收入会在企业收入总额中占有较大比重,并对企业的经济效益产生较大影响。不同行业企业的主营业务收入所包含的内容各不相同。例如,制造业企业的主营业务收入,主要包括销售产品和提供工业性劳务的收入。

其他业务收入,是指企业主营业务活动以外的其他经营活动所产生的收入,包括出租固定资产、出租无形资产、出租包装物和商品、销售材料等的收入。

素质教育

黄文秀(1989年4月18日—2019年6月17日),"七一勋章"获得者、"时代楷模",女,壮族,中共党员,出生于广西壮族自治区百色市田阳区巴别乡德爱村多柳屯,2016届广西定向选调生、北京师范大学法学硕士。本科就读于山西省长治学院。生前系广西壮族自治区百色市委宣传部副科长、派驻乐业县新化镇百坭村第一书记。

2018年3月26日,黄文秀来到广西壮族自治区百色市乐业县新化镇百坭村担任驻村第一书记。2019年6月17日凌晨,黄文秀从百色返回乐业途中遭遇山洪因公殉职,年仅30岁。

2019年6月,习近平对黄文秀同志先进事迹作出重要指示;7月1日,中国共产党中央委员会宣传部追授黄文秀"时代楷模"称号;7月17日,中华全国总工会授黄文秀同志全国五一劳动奖章;9月,荣获第七届全国道德模范"全国敬业奉献模范";9月25日,被授予"最美奋斗者"称号;10月,被追授"全国优秀共产党员"称号;11月,入选感动中国2019候选人物。

2020年5月17日,被评为"感动中国2019年度人物"。2021年2月25日,被授予"全国脱贫攻坚楷模"称号;6月29日,中共中央授予黄文秀"七一勋章"。

◆**课堂讨论**

榜样的力量是无穷的!在黄文秀的感召下,乡村振兴,我能为家乡提高收入做点什么?

二、费用要素的确认

费用就是为了取得收入所付出的代价。小刘用了整整一天,走遍了这个城市服装城的每一个角落,终于拼凑了一身"行头",皮鞋 350 元,西装 1 500 元,领带 100 元,衬衣 200 元,共计 2 150 元。这就是他的费用。

1.费用的界定

费用是指企业在日常活动中发生的、会导致所有者权益减少的、与向所有者分配利润无关的经济利益的总流出。费用具有以下特征:

(1)费用是企业在日常活动中形成的。

费用必须是企业在其日常活动中所形成的,这些日常活动的界定与收入定义中涉及的日常活动的界定相一致。因日常活动所产生的费用通常包括销售成本(营业成本)、管理费用等。将费用界定为日常活动所形成的,目的是将其与损失相区分,企业非日常活动所形成的经济利益的流出不能确认为费用,而应当计入损失。

(2)费用会导致所有者权益的减少。

与费用相关的经济利益的流出应当会导致所有者权益的减少,不会导致所有者权益减少的经济利益的流出不符合费用的定义,不应确认为费用。

(3)费用是与向所有者分配利润无关的经济利益的总流出。

费用的发生应当会导致经济利益的流出,从而导致资产的减少或者负债的增加(最终也会导致资产的减少)。其表现形式包括现金或者现金等价物的流出,存货、固定资产和无形资产等的流出或者消耗等。企业向所有者分配利润也会导致经济利益的流出,而该经济利益的流出属于投资者投资回报的分配,是所有者权益的直接抵减项目,不应确认为费用,应当将其排除在费用的定义之外。

◆**知识拓展**

(1)费用不包括"营业外支出",不包括非日常活动产生的支出。

(2)费用与资产的关系:资产是费用的储备状态。

(3)费用与成本的关系:会计要素的"费用"是广义概念,具体核算时包括成本和期间费用;成本是费用的对象化,而费用更多关注时间期间。

2.费用的确认条件

费用的确认除了应当符合定义外,也应当满足严格的条件,即费用只有在经济利益很可能流出从而导致企业资产减少或者负债增加、经济利益的流出额能够可靠计量时才能予以确认。费用的确认至少应当符合以下条件:一是与费用相关的经济利益应当很可能流出企业;二是经济利益流出企业的结果会导致资产的减少或者负债的增加;三是经济利益的流出额能够可靠计量。

3. 费用的分类

费用按照经济用途进行分类,可分为计入产品成本、劳务成本的费用和不计入产品成本、劳务成本的费用两大类。对于计入产品成本、劳务成本的费用,可进一步划分为直接费用和间接费用。其中直接费用包括直接材料、直接人工和其他直接费用;间接费用是指制造费用。对于不计入产品成本、劳务成本而是直接冲减利润的费用,可进一步划分为管理费用、财务费用和销售费用。

三、利润要素的确认

1. 利润的界定

利润是指企业在一定会计期间的经营成果。通常情况下,如果企业实现了利润,表明企业的所有者权益将增加,业绩得到了提升;反之,如果企业发生了亏损(即利润为负数),表明企业的所有者权益将减少,业绩下降。利润是评价企业管理层业绩的指标之一,也是投资者等财务报告使用者进行决策时的重要参考。

2. 利润的来源构成

利润包括收入减去费用后的净额、直接计入当期利润的利得和损失等。其中收入减去费用后的净额反映的是企业日常活动的经营业绩,直接计入当期利润的利得和损失反映的是企业非日常活动的业绩。直接计入当期利润的利得和损失,是指应当计入当期损益、最终会引起所有者权益发生增减变动的、与所有者投入资本或者向所有者分配利润无关的利得或者损失。企业应当严格区分收入和利得、费用和损失,以更加全面地反映企业的经营业绩。

3. 利润的确认条件

利润反映的是收入减去费用、利得减去损失后的净额,因此,利润的确认主要依赖于收入和费用以及利得和损失的确认,其金额的确定也主要取决于收入、费用、利得、损失金额的计量。

张三的这家商店,营业一个月之后,有关资料如下:销售出进价为3万元的商品,收入5万元现款,存入银行。提取现金,偿还供货商欠款1万元。支付人员工资8 000元。设备和门面折旧费用1 200元。

请你帮助张三计算:商店这个月共实现多少收入?商店共支出多少费用?这个月利润多少?

想一想:提取现金,偿还供货商欠款1万元属于费用吗?

2.1.3 会计要素计量

会计计量是为了将符合确认条件的会计要素登记入账,并列报于财务报表而确定其金额的过程。会计要素的计量属性,主要包括历史成本、重置成本、可变现净值、现值和公允价值等。

在2年前,你买了一套房子200万元(历史成本、原始成本),现在涨到了300万元(公允价值)。一年前,你买了一辆车子20万元(历史成本、原始成本),现在降价了,买同款车只需要18万元(重置成本)。如果你现在当二手车卖,只能卖15万元,还要产生1万元费用,最终到手只有(15-1)万元=14万元(可变现净值)。如果2年后打算娶媳妇,需要各种开销10万元,根据利息计算,你现在需要在银行存9万元(现值),到明年本金和利息加起来才够10万元。

一、历史成本

历史成本又称实际成本,是指取得或制造某项财产物资时所实际支付的现金或者现金等价物。历史成本是原来买的时候花了的钱,强调的是以前购买时。采用历史成本计量时,资产按照其购置时支付的现金或现金等价物的金额,或者按照购置时所付出对价的公允价值计量。负债按照其因承担现时义务而实际收到的款项或者资产的金额,或者承担现时义务的合同金额,或者按照日常活动中为偿还债务预期需要支付的现金或者现金等价物的金额计量。例如,今天购买一台设备价值10万元,任何时候无论谁问这台设备多少钱,就是10万元。

二、重置成本

重置成本又称现行成本,是指按照当前市场条件,重新取得同样一项资产所需支付的现金或者现金等价物的金额。重置成本是现在重新买个一样的需要花的钱,强调的是现在。采用重置成本计量时,资产按照现在购买相同或者相似资产所需支付的现金或者现金等价物的金额计量,负债按照现在偿付该项负债所需支付的现金或者现金等价物的金额计量。例如,公司盘点,发现盘盈一台全新的设备,而这台设备没有任何凭证依据可以证明其购入时的价值,也无法查明盘盈的原因,通过在市场询价发现同样型号的全新设备需要5万元,就可以以5万元的价格作为这台设备的重置成本入账了。

三、可变现净值

可变现净值,是指在生产经营过程中,以预计售价减去进一步加工成本和销售所必需的预计税金、费用后的净值。可变现净值是卖出去拿到的钱减去因为卖出去而产生的所有费用后剩下的钱。采用可变现净值计量时,资产按照其正常对外销售所能收到的现金或者现金等价物的金额,扣减该资产至完工时估计将要发生的成本、估计的销售费用以及相关税费后的金额计量。例如100台电视,账面核算出的价值为100万元,但是由于经济萧条,现在这批电视市场价可能只能达到90万元,而且销售这批电视可能还需要承担5万元的相关税费(不含增值税)和1万元的销售费用,这批电视可变现的净值就是(90-5-1)万元=84万元。

四、现值

现值,是指对未来现金流量以恰当的折现率进行折现后的价值,是考虑货币时间价值因素等的一种计量属性。采用现值计量时,资产按照预计从其持续使用和最终处置中所产生的未来净现金流入量的折现金额计量。负债按照预计期限内需要偿还的未来净现金流出量的折现金额计量。现值是未来的一笔钱按照一定比例折合到现在的价值,强调的是未来。例如,你手里有 10 000 元,到银行存一年期定期存款,一年后到期你可以拿到手的钱是 10 000 元加上 3.5% 的利息 350 元,共计 10 350 元。这就说明了:一年后的 10 350 元等于今天的 10 000 元。

五、公允价值

公允价值,是指市场参与者在计量日发生的有序交易中,出售一项资产所能收到或者转移一项负债所需支付的价格。公允价值是现在的市场价值。例如,我欠张三 130 万元无力偿还,双方达成协议,把我的厂房转让给张三,以抵偿这笔债务。经过专业评估机构评定,以及市场行情分析,我的厂房最终定价 150 万元,并以此偿清债务,其余细节再和张三商谈。这 150 万元就是公允价值。

2.1.4 收入和费用的计量原则

一、权责发生制原则

这是指收入和费用是否计入某会计期间,不是以是否在该期间内收到或付出现金为标志,而是依据收入是否归属该期间的成果、费用是否由该期间负担来确定。具体来说,凡在当期取得的收入或者应当负担的费用,不论款项是否已经收付,都应当作为当期的收入或费用;凡不属于当期的收入或费用,即使款项已经在当期收付,也不能作为当期的收入或费用。因此,权责发生制原则,也称为应收应付原则。在此原则下,如果销售行为是在 12 月发生,收入应由 12 月份取得的,即使没有收到,也属于 12 月份的收入。而 11 月或 1 月即使收到款项,由于没有发生销售行为,也不能作为当月收入确认。

【例题 2-1】 A 公司五月份发生如下经济业务:
(1)销售产品 50 000 元,30 000 元已收到并存入银行,尚有 20 000 元未收到;
(2)收到上月为外单位提供的劳务收入 500 元;
(3)支付本月的水电费 700 元;
(4)预付下半年房租 1 500 元;
(5)支付上月借款利息 380 元;
(6)预收甲产品销售款 18 000 元;
(7)本月应计劳务收入 800 元尚未收到;
(8)上月预收账款的产品本月实际销售 30 000 元;
(9)本月应承担年初已支付的保险费 300 元;
(10)支付本月的修理费 200 元。
要求:按照权责发生制计算 5 月份的收入、支出和利润。
【解析】权责发生制下:
$$5 月份的收入 = (1)50\ 000 元 + (7)800 元 + (8)30\ 000 元 = 80\ 800 元$$
$$5 月份的支出 = (3)700 元 + (9)300 元 + (10)200 元 = 1\ 200 元$$
$$5 月份的利润 = 80\ 800 元 - 1\ 200 元 = 79\ 600 元$$

二、收付实现制

收付实现制也称现收现付制,是以实际收到或付出款项作为确认收入或费用的依据。在此原则下,只要是当月收到货款,不论这款项是不是由本月业务实际发生的,都作为当月收入。

【例题 2-2】 承例题 2-1,按照收付实现制计算 5 月份的收入、支出和利润。

收付实现制下:

5 月份的收入=(1)30 000 元+(2)500 元+(6)18 000 元=48 500 元

5 月份的支出=(3)700 元+(4)1 500 元+(5)380 元+(10)200 元=2 780 元

5 月份的利润=48 500 元-2 780 元=45 720 元

权责发生制与收付实现制都是会计的记账基础。由于会计分期前提,产生了本期与非本期的区别,因此在确认收入或费用时,就产生了上述两种不同的记账基础,而采用不同的记账基础会影响各期的损益。建立在权责发生制基础之上的会计处理可以正确地将收入与费用相配比,正确计算损益。因此,企业即营利组织一般采用权责发生制为记账基础,而预算单位等常采用收付实现制。

2.2 设置账户

【任务提示】本分项任务将引领你学会设置会计账户。

【任务先行】账户是根据会计科目开设的,用来记录会计信息的工具。一个会计科目可以设置一个账户,会计科目就是账户的名称。因此,设置账户首先要设置会计科目。

在实际工作中,为了全面、完整地核算和监督经济单位的资金运动过程和结果,系统、连续地记录资产、负债、所有者权益、收入、费用的增减变动情况,必须对其分门别类地加以反映,这种反映是通过设置会计科目和账户来进行的。

2.2.1 设置会计科目

一、设置会计科目的意义

会计科目就是按照经济管理的要求,对会计要素所做的具体分类,也可表述为对会计要素进行分类核算和监督的项目。

"小会"的工具 1

会计要素是对会计对象进行的第一次分类,也是最基本的分类,并且是特指的大类,其目的是满足"报告"的需要,其提供的会计信息具有"概括性"。比如,想要了解一个企业拥有或控制的经济资源有多少,承担多少债务,投资人的权益是多少,以及一定时期内企业取得多少收入,发生多少耗费,实现多少利润等资料,可以通过会计要素的分类来满足有关信息使用者的需要。然而,会计信息使用者在决策过程中,除了需要上述的概括性资料外,往往还需要详细的资料。例如,在掌握了企业拥有多少资产后,还需要知道都是些什么资产,企业的债务构成如何,所有者权益又是怎样组成的等。这样,按照会计要素分类提供的资料,满足不了会计信息使用者的需要。于是,就需要在会计要素的基础上进行再分类,以便分门别类地核算,提供所需的会计信息。会计科目就是在会计对象划分为会计要素的基础上,按照会计要素的具体内容进一步分类,并以此为依据设置账户,分类地、连续地记录经济业务增减变动情况,再通过整理和汇总等方法,反映会计要素的增减变动及其结果,从而提供各种有用的数据和信息。

例如,为了反映和监督各项资产的增减变动,需要设置"库存现金""原材料""固定资产"等科目;为了反映和监督负债及所有者权益的增减变动,需要设置"短期借款""应付账款""长期借款""实收资本""资本公积""盈余公积"等科目;为了核算和监督收入、费用和利润的增减变动,需要设置"主营业务收入""生产成本""管理费用""本年利润""利润分配"等科目。

在实际工作中,会计科目是通过会计制度预先规定的,它是设置账户、处理账务必须遵循的规则和依据,是正确进行核算的一个重要条件。

二、设置会计科目的原则

(1)会计科目的设置必须满足经济管理的需要,既要符合对外报告的要求,又要满足内部经营管理的需要。

企业会计核算资料应能满足各方面的需要:满足政府部门加强宏观调控、制定方针政策的需要;满足投资者、债权人及有关方面对企业经营和财务状况做出准确判断的需要;满足企业内部加强经营管理的需要。因此,在设置会计科目时要兼顾对外报告和企业内部经营管理的需要,并根据需要数据的详细程度,分设总分类科目和明细分类科目。

总分类科目(也称一级科目)是对会计对象具体内容进行总括分类核算的科目,如"固定资产""实收资本"等科目。它提供的是总括性指标,这些指标基本上能满足企业外部有关方面的需要。

明细分类科目(包括二级科目、明细科目)是对总分类科目的进一步分类,如在"固定资产"总分类科目下按照固定资产的类别分设的二级科目和明细科目,它提供的明细核算资料主要为企业内部管理服务。

(2)会计科目的设置必须结合会计要素的特点,全面反映会计要素的内容。

会计科目作为对会计对象具体内容(即会计要素)进行分类核算的项目,其设置应能保证全面、系统地反映会计要素的全部内容,不能有任何遗漏。同时,会计科目的设置还必须反映会计要素的特点。各会计主体除了需要设置各行各业的共性会计科目外,还应根据本单位经营活动的特点,设置相应的会计科目。如,制造业企业的主要经营活动是制造产品,因而需要设置反映生产耗费的会计科目。"生产成本"和"制造费用"等科目,就是为适应这一特点而设置的。

(3)会计科目的设置既要适应经济业务发展的需要,又要保持相对稳定。

会计科目的设置,要适应社会经济环境的变化和本单位业务发展的需要。如,随着商业信用的发展,为了核算和监督商品交易中的延期交货或提前付款而形成的债权债务关系,核算中应单独设置"预收账款"和"预付账款"科目,即把预收、预付货款的核算从"应收账款"和"应付账款"科目中分离出来。再如,随着技术市场的形成和专利法、商标法的实施,对企业拥有的专有技术、专利权、商标权等无形资产的价值及其变动情况,有必要专设"无形资产"科目予以反映。但会计科目的设置应保持相对稳定,以便在一定范围内综合汇总和在不同时期对比分析其所提供的核算指标。

(4)会计科目的设置应做到统一性与灵活性相结合。

所谓统一性,是指在设置会计科目时,应根据提供会计信息的要求,按照《企业会计制度》对一些主要会计科目的设置及其核算内容做统一规定,以保证会计核算指标在一个部门乃至全国范围内综合汇总和分析利用。所谓灵活性,是指在保证提供统一核算指标前提下,各会计主体可以根据本单位的具体情况和经济管理要求,对统一规定的会计科目做必要的增补或合并。例如,统一规定的会计科目,未设置"废品损失"和"停工损失"科目,企业如果需要单独核算废品损失和停工损失,可增设"废品损失"和"停工损失"科目。

(5)会计科目的设置要简明、适用。

每一个会计科目都应有特定的核算内容,各科目之间既有联系,又要有明确的界限,不能含糊不清。所以,在设置会计科目时,对每一个科目的特定核算内容必须严格地、明确地界定。会计科目的名称应与其核算的内容相一致,并要含义明确、通俗易懂。科目的数量和粗细程度应根据企业规模的大小、业务的繁简和管理的需要而定。

三、会计科目的内容

我国会计科目及核算内容都是由财政部统一规定的,如表 2-1 所示。

表 2-1 常用会计科目表

序号	编号	会计科目名称	序号	编号	会计科目名称
		一、资产类	24	1604	在建工程
1	1001	库存现金	25	1606	固定资产清理
2	1002	银行存款	26	1701	无形资产
3	1012	其他货币资金	27	1702	累计摊销
4	1101	交易性金融资产	28	1901	待处理财产损溢
5	1121	应收票据			二、负债类
6	1122	应收账款	29	2001	短期借款
7	1123	预付账款	30	2201	应付票据
8	1131	应收股利	31	2202	应付账款
9	1132	应收利息	32	2203	预收账款
10	1221	其他应收款	33	2211	应付职工薪酬
11	1231	坏账准备	34	2221	应交税费
12	1402	在途物资	35	2231	应付利息
13	1403	原材料	36	2232	应付股利
14	1405	库存商品	37	2241	其他应付款
15	1471	存货跌价准备	38	2501	长期借款
16	1501	持有至到期投资	39	2502	应付债券
17	1503	可供出售金融资产	40	2701	长期应付款
18	1511	长期股权投资			三、共同类
19	1521	投资性房地产			略
20	1531	长期应收款			四、所有者权益类
21	1601	固定资产	41	4001	实收资本
22	1602	累计折旧	42	4002	资本公积
23	1603	固定资产减值准备	43	4101	盈余公积

续表

序号	编号	会计科目名称	序号	编号	会计科目名称
44	4103	本年利润	52	6301	营业外收入
45	4104	利润分配	53	6401	主营业务成本
		五、成本类	54	6402	其他业务成本
46	5001	生产成本	55	6403	税金及附加
47	5101	制造费用	56	6601	销售费用
		六、损益类	57	6602	管理费用
48	6001	主营业务收入	58	6603	财务费用
49	6051	其他业务收入	59	6701	资产减值损失
50	6101	公允价值变动损益	60	6711	营业外支出
51	6111	投资收益	61	6801	所得税费用

2.2.2 设置账户

一、设置账户的意义

设置会计科目,只是规定了对会计要素具体内容进行分类核算的项目。而为了序时、连续、系统地记录由于经济业务的发生而引起的会计要素的增减变动,提供各种会计信息,还必须根据规定的会计科目在账簿中开设账户。

账户是根据会计科目开设的,用来序时、分类、连续地记录经济业务,反映会计要素增减变动及其结果的一种工具。设置账户是会计核算的一种专门方法。

正确地设置和运用账户,可以将各种经济业务的发生情况以及由此而引起的资产、负债、所有者权益、收入、费用和利润各要素的变化,系统地、分门别类地进行反映和监督,进而向会计信息使用者提供各种会计信息,这对加强宏观、微观经济管理具有重要意义。

二、账户与会计科目的区别和联系

账户是根据会计科目开设的,账户的名称就是会计科目。会计科目和账户在会计学中是两个不同的概念,它们之间既有联系又有区别。

会计科目是对会计要素的具体内容进行分类核算的项目;账户是根据这种分类,按照一定的结构特点,连续不断地记录经济业务,反映会计要素具体内容增减变化及其结果,为经济管理提供数据资料的一种手段。会计科目与账户的共同点:都是分门别类地反映某项经济内容,即两者所反映的经济内容是相同的。

会计科目与账户的主要区别是:会计科目只表明某项经济内容,而账户不仅表明相同的经济内容,而且还具有一定的结构格式,并通过账户的结构反映某项经济内容的增减变动情况。即会计科目仅仅是会计要素具体内容进行分类的标志,而账户还具有一定的结构和格式。由于账户是根据会计科目设置的,并按照会计科目命名,也就是说会计科目是账户的名称,两者完全一致,因而在实际工作中,会计科目与账户常常被作为同义语来理解,互相通用,不加区别。

在实际工作中,为满足会计核算的要求,应分别按总分类科目开设总分类账户,按明细分类科目开设明细分类账户。总分类账户提供的是总括分类核算指标,一般只用货币计量;明细分类账户提供的是明细分类核算指标,除用货币量度外,有的还有实物量度(如吨,千克,件,台等)。通过总分类账户进行的核算,称为总分类核算;对经济业务通过有关明细分类账户进行的核算,称为明细分类核算。

三、账户的基本结构

账户是用来记录经济业务,反映会计要素具体内容的增减变化及其结果的。经济业务所引起的资金运动变化是复杂的,但是,从其数量方面看,总不外乎增加和减少两种状态。因此,每一账户必须反映特定资金某一方面增加数和减少数两个部分,同时,为了反映增减变动后的结果,账户还必须反映结余数。

账户的增加数、减少数和结余数这三个部分构成了账户的基本结构。

在不同的记账方法下,账户的结构是不同的,即使采用同种记账方法,账户的性质不同,其结构也是不同的。但是,不管采用何种性质的账户,其基本结构总是相同的。账户的基本结构就是哪一方登记增加数,哪一方登记减少数,余额在哪一方,表示什么内容。

当然对于一个完整的账户而言,除了必须有增加数、减少数和余额外,还应包括其他栏目,以反映其他相关内容。一个完整的账户结构应包括五项内容:账户名称,即会计科目;会计事项发生的日期;摘要,即经济业务的简要说明;凭证号数,表明账户记录的依据;增加额、减少额和余额。如表 2-2 所示为库存现金账户。

表 2-2 库存现金

年		凭证号	摘要	借方	贷方	借或贷	余额
月	日						

为了说明问题和学习的方便,会计教学中,通常用 T 形格式来表示账户,称为"T 字形账户"或"丁字账户"。其格式如图 2-2 所示。

图 2-2 T 字形账户

每个账户一般有四个金额要素,即期初余额、本期增加发生额、本期减少发生额和期末余额。账户如有期初余额,首先应当在记录增加额的那一方登记,会计事项发生后,要将增减内容记录在相应栏目内。一定期间记录到账户增加方的数额合计,称为增方发生额;记录到账户减少方的数额合计,称为减方发生额。正常情况下,账户四个数额之间的关系为:

期末余额=期初余额+本期增加额-本期减少额

账户本期的期末余额转入下期,即为下期的期初余额。每个账户的本期发生额反映的是该类经济内容在本期内变动的情况,而期末余额则反映变动的结果。

练一练

试写下短期借款的T字形账户。

2.3 学会借贷记账法

【任务提示】本分项任务将引领你掌握复式借贷记账法。

【任务先行】记录会计信息的方法就是记账方法,是根据一定的记账原理、记账符号、记账规则,采用一定的计量单位,利用文字和数字记录经济活动的一种专门方法。记账方法按记账方式不同,可分为单式记账法和复式记账法。

复式记账法就是对于每一项经济业务引起的资金运动,都要用相等金额,同时在两个或两个以上相互联系的账户中进行登记的记账方法。采用复式记账法,可以通过账户的对应关系,全面清晰地反映经济业务的来龙去脉,从而了解经济业务的具体内容。例如,以现金购入材料,一方面要反映现金账户上金额的减少,另一方面又要反映材料账户上资金的增加,通过账户对应关系,可以知道现金减少的去向和材料增加的资金来源。

复式记账法的理论依据是"资产=负债+所有者权益"这一会计恒等式。每一项经济业务发生后,都以相等的金额在有关账户中进行登记,因而便于用试算平衡的原理来检查账户记录的正确性。

知识拓展

对于一笔经济业务进行必要的记录,古已有之,最早的会计记录或文献,甚至可以追溯到几千年前的中国古代。但是,在复式记账出现之前,我们的会计记录都是单式记账。

什么是单式记账?其实,单式记账几乎每个人都会。对于一笔重要的经济业务进行必要的记录,比如说,你交了5 000元的学费,你就在你的笔记本(或小账本)上,记录"交学费5 000元",以表明这5 000元是干了什么,好向你的父母亲报告。至于这5 000元是如何来的,一般不做记录。像这样的记账方法,我们就称之为单式记账。像这样的记账行为和方法,在我们的生活和工作中非常多。应该说这是最简单意义上的"会计"行为,也说明了"会计"普遍存在。

2.3.1 理解会计恒等式

会计要素中所包含的资产、负债、所有者权益、收入、费用和利润之间存在着相互联系、相互依存的关系，这种关系在数量上可以运用数学等式加以描述。用来揭示会计对象要素之间增减变化及其结果，并保持相互平衡关系的数学表达式，称为会计平衡公式，也称会计恒等式。

会计恒等式是我们从事会计核算的基础和提供会计信息的出发点。因此，它又是进行复式记账、试算平衡以及编制财务报表的理论依据，是复式记账的基础和前提。

资产负债表中的"阴阳之说"

"万物负阴而抱阳，冲气以为和"，资产负债表中资产为阳，它是资金的占用；权益也就是负债和所有者权益为阴，它是资金的来源。企业拥有或控制资产进行经营，也背负着对于债权人和股东的义务，债权人要还钱，股东要分红分利。"冲气以为和"，说明各会计要素可以相互转化并始终保持平衡。为什么？企业有了钱之后，为了生产，就要通过采购转化为原材料，是不是保持平衡了？企业用了多少钱，进了多少材料，进了多少固定资产，等等，都是对应的，都是保持平衡的。

一、会计恒等式的静态表现形式

任何企业在生产经营过程中都必须拥有一些能够满足其业务活动需要、数量相宜，并能为企业带来经济利益的资源，即资产。资产不是凭空形成的，企业的每项资产都有其特定的来源渠道。

企业通过发行股票等方式从国家、其他企业单位、个人等投资者处取得的资金构成企业的自有资金，投入的资金表现为企业可以支配的各项资产，这些资产构成了企业开展经营活动的基础。出资人因向企业投资而成为企业的所有者。所有者对企业享有的权益包括：所有者不能随意抽回投资，企业可在存续期内长期使用；参与企业的经营管理，享有经营管理权；按投资比例参与利润分配和承担风险；按投资比例享有剩余财产的分配权。

企业通过发行债券、借款、应付款项等方式取得的资金称为借入资金，出资人因向企业借出资金而成为企业的债权人。债权人对企业享有的权益包括：不参与企业的经营管理；要求企业定期支付利息、到期偿还；企业破产财产的分配权。

所有者及债权人可以用货币资金投资，也可以用原材料、厂房、机器设备、土地使用权、工业产权等实物资产或无形资产进行投资。

上述资产形成的渠道和取得的来源就是权益。权益就是债权人和投资者对一个企业的资产所拥有的要求权和求偿权。资产和权益是同一事物的两个方面，两者相互联系，相互依存，不可分割。有一定数额的资产，就必然有一定数额的权益；反之，有一定数额的权益，就必然有一定数额的资产。从数量上看，任何企业在特定的时点所拥有的资产与其权益的总金额必然相等。资产与权益在内容上对应，在数量上恒等。用公式表示如下：

$$资产 = 权益$$

这一等式叫会计恒等式或会计基本方程式，表示任何企业所拥有的资产其来源主要有两方面的渠道：一是由企业债权人提供的，如应付账款、短期借款、应付债券等，这类权益属于债权人权益,也就是负债;二是企业投资人投入的,是企业资金的主要来源,这类权益属于投资人权益。因此,权益可以分为债权人权益(享受该权益的顺序在前)和投资人权益(享受该权益的顺序在后)。在会计上,前者称为负债,后者称为所有者权益,它是对企业净资产的所有权。两者虽然同属于权益,但又有着显著的区别,顺序上不能颠倒。因此,会计恒等式又可表述为:

会计恒等式1

$$资产=负债+所有者权益$$

会计恒等式反映了企业在某一时点的财务状况,体现了资金运动中有关会计要素之间的数量平衡关系,同时也反映了资金在运动过程中存在分布的形态和资金形成渠道两方面之间的相互依存及相互制约的关系。会计恒等式贯穿于财务会计的始终。

2021年6月1日,某工业大学毕业生王丽丽(化名)联合自己的两个大学同学李培明、张泉(化名),合作成立一家有限责任公司,生产某种机器设备,公司名称为"瑞安机械设备有限责任公司"(以下简称"瑞安公司")。

他们三人出资数额和出资形式分别如下:王丽丽以自己的个人储蓄存款30万元出资;李培明以自己拥有的机器设备出资,作价20万元;张泉以自己的一项机械设备技术专利出资,作价10万元。

此外,他们以公司名义向银行贷款40万元,用于公司的开办事宜。王丽丽任公司的董事长兼总经理。其他2人为董事。其他事项暂略。

在本案例中,瑞安公司的会计恒等式如何表示?

【解析】

$$
\begin{aligned}
资产 &= 王丽丽投资的钱30万元(银行存款)\\
&+ 李培明出的设备20万元(固定资产)\\
&+ 张泉投出的专利10万元(无形资产)\\
&+ 向银行的借款40万元(借来后也要存入银行,变为银行存款)\\
&= 100万元\\
负债 &= 银行借款40万元\\
所有者权益 &= 王丽丽投资的钱30万元(实收资本)\\
&+ 李培明投资的设备20万元(实收资本)\\
&+ 张泉投资的专利10万元(实收资本)\\
&= 60万元
\end{aligned}
$$

资产100万元=负债40万元+所有者权益60万元

"会计恒等"之美

会计学中,"资产=负债+所有者权益"这一恒等式反映了会计这一门科学的艺术之美。将其放大到社会学中,作为个体或者组织的价值可能在于其付出大于回报(索取),这样社会才是持续增值的,换句话说,整个社会才是可持续发展的。奉献社会时,不求回报,短期看也许是"吃亏"了,但如果换个角度来看,则未必如此。企业对社会的贡献,也不仅仅体现在经济目标的实现,还在于社会责任的承担。2020年年初新冠肺炎疫情暴发后,众多企业尤其是国有企业纷纷捐款捐物,有的甚至转行生产口罩等医疗物资,都体现了企业对社会公众的关心和自身社会责任的履行。从财务角度而言,也许利润受损、现金流减少,但公益行为在客观上也宣传了企业的品牌、提升了企业的声誉,也赢得了社会公众的信任,对于公司的中长期发展是大有裨益的。

静态会计恒等式真的恒等吗?

二、会计恒等式的动态表现

静止的资金是不会给企业带来经济效益的,资金只有在不断的运动中才能实现增值。企业在不断地运用各种经济资源生产商品、提供劳务,为社会创造财富,使得现金不断流入企业,形成企业的收入,同时,企业为了生产商品或者提供劳务也在不断地消耗各种资源,使得资金流出企业,从而形成费用。一定时期的收入补偿费用以后,形成盈利。生产经营过程中获得的收入、发生的费用、形成的利润之间的关系,可以用如下公式表示:

会计恒等式2

$$收入-费用=利润$$

例如,某企业销售 A 产品取得收入 2 000 000 元。企业为生产 A 产品共投入原材料 1 000 000 元,支付工人工资 200 000 元,支付水电费 150 000 元,发生管理费用 50 000 元,为推销 A 产品支付广告费 100 000 元。利润计算如下:

收入:销售 A 产品收入	2 000 000
减:费用	1 500 000
直接材料费用	1 000 000
直接人工费用	200 000
水电费用	150 000
管理费用	50 000
销售费用	100 000
利润:	500 000

动态平衡公式反映了收入、费用和利润三大会计要素之间的数量关系,它是编制损益表(或利润表)的理论依据。

三、会计恒等式的扩展

企业在开始正常生产经营以后,通过各种渠道取得的生产经营所需要的各种经济资源会在经营过程中被不断地消耗或者转变其实物形态,最终形成可供销售的商品产品。企业将商品产品对外进行销售获得收入,形成利润。这种情况会在企业生产经营过程中不断地周而复始地循环。从其不断的周而复始的循环中,我们可以看出它对企业初始投入资金的影响:当企业开始生产经营时,会把初始筹集起来的资金用来购买材料、支付工资、支付管理等方面的开支。因为与其他单位开展经营活动会使得资产的结构、债权债务的结构发生变化,从而使得资产、负债发生增减变化。企业销售产品取得收入,在扣除成本后又会使得企业的所有者权益及其结构发生变化。因此,企业的经济活动,会对会计平衡公式产生综合的影响。会计基本平衡等式可以进一步扩展为:

$$资产 = 负债 + 所有者权益 + 利润$$
$$= 负债 + 所有者权益 + (收入 - 费用)$$

从以上公式可以看出,资产、负债及所有者权益是编制资产负债表的三个静态会计要素,而收入、费用及利润则是编制利润表的三个动态会计要素,而利润则是连接资产负债表和利润表的桥梁和纽带。

四、经济业务发生对会计恒等式的影响

企业的经济活动多种多样且千差万别,但归纳起来可以分为两类:一类是应当办理会计手续,而且能够用货币表示的经济活动,如企业采购材料、销售商品等;另一类是不应当办理会计手续,或者不能用货币表示的经济活动,如签订购销经济合同等。经济业务指的是第一类经济活动,也称会计事项。

企业的经济业务发生后都会引起会计要素的增减变化,但无论怎样变化都不会破坏会计等式的平衡关系。下面举例予以说明:

假设小李在2021年8月1日开设了一家小型的电子商务公司,当上了电子商务公司的老板。小李的电子商务公司发生了以下一些经济业务:

(1)小李投资现金150 000元,开办了一家小型电子商务公司。

公司收到现金150 000元,存入公司银行账户。这是一笔资产;作为业主,小李享有这笔资产的权益。因此,该笔经济业务的类型是:资产增加,所有者权益增加。

	资产	=	负债	+	所有者权益
经济业务发生前	0		0		0
经济业务的影响	+150 000				+150 000
经济业务发生后	150 000	=	0	+	150 000

(2)电子商务公司用银行存款30 000元购买了一间营业用房。

该项经济业务的发生,使电子商务公司资产中的银行存款减少了30 000元,资产中的营业用房增加了30 000元。因此,该笔经济业务的类型是:一项资产增加,一项资产减少。

	资产	=	负债	+	所有者权益
经济业务发生前	150 000	=	0	+	150 000
经济业务的影响	+30 000				
	−30 000				
经济业务发生后	150 000	=	0	+	150 000

(3)电子商务公司向家华公司赊购商品一批,价值 80 000 元。

该项经济业务的发生,使电子商务公司的资产增加了 80 000 元,负债增加了 80 000 元。因此,该笔经济业务的类型是:资产增加,负债增加。

	资产	=	负债	+	所有者权益
经济业务发生前	150 000	=	0	+	150 000
经济业务的影响	+80 000		+80 000		
经济业务发生后	230 000	=	80 000	+	150 000

(4)作为业主,小李从电子商务公司提取银行存款 10 000 元。

该项经济业务的发生,使电子商务公司的资产减少了 10 000 元,同时业主享有的权益也减少了 10 000 元。因此,该笔经济业务的类型是:资产减少,所有者权益减少。

	资产	=	负债	+	所有者权益
经济业务发生前	230 000	=	80 000	+	150 000
经济业务的影响	−10 000				−10 000
经济业务发生后	220 000	=	80 000	+	140 000

(5)电子商务公司用银行存款偿还家华公司的购货款 50 000 元。

该项经济业务的发生,使电子商务公司的资产减少了 50 000 元,负债也减少了 50 000 元。因此,该笔经济业务的类型是:资产减少,负债减少。

	资产	=	负债	+	所有者权益
经济业务发生前	220 000	=	80 000	+	140 000
经济业务的影响	−50 000		−50 000		
经济业务发生后	170 000	=	30 000	+	140 000

(6)小李将电子商务公司 50% 的权益转让给朋友刘欣。

该项经济业务的发生,使小李在电子商务公司的权益减少了 70 000 元,而他的朋友刘欣的权益增加了 70 000 元。因此,该笔经济业务的类型是:一项所有者权益增加,一项所有者权益减少。

	资产	=	负债	+	所有者权益
经济业务发生前	170 000	=	30 000	+	140 000
经济业务的影响					+70 000
					−70 000
经济业务发生后	170 000	=	30 000	+	140 000

会计恒等式揭示了资产、负债和所有者权益之间的关系。企业在生产经营过程中,会不断地发生费用、取得收入。企业发生的费用和取得的收入会影响会计恒等式,但也不会破坏会计

恒等式的平衡关系。

(7)电子商务公司实现销售收入20 000元,收到现金。

该项经济业务的发生,使电子商务公司的银行存款资产增加了20 000元,收入增加了20 000元。因此,该笔经济业务的类型是:资产增加,收入增加。

	资产	+	费用	=	负债	+	所有者权益	+	收入
经济业务发生前	170 000			=	30 000	+	140 000		
经济业务的影响	+20 000							+	20 000
经济业务发生后	190 000			=	30 000	+	140 000	+	20 000

(8)电子商务公司销售商品的成本为16 000元。

该项经济业务的发生,使电子商务公司的资产减少了16 000元,费用增加了16 000元。因此,该笔经济业务的类型是:资产减少,费用增加。

	资产	+	费用	=	负债	+	所有者权益	+	收入
经济业务发生前	190 000			=	30 000	+	140 000	+	20 000
经济业务的影响	−16 000	+	16 000						
经济业务发生后	174 000	+	16 000	=	30 000	+	140 000	+	20 000

(9)电子商务公司应支付给员工工资2 000元。

该项经济业务的发生,使电子商务公司的负债增加了2 000元,费用增加了2 000元。因此,该笔经济业务的类型是:负债增加,费用增加。

	资产	+	费用	=	负债	+	所有者权益	+	收入
经济业务发生前	174 000	+	16 000	=	30 000	+	140 000	+	20 000
经济业务的影响		+	2 000		+2 000				
经济业务发生后	174 000	+	18 000	=	32 000	+	140 000	+	20 000

从以上的分析中可以看出,无论经济业务的发生引起会计要素怎样的变化,都不会破坏资产同负债和所有者权益之间的平衡公式。

分析以上的例子,我们可以将经济业务归纳为以下四种类型:

(1)经济业务的发生,一方面引起会计等式左边的资产(费用)价值的增加,另一方面同时引起会计等式右边的负债、所有者权益或收入同金额的增加,此时,会计等式两边总金额增加且保持平衡关系;

(2)经济业务的发生,一方面引起会计等式左边的资产(费用)价值的减少,另一方面同时引起会计等式右边的负债、所有者权益或收入同金额的减少,此时,会计等式两边总金额减少且保持平衡关系;

(3)经济业务的发生,一方面引起会计等式左边的资产(费用)价值的增加,另一方面同时引起另一项资产同金额的减少,此时,会计等式两边总金额不变且保持平衡关系;

(4)经济业务的发生,一方面引起会计等式右边的负债或所有者权益的增加,另一方面同时引起另一项负债或所有者权益同金额的减少,此时,会计等式两边总金额不变且保持平衡关系。

思考生活费来源,分析个人生活开支与财产构成。

2.3.2 借贷记账法

一、借贷记账法的概念

借贷记账法1

借贷记账法是按照复式记账法的原理,以资产与权益的平衡关系为基础,以借、贷二字作为记账符号,以"有借必有贷,借贷必相等"为记账规则的一种复式记账方法。借贷记账法有明确的记账符号、健全的账户体系及合理的账户结构、科学的记账规则和试算平衡方法。

二、借贷记账法的基本内容

1. 记账符号

借贷记账法以"借"和"贷"作为记账符号,即用"借"和"贷"作为指明应记入某一账户的某一方向的符号。

"借"和"贷"是历史的产物,其最初的含义与债权、债务有关,后来逐步转化为抽象的记账符号,并获得了新的含义,即:

第一,它将每一个账户都固定地分为两个相互对立的部分,账户左方称为借方,右方为贷方,以此来表示账户内容的增减变化;

第二,具有双重含义,"借"和"贷"作为记账符号,难以直接说明账户内容是增是减,但与不同性质的账户结合在一起就具有明确的含义,如:资产的增加记"借方",权益的增加记"贷方"。

2. 借贷记账法的账户结构

在借贷记账法下,账户的左方是借方,右方为贷方,哪一方登记增加额,哪一方登记减少额,期初或期末余额登记在哪方,这取决于账户的性质及账户所要反映的经济内容。如对资产类账户,借方登记资产的增加数,贷方登记资产的减少数,余额在借方;对负债类账户,借方登记减少数,贷方登记增加数,余额在贷方。每一个账户在一定时期(月、年)借方金额合计称为借方发生额,贷方金额合计称为贷方发生额。两个发生额相抵后的余额称为期末余额。具体各类账户的结构如下:

1)资产类账户

资产类账户是用来记录资产的账户,资产的增加额记入账户的借方,减少额记入账户的贷方,账户期末若有余额,一般为借方余额,可用下列公式表示:

借方期末余额=借方期初余额+借方本期发生额-贷方本期发生额

资产类账户的结构如下:

借方		资产类账户		贷方
期初余额	×××			
本期增加数	×××	本期减少数		×××
……		……		
本期借方发生额	×××	本期贷方发生额		×××
期末借方余额	×××			

2) 负债类账户

负债类账户是指用来记录负债的账户。负债的增加额记入账户的贷方，负债的减少额记入账户的借方，账户期末若有余额，一般为贷方余额，可用下列公式表示：

贷方期末余额＝贷方期初余额＋贷方本期发生额－借方本期发生额

借贷记账法2

负债类账户的结构如下：

借方		负债类、所有者权益类账户		贷方
		期初余额		×××
本期减少数	×××	本期增加数		×××
……		……		
本期借方发生额	×××	本期贷方发生额		×××
		期末贷方余额		×××

3) 所有者权益类账户

所有者权益类账户结构与负债类账户结构相同，即所有者权益的增加额记入账户的贷方，减少额记入账户的借方，账户期末若有余额，一般为贷方余额。

贷方期末余额＝贷方期初余额＋贷方本期发生额－借方本期发生额

所有者权益类账户的结构同负债类账户。

4) 费用类账户

费用类账户结构与资产类账户结构相同，费用增加额记入账户的借方，减少额或结转额记入账户的贷方，期末一般没有余额，如有余额，则为借方余额。

费用类账户的结构如下：

借方		费用类账户		贷方
费用的增加数	×××	费用的减少数或转销数		×××
……		……		
本期发生额	×××	本期发生额		×××

5) 收入类账户

收入类账户结构与负债类账户一样，收入的增加额记入账户的贷方，减少额或结转额记入账户的借方，期末余额转入有关损益类账户，所以期末没有余额。

收入类账户的结构如下:

借方	收入类账户		贷方
收入的减少数或转销数 ×××		收入的增加数	×××
……		……	
本期发生额 ×××		本期发生额	×××

根据以上分析,可归纳成表2-3。

表2-3 借贷记账法下账户结构

账户类别	账户借方	账户贷方	余额方向
资产类账户	增加额	减少额	一般在借方
负债、所有者权益类账户	减少额	增加额	一般在贷方
费用类账户	增加额	减少额	期末一般无余额
收入类账户	减少额	增加额	期末一般无余额

3. 借贷记账法的记账规则

借贷记账法的记账规则是"有借必有贷,借贷必相等",就是对于每一笔经济业务,都应按其内容,一方面记入一个或几个有关账户的借方,另一方面记入一个或几个账户的贷方,且记入借方的金额应与记入贷方的金额相等。

借贷记账法的应用步骤:

(1)分析经济业务——确定账户及其性质。

(2)确定该业务引起相应账户变动的金额是增加还是减少。

(3)根据账户结构确定应记入账户的方向(借方或贷方)。

(4)确定应记入账户相应方向的金额。

在企业的生产经营过程中,每天都发生着大量的经济业务,这些经济业务虽然千差万别、错综复杂,但归纳起来不外乎四种类型。现以华地公司2021年1月发生的经济业务为例,对四种类型的经济业务各举一例,说明借贷记账法的记账规则。

第一种类型:资产与权益同时增加。

【例题2-3】 企业收到投资者投入的资金20 000元,存入企业银行存款账户。

对这项经济业务,要记入"银行存款"账户的借方,同时,记入"实收资本"账户的贷方;记入借方的金额与记入贷方的金额相等。记入账户后的情况如下:

借方	实收资本	贷方		借方	银行存款	贷方
		20 000		20 000		

第二种类型:资产与权益同时减少。

【例题2-4】 企业以银行存款偿还应付采购原材料的货款1 200元,归还其他应付款项300元。

这项经济业务涉及三个账户:应在记入"银行存款"账户贷方的同时,记入负债类账户"应付账款"和"其他应付款"账户的借方;记入贷方的金额应与记入借方的金额之和相等。记入账户后的情况如下:

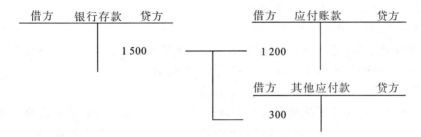

第三种类型:资产内部一增一减。

【例题 2-5】 企业将现金 3 000 元存入企业银行存款账户。

这项经济业务,涉及两个资产类账户的变化:应记入"银行存款"账户的借方和"库存现金"账户的贷方;记入"库存现金"和"银行存款"账户的金额相等。这项经济业务记入账户后的情况如下:

借方	库存现金	贷方	借方	银行存款	贷方
		3 000	3 000		

第四种类型:权益内部一增一减。

【例题 2-6】 企业开出商业汇票 6 000 元,抵付欠外单位的应付账款。

这项经济业务引起一项负债增加、一项负债减少,应在记入"应付账款"账户借方的同时,记入"应付票据"账户的贷方,记入借方的金额与记入贷方的金额相等。记入账户后的情况如下:

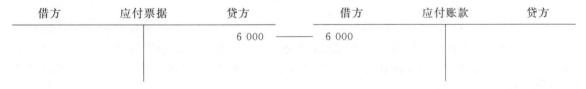

借贷记账法中的左右手规律

掌握借贷记账法,可以用"左右手记账规律"。借视为阳,贷视为阴,即"故物或损之而益,或益之而损"。在 AI 时代,计算机编程人员用一小时了解"左右记账规律"后,可以采用积木搭建的方式,轻松设计记账机器人。

请大家伸出双手来试一下。根据"资产=负债+所有者权益"的会计等式,我们的左手负责账户的左边,就是资产类账户;右手负责等式右边的账户,也就是负债和所有者权益类账户。

这样的话,我们的左右手天然就是一个记账符号。掌心向上,左手的大拇指是在左手的左边,左手的小拇指是在左手的右边。右手的大拇指是在右手的右边,右手的小拇指是在右手的左边。那么大拇指是不是显得大,小拇指是不是显得小?我们就是根据这个大小来判断,大拇指代表增加,小拇指代表减少。大家现在看一下,比如说资产的增加记在什么地方?资产由左手管,资产增加,大拇指大,记在左边,左边代表资产的增加。资产的减少记在左手的右边。那么对资产而言,右边就是贷,左边就是借。

再比如说负债,负债哪一只手管?右手管,负债的增加记在右边,右边是大拇指大。比如说贷款,从银行里面借了钱,资产增加,负债也增加,一个记在左手的左边,一个记在右手的右边;比如要还钱,资产减少了,负债也减少,一个记在左手的右边,一个记在右手的左边。如果全部是资产类的同类账户的话,就一增一减。摆出手来,一切皆清楚。

这就是会计学家马靖昊教授提出来的会计上的左右手定律,以后看分录的时候,特别是看财政部会计司出台的会计准则、会计制度,里面的核心内容就是借贷分录,就伸出双手比照一下。因为要解决的就是一个账户的增减问题,而不是解决借贷问题,不要在"借""贷"两字上纠缠。资产的话,左手的左边就是增加,右边就是减少;负债的话,右手的左边就是减少,右边就是增加,天然对应。

| 企业为了经营发展需要,借银行一笔短期借款20万元以备投资使用,试写下该项业务会引起哪些会计要素发生变化,发生怎么样的变化? |

三、会计分录和账户对应关系

1. 认识会计分录

会计上需要设置的账户很多,发生的经济业务又十分频繁,为了准确地反映出账户的对应关系与登记金额,在每项经济业务发生后,记入账户之前,必须编制会计分录。所谓会计分录(简称分录),是指对每一项经济业务,按照借贷记账法的要求,分别列示其应借和应贷账户及其金额的一种记录。

会计分录可分为简单会计分录和复合会计分录。简单分录是指一项经济业务发生后,只能在相互联系的两个账户中进行登记。这种会计分录,其科目的对应关系一目了然。复合分录是指经济业务发生后,需要在三个或三个以上相互联系的账户中进行登记。

2. 编制会计分录

运用借贷记账法编制会计分录,一般按以下步骤进行:

首先,根据经济业务的内容,进行会计确认,判定每项经济业务会导致哪两个或两个以上账户发生变化,其变化是增加还是减少。

其次,根据账户所反映的经济内容,确定所涉及的账户属于什么性质的账户,按照账户的结构,确定应该记入有关账户的借方或贷方。

最后,根据借贷记账法的记账规则,确定应记入每个账户的金额。

也就是说,任何一项会计分录应包括三个要素,即:账户名称(会计科目)、记账方向(借方或贷方)和金额。编制会计分录时,应注意会计分录的书写格式,先写借,后写贷,借贷至少相错一格。

现举例说明会计分录的编制方法。

【例题2-7】 某公司2021年9月1日收到甲公司投入的资金200 000元,存入企业银行存款账户。根据借贷记账法原理,对这项业务可以分析如下:

受影响账户	账户性质	金额变化	借方	贷方
银行存款	资产	增加	200 000	
实收资本	所有者权益	增加		200 000

编制会计分录如下:

借:银行存款　　　　　　　　　　　　　　　200 000
　　贷:实收资本　　　　　　　　　　　　　　200 000

【例题2-8】 6日,从银行存款中提取现金1 800元备用。这项业务可以分析如下:

受影响账户	账户性质	金额变化	借方	贷方
库存现金	资产	增加	1 800	
银行存款	资产	减少		1 800

编制会计分录如下:

借:库存现金　　　　　　　　　　　　　　　1 800
　　贷:银行存款　　　　　　　　　　　　　　1 800

【例题2-9】 8日,从银行借款200 000元偿还前欠外单位货款,这项业务可以分析如下:

受影响账户	账户性质	金额变化	借方	贷方
应付账款	负债	减少	200 000	
短期借款	负债	增加		200 000

编制会计分录如下:

借:应付账款　　　　　　　　　　　　　　　200 000
　　贷:短期借款　　　　　　　　　　　　　　200 000

【例题2-10】 15日,从外单位赊购一批材料,金额为50 000元,这项业务可以分析如下:

受影响账户	账户性质	金额变化	借方	贷方
原材料	资产	增加	50 000	
应付账款	负债	增加		50 000

编制会计分录为:

借:原材料　　　　　　　　　　　　　　　　50 000
　　贷:应付账款　　　　　　　　　　　　　　50 000

以上例子均为简单会计分录,现举例说明复合会计分录。

【例题2-11】 某公司销售一批产品,价款为80 000元,其中36 000元已收到货款并存入银行,余下的44 000元货款尚未收到。这项业务可以分析如下:

受影响账户	账户性质	金额变化	借方	贷方
银行存款	资产	增加	36 000	
应收账款	资产	增加	44 000	
主营业务收入	收入	增加		80 000

编制会计分录如下：

借：银行存款　　　　　　　　　　　　　　　36 000
　　应收账款　　　　　　　　　　　　　　　44 000
　　贷：主营业务收入　　　　　　　　　　　　　80 000

【例题 2-12】 某企业购买原材料，价款 58 000 元，其中用银行存款支付 30 000 元，其余尚未支付。这项业务可以分析如下：

受影响账户	账户性质	金额变化	借方	贷方
原材料	资产	增加	58 000	
银行存款	资产	减少		30 000
应付账款	负债	增加		28 000

编制会计分录如下：

借：原材料　　　　　　　　　　　　　　　　58 000
　　贷：银行存款　　　　　　　　　　　　　　　30 000
　　　　应付账款　　　　　　　　　　　　　　　28 000

编制会计分录时，应注意：①会计分录的书写格式必须正确，借方在上面，贷方在下面，借贷位置相差一个字符；②会计科目名称必须正确，不能自己随意杜撰；③会计分录的借方和贷方金额必须相等；④会计分录格式主要用于教学，在会计实务中，会计分录是编制在记账凭证上的。

为了清楚反映账户的对应关系，不可将无关的简单会计分录合并为复合会计分录。一项经济业务事项的发生，一般是编制一借一贷、一借多贷或一贷多借的会计分录，对于编制多借多贷的复合会计分录，这是允许的，但以尽量避免使用为原则。

3. 账户对应关系

账户对应关系是指采用借贷记账法对每项经济业务进行记录时，相关账户之间形成的应借、应贷的相互对应关系。存在对应关系的账户称为对应账户。

通过账户的对应关系，可以了解经济业务的内容。

例如，从银行提取现金 10 000 元。对这项经济业务应记入"库存现金"账户借方 10 000 元和"银行存款"账户贷方 10 000 元。于是"库存现金"和"银行存款"这两个账户就发生了对应关系，这两个账户就叫作对应账户。通过这两个账户的对应关系，可以了解到库存现金的增加，是因为银行存款减少；银行存款的减少，是因为现金增加。两相对照，就可以明了是从银行提取了现款。

通过账户的对应关系，还可以检查对经济业务的账务处理是否合理、合法。

例如，记入"应付账款"账户借方 100 000 元和"库存现金"账户贷方 100 000 元。这两个账户的对应关系表明：该项经济业务是以库存现金偿付购货时的未付款。对这项经济业务所做的账务处理并无错误，但这项经济业务本身却违反了现金管理制度的规定，因为偿付大额的货款，必须通过银行转账结算,不得直接以现金支付。

再如,记入"银行存款"账户借方 50 000 元和"库存商品"账户贷方 50 000 元。这两个账户的对应关系表明:该项经济业务是销售产品收到货款。这两个账户的对应关系不正常,销售产品收到货款时,应记入"银行存款"账户借方 50 000 元和"主营业务收入"账户贷方 50 000 元,所以,这项经济业务的账务处理不正确。

> 会计分录的编写是否正确是会计审核的一项重要内容,这句话对吗?

四、借贷记账法下的试算平衡

试算平衡是指为保证会计账务处理的正确性,依据会计等式或复式记账原理,对本期各账户的全部记录进行汇总和测算,以检查账户记录的正确性和完整性的一种方法。

采用借贷记账法记录经济业务,要求对每一项发生的经济业务都按照借贷记账法"有借必有贷,借贷必相等"的记账规则,分别记入有关账户。这样,当一定会计期间内(月、季、年)的全部经济业务的会计分录都记入有关账户后,所有账户的借方发生额合计数必然等于所有账户贷方发生额合计数。期末结账后,所有账户的借方期末余额合计数与贷方期末余额合计数也必然相等。因此,运用借贷记账法记账,就要根据借贷必相等的规则进行试算平衡,以检查每一项经济业务的会计分录是否正确。在借贷记账法下,试算平衡可以按照下列公式进行。

所有账户期初借方余额合计数=所有账户期初贷方余额合计数

所有账户本期借方发生额合计数=所有账户本期贷方发生额合计数

所有账户期末借方余额合计数=所有账户期末贷方余额合计数

期末,企业可通过编制试算平衡表的方式进行总分类账户本期发生额和余额的试算平衡。试算平衡表的格式如表 2-4 所示。

表 2-4　总分类账户本期发生额和余额的试算平衡

账户名称	期初余额		本期发生额		期末余额	
	借方	贷方	借方	贷方	借方	贷方
合计						

需要指出的是,如果发生额或余额不平衡,说明账户记录或计算一定有错误,但平衡了并不能完全肯定记账没有错误。因为有些错误并不影响平衡关系。如会计科目用错、同一项记录重记或漏记等,这些错误需要采用其他会计检查方法进行检查。

下面举例说明记账与试算平衡的基本步骤,在例子中我们直接给出会计分录,分析过程留给读者自己思考。

【例题 2-13】 康源公司 2021 年 8 月 31 日各总分类账户余额如表 2-5 所示。

表 2-5　康源公司 2021 年 8 月 31 日总分类账户余额

单位：元

资产类账户		负债及所有者权益类账户	
库存现金	5 000	短期借款	200 000
银行存款	200 000	应付账款	185 000
应收账款	150 000	实收资本	200 000
原材料	50 000		
固定资产	180 000		
合计	585 000	合计	585 000

2021 年 9 月份，该公司发生以下经济业务：

①投资者追加投资 50 000 元，款项已收存银行。
②用银行存款偿还应付商业购货款 100 000 元。
③收到上月的销货款 80 000 元，存入银行。
④用银行存款购买原材料 100 000 元。
⑤用银行存款购买设备 50 000 元。
⑥从银行提取现金 10 000 元。
⑦向银行借入期限为 1 年的借款 100 000 元。

(1) 编制上述经济业务的会计分录如下：

① 借：银行存款　　　　　　　　　　　　50 000
　　　贷：实收资本　　　　　　　　　　　　50 000
② 借：应付账款　　　　　　　　　　　　100 000
　　　贷：银行存款　　　　　　　　　　　　100 000
③ 借：银行存款　　　　　　　　　　　　80 000
　　　贷：应收账款　　　　　　　　　　　　80 000
④ 借：原材料　　　　　　　　　　　　　100 000
　　　贷：银行存款　　　　　　　　　　　　100 000
⑤ 借：固定资产　　　　　　　　　　　　50 000
　　　贷：银行存款　　　　　　　　　　　　50 000
⑥ 借：库存现金　　　　　　　　　　　　10 000
　　　贷：银行存款　　　　　　　　　　　　10 000
⑦ 借：银行存款　　　　　　　　　　　　100 000
　　　贷：短期借款　　　　　　　　　　　　100 000

(2) 将上述会计分录登记到账簿中，此过程称为过账（以下账簿用 T 字形账户表示）。

借方		库存现金	贷方
期初余额	5 000		
(6)	10 000		
本期发生额	10 000	本期发生额	—
期末余额	15 000		

借方		应收账款	贷方
期初余额	150 000		
		(3)	80 000
本期发生额	—	本期发生额	80 000
期末余额	70 000		

借方		银行存款	贷方
期初余额	200 000		
(1)	50 000	(2)	100 000
(3)	80 000	(4)	100 000
(7)	100 000	(5)	50 000
		(6)	10 000
本期发生额	230 000	本期发生额	260 000
期末余额	170 000		

借方		原材料	贷方
期初余额	50 000		
(4)	100 000		
本期发生额	100 000	本期发生额	—
期末余额	150 000		

借方		固定资产	贷方
期初余额	180 000		
(5)	50 000		
本期发生额	50 000	本期发生额	—
期末余额	230 000		

借方		短期借款	贷方	
		期初余额	200 000	
		(7)	100 000	
本期发生额	—	本期发生额	100 000	
		期末余额	300 000	

借方		应付账款	贷方	
		期初余额	185 000	
(2)	100 000			
本期发生额	100 000	本期发生额	—	
		期末余额	85 000	

借方		实收资本	贷方	
		期初余额	200 000	
		(1)	50 000	
本期发生额	—	本期发生额	50 000	
		期末余额	250 000	

(3)编制试算平衡表。

将上述总分类账中的本期发生额和期末余额填写到表 2-6 所示的试算平衡表中。

表 2-6 康源公司总分类账试算平衡表

2021 年 9 月 30 日 单位:元

会计科目	期初余额		本期发生额		期末余额	
	借方	贷方	借方	贷方	借方	贷方
库存现金	5 000		10 000		15 000	
银行存款	200 000		230 000	260 000	170 000	
应收账款	150 000			80 000	70 000	
原材料	50 000		100 000		150 000	
固定资产	180 000		50 000		230 000	
短期借款		200 000		100 000		300 000
应付账款		185 000	100 000			85 000
实收资本		200 000		50 000		250 000
合计	585 000	585 000	490 000	490 000	635 000	635 000

从表 2-6 可以看出,各账户期初借、贷方余额合计均为 585 000 元;本期借方、贷方发生额合计数都是 490 000 元;期末借、贷方余额合计均为 635 000 元,各自保持平衡。如果不等,就说明账户记录有误,应认真查明更正。当然平衡并不能保证记账一定正确,如重复记账或者会计科目使用错误,也可以平衡。

2.4 学会编制财务报表

【任务提示】本分项任务将引领你认识财务报表,学会编制资产负债表和利润表。

【任务先行】会计核算的最终目的就是向相关决策者提供会计信息。在企业的日常会计核算中,虽然对所发生的各项经济业务在账簿中进行了记录,但这些信息都是零散的,不便于信息使用者全面、综合地了解企业的财务状况、经营成果及现金流量情况。于是就要将分散在各账簿中的信息进行归类、加工,编制成财务会计报告。

《那年花开月正圆》中的"诚信"之道

电视剧《那年花开月正圆》之所以能吸引观众的眼球,除了乱世风云中的爱情线外,还有一个重要原因,那就是它传达了有着折服力量的商道——诚信。"商之有本,大义秦商",这条红线贯穿全剧始终;而"诚信乃从商、做人之本"的故事,更是如璀璨的明珠在剧中熠熠闪光。

吴家东院的吴蔚文是秦商的代表,诚信使他"人硬、货硬、脾气硬"。他不仅把"诚信"二字刻在墙上,而且以死坚守。在商讨军需膏药订单的报价问题时,面对竞争对手恶意压低报价的情况,他坚定地表示:"就算丢了这笔生意,也不能丢了诚信!"为争取到订单,不谙世事的周莹提出用杜鹃花叶子替换名贵药材血竭,说这样能使药效不变,但可以降低成本。吴蔚文听后勃然大怒,指着墙上的"诚信"二字说:"做生意,靠的是诚信,订单上写了要用血竭,那就一定得用,决不能糊弄,即使药效不变,药材不一样了,仍然是作假。我们吴家东院发家靠的就是两个字,一个是'诚',一个是'信'。'诚'就是货真价实,'信'就是信誉卓著。"这些振聋发聩的话,如警钟一样直接影响着后人。

财务会计报告是指企业对外提供的反映企业某一特定日期的财务状况和某一会计期间的经营成果、现金流量等会计信息的文件。财务报表是财务会计报告的主体,包括资产负债表、利润表、现金流量表、所有者权益(或股东权益)变动表、附注。财务报告的构成如图2-3所示。

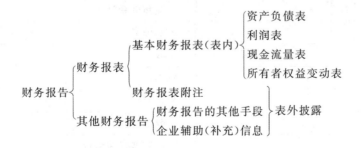

图2-3 财务会计报告的构成

2.4.1 学会编制资产负债表

资产负债表也叫财务状况表,是反映企业在某一特定时点上财务状况的财务报表。资产负债表是一种静态报表,反映了企业在某一特定时点上的资产、负债和所有者权益的情况及其相互联系,根据会计恒等式"资产=负债+所有者权益"编制而成。

一、资产负债表的结构

我国企业的资产负债表一般采用账户式,也称平衡式资产负债表,是将资产项目列在报表的左方,负债和所有者权益项目列在报表的右方,犹如会计中T形账户的左右分列。账户式资产负债表的平衡关系体现在左方的资产总额等于右方的负债和所有者权益总额的合计,是左右两方的平衡,如表2-7所示。

表2-7 资产负债表（简表）

会企01表

编制单位： 年 月 日 单位：元

资产	期末余额	期初余额	负债和所有者权益	期末余额	期初余额
流动资产：			流动负债：		
货币资金			短期借款		
应收票据			应付票据		
应收账款			应付账款		
预付账款			预收账款		
应收股利			应付职工薪酬		
应收利息			应交税费		
其他应收款			应付利息		
存货			应付利润		
……			……		
流动资产合计			流动负债合计		
非流动资产：			非流动负债：		
持有至到期投资			长期借款		
长期股权投资			……		
投资性房地产			非流动负债合计		
固定资产			负债合计		
在建工程			所有者权益：		
无形资产			实收资本		
……			资本公积		
非流动资产合计			盈余公积		
			未分配利润		
			所有者权益合计		
资产总计			负债和所有者权益总计		

二、资产负债表编制的基本方法

资产负债表中大部分项目的数据是根据期末总账账户余额直接填列的。如"应收票据""应收股利""应收利息""短期借款""应付票据""应付职工薪酬""应交税费""应付利润""实收资本"

"资本公积"和"盈余公积"等账户。

资产负债表中的"货币资金"项目是"库存现金""银行存款""其他货币资金"三个总账账户余额相加后填列的。

"存货"项目是根据"在途物资""原材料""库存商品""生产成本"等科目的期末余额合计数填列的。

"固定资产"根据"固定资产"减"累计折旧"的净额填列;"无形资产"项目根据"无形资产"减去"累计摊销"后的净额填列。

"应收账款"项目根据"应收账款"与"预收账款"账户借方余额之和抵减"坏账准备"后的净额填列;"应付账款"项目根据"应付账款"与"预付账款"账户贷方余额之和填列等。

【例题 2-14】 根据例题 2-13 康源公司的试算平衡表编制资产负债表。

康源公司 2021 年 9 月末的资产负债表如表 2-8 所示。

表 2-8 资产负债表（简表）

编制单位:康源公司　　　　　　　　2021 年 9 月 30 日　　　　　　　　　　　　　单位:元

资产	期末余额	期初余额	负债和所有者权益	期末余额	期初余额
流动资产：			**流动负债：**		
货币资金	185 000	205 000	短期借款	300 000	200 000
应收账款	70 000	150 000	应付账款	85 000	185 000
存货	150 000	50 000	**流动负债合计**	385 000	385 000
流动资产合计	405 000	405 000	**非流动负债：**		
非流动资产：			**非流动负债合计**		
固定资产	230 000	180 000	**负债合计**	385 000	385 000
非流动资产合计	230 000	180 000	**所有者权益：**		
			实收资本	250 000	200 000
			所有者权益合计	250 000	200 000
资产总计	635 000	585 000	**负债和所有者权益总计**	635 000	585 000

知识拓展

每家企业都有资产负债表,在投资理财前,家庭和个人也可以做一张这样的资产负债表。以我们个人的资产和负债为例,假设你有一套价值 300 万元的房子（贷款 200 万元）、一辆价值 50 万元的车（贷款 30 万元）、30 万元的银行存款,那么资产负债表该怎么编制呢?资产包括房、车、存款一共 380 万元,负债包括房贷、车贷一共 230 万元,剩下的 150(300－200＋50－30＋30＝150)万元就叫作所有者权益,也就是你的资产扣除负债后,真正属于你的部分(见表 2-9)。

表 2-9 资产负债表

资产	负债
300 万元（房）	200 万元（房贷）

续表

资产	负债
50万元（车）	30万元（车贷）
30万元（银行存款）	所有者权益150万元
资产总计380万元	权益总计380万元

人生就像一张资产负债表

每个人的生活都是一张资产负债表，一项资产的获得总是通过另一项资产的减少或者负债的增加来实现。换句话说，想要得到某些东西，一定也会付出另一些东西以达到平衡。人们总是习惯于以拥有资产，特别是物质资产的多少来判断人生的成功与否，殊不知资产与负债总是如影随形。

资产的种类很多，但所有的资产负债表第一项都是相同的，那就是令人又爱又恨的现金，你知道它的俗名叫"钱"。可惜很多人看到这第一项就对报表的主人下判断，称此人穷或者富，却看不到这项资产增多之下所背负的债务，比如辛劳、风险、担心；或者另一些资产——与家人团聚和娱乐的时间——减少了。

父母是我们一出生就获得的原始资产。获得这项资产的同时，我们的负债也相应增加，这是一项长期负债，叫作赡养。

有些人还可能拥有另一项资产——兄弟姐妹。与此相应的债务叫作照顾。

然后是朋友。它带来的负债是守望相助，有时也有背叛。

爱人。这是我们人生的最大决策。拥有这项资产的意义非同小可，其影响类似于两家企业合并。我们的资产增加了一倍，但负债也增加了一倍。此外它还衍生出更多的资产和更多的负债。比如激情、快乐、亲密、稳定；比如磨合、冲突、担心，放弃一定的自由和自我。同时，这项资产特质敏感，需要付出经常的维护这一负债才能保持质量稳定。

随后是子女。这更是重量级的资产，同时也是重量级的负债——可能是你后半生最大的操劳和牵挂。

有些人的资产负债表上还会有丰富的人生阅历，与之相伴的负债自然是大量的磨炼，或者还有远离故土的孤独。与之相反，毕生都生活在故乡的人，报表中没有漂泊这项负债，但也缺少了许多宝贵的体验作为资产。

还有健康，这是每个人都需要的基本资产。当然由坚持锻炼这项负债来维持其平衡。

正如企业有大小，人生的资产负债也各不相同。有人平静地度过一生，资产和负债都较少；也有人波澜壮阔，拥有大量的资产和大量的负债。

而名人们则像上市公司，public一词精确地说明了两种情况的相似。与名气、荣誉、利益等资产相伴的，除了相应的负债，还有额外的要求，那就是名人们必须公开自己的人生报表，可能还会遭遇不断的追踪和审计。很难用好坏来衡量规模，存在的只是生活方式的不同。

其实，判断人生的不是资产，而是资产减掉负债的剩余，那才是我们的净资产。最基本的净资产当然是命运与机遇，所谓时也，运也，命也。这些与生俱来的神秘力量像最初的注册资金，我们也许无法选择与改变,但是不论起点如何,每个人都被赋予足够的机会来经营自己的人生……

我们可以增加自己的无形资产来使人生充满盈余。这些宝贵的无形资产就是:平衡的心态,宽容,感激,善良,乐观,努力……

2.4.2 学会编制利润表

利润表又称损益表,是反映企业在一定会计期间的经营成果的会计报表。利润表属于动态会计报表。

我国企业的利润表采用多步报告式格式,就是分步报告净利润的计算过程,如表 2-10 所示。

表 2-10 利润表

会企 02 表

编制单位: 年 月 单位:元

项目	行次	本月金额	全年累计金额
一、营业收入			
减:营业成本			
税金及附加			
销售费用			
管理费用			
财务费用			
……			
二、营业利润(亏损以"-"号填列)			
加:营业外收入			
减:营业外支出			
三、利润总额(亏损总额以"-"号填列)			
减:所得税费用			
四、净利润(净亏损以"-"号填列)			

利润表中各项目的数据主要是根据损益类科目的发生额分析填列:

(1)"营业收入"项目,反映企业经营主要业务和其他业务所确认的收入总额。本项目应根据"主营业务收入"和"其他业务收入"科目的发生额分析填列。

(2)"营业成本"项目,反映企业经营主要业务和其他业务所发生的成本总额。本项目应根据"主营业务成本"和"其他业务成本"科目的发生额分析填列。

(3)"税金及附加""销售费用""管理费用""财务费用"等项目,应根据有关损益类科目的发生额分析填列。

(4)"投资收益"项目,反映企业以各种方式对外投资所取得的收益。本项目应根据"投资收益"科目的发生额分析填列。如为投资损失,本项目以"-"号填列。

(5)"营业利润"项目,反映企业实现的营业利润。如为亏损,本项目以"-"号填列。

(6)"营业外收入"项目,反映企业发生的与经营业务无直接关系的各项收入,本项目应根据"营业外收入"科目的发生额分析填列;"营业外支出"项目,反映企业发生的与经营业务无直接关系的各项支出,本项目应根据"营业外支出"科目的发生额分析填列。

(7)"利润总额"项目,反映企业实现的利润。如为亏损,本项目以"—"号填列。

(8)"所得税费用"项目,反映企业应从当期利润总额中扣除的所得税费用。本项目应根据"所得税费用"科目的发生额分析填列。

(9)"净利润"项目,反映企业实现的净利润。如为亏损,本项目以"—"号填列。

【例题 2-15】 康源公司 2021 年 9 月有关损益类科目发生额如表 2-11 所示。

表 2-11 康源公司 2021 年 9 月各损益类账户发生额

金额单位:元

账户名称	借方发生额	贷方发生额
主营业务收入		500 000
其他业务收入		15 000
投资收益		5 000
营业外收入		500
主营业务成本	300 000	
其他业务成本	8 000	
税金及附加	40 000	
销售费用	60 000	
管理费用	80 000	
财务费用	1 500	
营业外支出	1 000	
所得税费用	10 000	
合计	514 000	520 500

根据以上资料编制利润表,如表 2-12 所示。

表 2-12 利润表

编制单位:康源公司　　　　　　2021 年 9 月　　　　　　　　　金额单位:元

项目	本月金额	全年累计金额(略)
一、营业收入	*515 000	
减:营业成本	*308 000	
税金及附加	40 000	
销售费用	60 000	
管理费用	80 000	

续表

项目	本月金额	全年累计金额（略）
财务费用	1 500	
加：投资收益（损失以"－"号填列）	5 000	
二、营业利润（亏损以"－"号填列）	30 500	
加：营业外收入	500	
减：营业外支出	1 000	
三、利润总额（亏损总额以"－"号填列）	30 000	
减：所得税费用	10 000	
四、净利润（净亏损以"－"号填列）	20 000	

其中：＊营业收入＝主营业务收入＋其他业务收入＝500 000元＋15 000元＝515 000元

＊营业成本＝主营业务成本＋其他业务成本＝300 000元＋8 000元＝308 000元

画出一张属于你自己的利润表

一、日常的生活，赤裸裸的现实

首先，我们来说说收入，收入就是资金流入。它分为主营业务收入、其他业务收入等。

主营业务收入是你每月的主要经济来源，比如：月工资10 000元，就在这栏填上120 000（12×10 000）元。月度奖、季度奖、年终奖也统统计入这栏，比如：一年奖金合计下来30 000元。最终，主营业务收入一栏填列150 000元。其他业务收入相当于你的兼职收入，不一定每月都有，不一定数额很大。比如："码字"挣了2 000元，在线上开办网络课程挣了18 000元。最终，其他业务收入一栏填列20 000元。

其次，我们来说说费用，费用就是资金流出。它很好理解，日常发生的一切费用都在此归集。比如：每月支付的房租2 000元、水电气暖费500元、伙食费2 000元，一个月花费4 500元，一年就是54 000元。最终，费用一栏合计填列54 000元。

接着，我们来说说公允价值变动收益和投资收益，它们可能属于资金流入，也可能属于资金流出。

如果，你恰好是一个"股民"，那么，可以将股票账户账面上的盈亏填在"公允价值变动收益"这栏里。

为什么要填在"公允价值变动收益"这栏里呢？

因为在股票出售前，账面的增减变动也仅限于账面上，只要你没卖，它始终都在那里。可一旦出售，挣钱了就是投资收益，赔钱了就是投资损失。

"公允价值变动损益"相当于一个过渡科目。不仅是股票账面上的暂时增减变动填在这儿，债券、基金也是同样的道理。

比如：一年内股市里挣了1 000元，没卖，在公允价值变动收益一栏填列1 000元。基金亏了5 000元，卖了，在投资收益一栏填列－5 000元。

二、意外来临,是福还是祸?

一年的收入、花销、结余基本上都算得差不多了,可是总有意外会发生。

有可能,这一年,运气好到爆,买彩票中了500元、落了陈年老灰的跑步机卖了2 500元,甚至于喝个汽水都是"再来一瓶"……

这些好事不是年年都有,也不经常发生,它们是日常生活之外的小幸运。最终,营业外收入一栏合计填列3 000元。

又或,流年不利,违停被贴罚单200元,家里的取暖设施坏了,花了3 000元,献爱心捐款800元。

这些糟心的事也不是年年都能遇见,人生嘛,不就是顺几年、背几年,发生时,把它们关进"营业外支出"就好,不让它们跑出来影响心情。最终,营业外支出一栏合计填列4 000元。

企业中的利润是要交25%所得税的,我们姑且将取得收入所交的税费计入"一系列税费"这一栏,假定是3 000元。

最终,全年可能存下的金额是108 000元。

利润表如表2-13所示。

表 2-13 利润表

编制单位:　　　　　　　　　　　　　年　月　　　　　　　　　　　　金额单位:元

项目	本年金额
一、营业收入	170 000
减:营业成本	
销售费用	
管理费用	54 000
财务费用	
资产减值损失	
加:公允价值变动收益(损失以"—"号填列)	1 000
投资收益	−5 000
二、营业利润(亏损以"—"号填列)	112 000
加:营业外收入	3 000
减:营业外支出	4 000
三、利润总额(亏损总额以"—"号填列)	111 000
减:所得税费用	3 000
四、净利润(净亏损以"—"号填列)	108 000

项目2小结

本项目任务主要要求掌握借贷复式记账原理,包括:会计恒等式与会计要素的关系;会计科目的设置和账户的结构;当经济业务发生的时候,如何用借贷记账法通过会计分录的形式记录经济业务涉及的会计科目(或账户);以及当每一会计期间处理完经济业务,如何运用复式记账原理通过试算平衡检验经济业务处理的正确性。

借方	账户名称（会计科目）	贷方
资产增加额 费用增加额 负债减少额 所有者权益减少额 收入减少额		资产减少额 费用减少额 负债增加额 所有者权益增加额 收入增加额

在掌握了借贷复式记账原理的基础上，认识会计信息生成的流程，学会根据经济业务编制会计分录、登记 T 形账户并进行试算平衡，学会资产负债表和利润表的编制方法。

资产负债表主要提供企业财务状况方面的信息，根据资产、负债、所有者权益类账户的余额分析、计算填列。

利润表提供企业经营成果方面的信息，是各种报表用户决策的依据或参考，根据损益类账户的发生额分析填列。

◆核心技能

确认会计要素；编制会计分录。

◆课堂讨论

1.六大会计要素是如何以资产为中心从静态和动态两方面反映企业经营活动情况和结果的？

2.你是如何理解借贷记账法的？为什么说会计恒等式是借贷记账法的理论基础？

3.资产负债表在实际工作中如何加以利用？资产负债表的有关项目和有关账户之间的关系如何？

课后自测

一、单项选择题（下列每小题备选答案中，只有一个符合题意的正确答案，请将选定的答案编号，用英文大写字母填入括号内。）

1.（　　）是指过去的交易、事项形成并由企业拥有或者控制的资源，该资源预期会给企业带来经济利益。

A.资产　　　　B.负债　　　　C.所有者权益　　　　D.收入

2.由企业在日常活动中所发生的、会导致所有者权益减少的、与向所有者分配利润无关的经济利益的总流出称为（　　）。

A.损失　　　　B.费用　　　　C.负债　　　　D.所有者权益

3.会计科目是（　　）。

A.会计要素的名称　　　　B.会计报表的项目名称

C.账簿的名称　　　　D.账户的名称

4.复式记账法对每项经济业务都以相等的金额在（　　）账户中进行登记。

A.一个　　　　B.两个或两个以上　　　　C.两个　　　　D.有关

5. 资产账户的借方登记（　　）。
   A. 资产的增加　　　B. 资产的减少　　　C. 费用的转销　　　D. 收入的减少
6. 负债账户的贷方登记（　　）。
   A. 费用的增加　　　　　　　　　　　B. 费用的转销
   C. 负债的增加　　　　　　　　　　　D. 负债的减少
7. 收回应收账款50 000元，存入银行。这一业务引起的会计要素的变动是（　　）。
   A. 资产总额不变　　　　　　　　　　B. 资产增加，负债增加
   C. 资产增加，负债减少　　　　　　　D. 资产减少，负债增加
8. 下列交易或事项中引起资产和负债同时增加的事项是（　　）。
   A. 以银行存款购入原材料一批　　　　B. 以银行存款支付前欠货款
   C. 收回应收账款，存入银行　　　　　D. 购入电视机一部，款暂欠
9. 资产类账户的期末余额应在（　　）。
   A. 账户的借方　　　　　　　　　　　B. 账户的贷方
   C. 有时在借方，有时在贷方　　　　　D. 以上答案都对
10. 资产负债表中，"应收账款"项目应根据（　　）填列。
    A. "应收账款"总分类账户
    B. "应收账款"总分类账户所属各明细分类账的期末余额
    C. "应收账款"和"应付账款"总分类账户所属各明细分类账的期末借方余额合计
    D. "应收账款"和"预收账款"总分类账户所属各明细分类账的期末借方余额合计
11. 以下项目属于资产负债表中流动负债项目的是（　　）。
    A. 长期借款　　　B. 长期应付款　　　C. 应付股利　　　D. 应付债券
12. 损益表是根据（　　）填列的。
    A. 损益表账户的期末余额　　　　　　B. 损益表账户的期初余额
    C. 损益表账户的本期发生额　　　　　D. 损益表账户的借方发生额
13. 资产负债表设计的主要依据是（　　）。
    A. 会计恒等式　　　　　　　　　　　B. 复式记账原理
    C. 账户结构　　　　　　　　　　　　D. 收入－费用＝利润
14. 利润表中，不影响本期营业利润的是（　　）。
    A. 所得税费用　　　B. 营业成本　　　C. 营业收入　　　D. 管理费用
15. 资产负债表"未分配利润"项目应根据（　　）账户的期末余额填列。
    A. 本年利润　　　　　　　　　　　　B. 利润分配
    C. 本年利润和利润分配　　　　　　　D. 应付利润

二、**多项选择题**（下列每小题备选答案中，有两个或以上符合题意的正确答案，请将选定的答案编号，用英文大写字母填入括号内。）

1. 会计要素包括（　　）。
   A. 资产　　　　B. 负债　　　　C. 收入　　　　D. 费用
2. 负债的特点有（　　）。

A.负债是由于过去的交易或事项所引起的、企业当期承担的义务

B.负债将要由企业在未来某个时日加以清偿

C.负债是由于过去的交易或事项所引起的、企业承担的潜在义务

D.清偿负债导致经济利益流出企业

3.下列属于资产要素项目的有(　　)。

A.无形资产　　　　　B.存货　　　　　C.预收账款　　　　　D.预付账款

4.账户的左右两方,哪一方登记增加数,哪一方登记减少数,取决于(　　)。

A.账户的类别　　　　　　　　　　B.账户的级别

C.记账方法　　　　　　　　　　　D.所记录经济业务的内容

5.复式记账法的特点是(　　)。

A.可以系统、全面反映经济业务内容　　　　B.可以简化登记账簿的工作

C.可以清楚地反映经济业务的来龙去脉　　　D.便于核对账户的记录

6.在借贷记账法下,账户的借方登记(　　)。

A.资产的增加　　　　　　　　　　B.成本费用的增加

C.收入的增加　　　　　　　　　　D.所有者权益的增加

7.下列对账户余额的表述,正确的是(　　)。

A.资产类账户的期末余额＝期初余额＋本期借方发生额－本期贷方发生额

B.资产类账户的期末余额＝期初余额＋本期贷方发生额－本期借方发生额

C.权益类账户的期末余额＝期初余额＋本期借方发生额－本期贷方发生额

D.权益类账户的期末余额＝期初余额＋本期贷方发生额－本期借方发生额

8.期末余额在账户借方的有(　　)。

A.资产类账户　　　　　　　　　　B.负债类账户

C.所有者权益类账户　　　　　　　D.成本费用类账户

9.编制会计分录时必须考虑(　　)。

A.经济业务发生涉及的会计要素是增加还是减少

B.在账簿中登记借方还是贷方

C.登记在哪些账户的借方或贷方

D.账户的余额是在借方还是贷方

10.下列错误中,哪些不能通过试算平衡发现(　　)。

A.某些经济业务未登记入账　　　　B.只登记借方金额,未登记贷方金额

C.应借应贷的账户中借贷方向相反　D.借贷双方同时多记了相等的金额

11.企业的财务报告包括(　　)。

A.资产负债表、利润表、现金流量表　　B.所有者权益变动表

C.会计报表附注　　　　　　　　　　　D.其他应当披露的相关信息和资料

12.下列账户中,可能影响资产负债表中"应付账款"项目余额的有(　　)。

A.应收账款　　　　　B.预收账款　　　　　C.应付账款　　　　　D.预付账款

13.下列项目中,影响营业利润的有(　　)。

A. 营业收入 　　　　　　　　　　　B. 管理费用

C. 营业外收入 　　　　　　　　　　D. 税金及附加

14. 资产负债表的"期末数"栏各项目数据的来源是(　　)。

A. 根据总账科目余额直接填列

B. 根据同类总账科目余额合计计算填列

C. 根据明细科目余额计算填列

D. 根据总账科目余额减去其备抵项目后的净额填列

15. 资产负债表中,根据若干总账账户余额合并计算填列的项目有(　　)。

A. 货币资金 　　　　　　　　　　　B. 应收账款

C. 短期借款 　　　　　　　　　　　D. 存货

三、判断题（请在每小题后面的括号内填入判断结果,正确的用"√",错误的用"×"。）

1. 所有者权益是指投资者对企业资产的所有权。(　　)

2. 在账户中,登记本期增加的金额称为本期借方发生额,登记本期减少的金额称为本期贷方发生额。(　　)

3. 会计分录包括业务涉及的账户名称、记账方向和金额三方面内容。(　　)

4. 如果某一账户的期初余额为50 000元,本期增加发生额为80 000元,本期减少发生额为40 000元,则期末余额为90 000元。(　　)

5. 在借贷记账法下,损益类账户期末一般无余额。(　　)

6. 账户与会计科目两者的含义是一致的,没有什么区别。(　　)

7. 在借贷记账法下,可通过试算平衡的方法来检验记账的正确与否。若试算平衡,说明记账肯定无错。(　　)

8. 在借贷记账法下,损益类账户的借方登记增加数,贷方登记减少数,期末一般无余额。(　　)

9. 为了简化会计分录的编制,提高会计人员的记账效率,可以将不同类型的经济业务合在一起编制复合会计分录。(　　)

10. 所有经济业务的发生都会引起会计恒等式两边同时发生变化。(　　)

11. 资产负债表中"期末数"栏内各项目金额指的是总账账户的期末余额。(　　)

12. 会计报表应当清晰明了,意味着应在报表中排除复杂的事项。(　　)

13. 在任何情况下,"应收账款"项目都是根据"应收账款"总账的期末余额填列。(　　)

14. 利润表的编制依据是平衡公式"收入－费用＝利润"。(　　)

15. 资产负债表中"货币资金"项目应根据银行存款日记账余额填列。(　　)

四、计算题

某工业企业2020年12月31日资产总额为756 186元(其中银行存款45 460元),负债总额为175 000元,所有者权益总额为581 186元。2021年1月1日至5日发生以下经济业务:

(1) 1日,开出转账支票一张,支付上月所欠购料款15 600元(支票号码411)。

(2) 1日,预收大华公司货款5 668元,款项已存入银行。

(3) 1日,开出现金支票一张,提取现金1 200元(支票号码256)。

(4)2日,以库存现金350元支付购买材料的运杂费。
(5)5日,收到红光公司投入货币资金100 000元,款项存入银行。
(6)5日,开出转账支票一张,交纳上月应交税费950元(支票号码412)。
要求:分别计算该公司2021年1月5日的资产、负债和所有者权益总额(列示计算过程)。

五、实务题

1.甲公司2021年12月31日结账后有关科目余额如表2-14所示。

表2-14 甲公司科目余额

科目名称	借方余额	贷方余额
应收账款	600	40
坏账准备——应收账款		80
预收账款	100	800
应付账款	20	400
预付账款	320	60

要求:

根据上述资料,计算资产负债表中下列项目的金额:①应收账款;②预付账款;③应付账款;④预收账款。

2.乙公司2021年12月31日有关资料如表2-15所示。

表2-15 乙公司资料

借款起始日期	借款期限/年	金额/万元
2021年1月1日	3	300
2019年1月1日	5	600
2018年6月1日	4	450

要求:

根据上述资料,计算资产负债表中下列项目的金额:①长期借款;②长期借款中应列入"一年内到期的非流动负债"项目的金额。

案例1

大学生刘军毕业后决定自己创业。其筹资开设了一家小型印务社,主营电脑打字、复印、公用电话、传真等业务。该印务社已在工商行政管理部门登记注册,并已正式开业。刘军自任总经理,并聘任张政和李蕾为员工。为顺利开业,该印务社购置了两台惠普电脑、两台惠普激光打印机、一台佳能高速复印机,以及传真机、电话等设备,并租用了面积为40平方米的商业用房作为营业场所。

要求:

(1)请列示该印务社开业时的资产、负债和所有者权益的详细情况(各项目应注明具体内容和实际金额),以及资产总额、负债总额和所有者权益总额。

(2)假设该印务社已经营业一个月,请列示其所发生的各项收入和费用(注明项目名称及其具体内容)。

提示:本案例中的各项目金额通过调查及合理估计确定。

案例 2

某人准备投资创建一家超市,首先他从各种渠道筹集到资金 100 万元,其中该人投入资金 70 万元,向银行借入 3 年长期借款 30 万元;然后,他拿这笔资金购买了商铺、小汽车 40 万元,采购商品 30 万元,购买股票 10 万元。到月末,他在银行的存款数为 20 万元。

要求:请你为他编制一张资产负债表,并为他建立相应的账户。

实训操作

实训 1

一、实训目的

练习会计要素的分类,了解它们之间的关系,熟悉会计科目。

二、实训资料

见表 2-16。

三、实训要求

学时要求:1 学时。

根据表中经济业务事项,按会计要素归类,并说明所属会计科目名称。

表 2-16 实训资料

经济业务事项	会计要素类别	会计科目
库存材料		
从银行取得 10 个月的借款		
由出纳人员保管的现金		
运输车辆		
存放在银行的款项		
库存完工产品		
暂付职工差旅费		
生产厂房、机器		
应付供货单位的材料款		

续表

经济业务事项	会计要素类别	会计科目
应收某公司的货款		
接受投资者投入的资本		
从税后利润中提取的盈余公积		
欠交的税金		
行政管理部门的办公费		
欠付投资者的股利		
销售产品的货款		
正在加工的产品		

实训 2

一、实训目的

通过本实训练习经济业务的发生对会计等式的影响。

二、实训资料

华泰公司 2021 年 9 月初资产为 8 500 000 元,负债为 2 400 000 元,所有者权益项目为 6 100 000 元。该企业 9 月份发生下列经济业务:

(1)收到投资人投入机器一台,价值 50 000 元。

(2)收到银行借入的三年期 200 000 元长期借款,存入银行。

(3)从银行提取 30 000 元准备发放工资。

(4)向职工发放工资 20 000 元。

(5)收到购货单位归还的前欠货款 50 000 元,存入银行。

(6)以银行存款 50 000 元归还短期借款。

(7)以银行存款 6 000 元偿还前欠货款。

(8)购入材料一批已入库,金额 80 000 元,材料款暂欠。

(9)采购员出差预借差旅费 2 000 元,以现金支付。

(10)购入材料一批,价款 10 000 元,材料已入库,款项以银行存款支付。

(11)从银行取得长期借款 90 000 元,直接偿还到期的短期借款。

(12)以银行存款 10 000 元缴纳税金。

(13)预收购货单位购货款 20 000 元,存入银行。

三、实训要求

学时要求:1 学时。

逐项分析上述经济业务发生后对资产、负债和所有者权益三个要素增减变动的影响。

月末,计算资产、负债和所有者权益三个要素的总额,并列出会计等式。

实训 3

一、实训目的

通过本实训掌握会计分录的编制,编制账户发生额试算平衡表。

二、实训资料

华新公司 2021 年 2 月份发生如下经济业务:

(1)从银行取得短期借款 200 000 元,存入存款账户。

(2)从银行提取现金 80 000 元。

(3)以现金发放工资 61 000 元。

(4)以存款支付行政部门水电费 3 000 元。

(5)以转账支票支付前欠 A 公司材料款 50 000 元。

(6)以存款 2 000 元支付广告费。

(7)计算分配本月职工工资,其中生产工人工资 50 000 元,车间管理人员工资 6 000 元,厂部管理人员工资 5 000 元。

(8)甲产品 1 000 件完工入库,单位成本 50 元/件,结转完工产品成本。

(9)以转账支票支付当月财产保险费 1 500 元。

(10)以存款交纳税费 3 200 元。

三、实训要求

学时要求:1 学时。

根据以上资料编制华新公司 2021 年 2 月的会计分录,编制账户发生额的试算平衡表。

实训 4

一、实训目的

通过本实训巩固掌握资产负债表的编制方法。

二、实训资料

绿地公司 2021 年度总账账户的期末余额见表 2-17,有关明细账户的余额见表 2-18。

表 2-17 总账账户期末余额表

账户名称	借方余额	账户名称	贷方余额
库存现金	478	坏账准备	750
银行存款	281 522	累计折旧	170 000
其他货币资金	10 000	短期借款	280 000
应收票据	50 000	应付票据	368 000
应收账款	250 000	应付账款	185 000
其他应收款	52 350	其他应付款	1 000
在途物资	90 000	应付职工薪酬	4 000

续表

账户名称	借方余额	账户名称	贷方余额
原材料	303 200	应交税费	10 500
周转材料	173 000	应付利息	50 000
生产成本	234 650	长期借款	503 100
库存商品	621 300	实收资本	4 000 000
持有至到期投资	600 000	资本公积	140 000
固定资产	2 325 600	盈余公积	210 000
在建工程	470 000	利润分配	50 000
无形资产	360 000		
长期待摊费用	150 250		
合计	5 972 350	合计	5 972 350

表 2-18 明细账户余额表

| 总分类账户 | 明细分类账户 | 期末余额 | | 备注 |
		借方	贷方	
应付账款	新光公司		212 000	
	世新公司		38 500	
	中宏公司	65 500		
长期借款	专用借款		153 100	2020年3月借入,3年期
	更新改造借款		350 000	2021年6月借入,4年期

三、实训要求

学时要求:1学时。

根据以上资料编制绿地公司2021年12月31日的资产负债表。

实训 5

一、实训目的

通过本实训巩固掌握利润表的编制方法。

二、实训资料

绿地公司2021年的损益类账户的本期实际发生额如表2-19所示。

表 2-19　绿地公司 2021 年度损益类账户本期发生额

账户名称	借方发生额	贷方发生额	账户名称	借方发生额	贷方发生额
主营业务收入	268 000	7 827 000	管理费用	246 000	
主营业务成本	4 760 000		财务费用	185 600	
其他业务收入		384 700	投资收益		60 000
其他业务成本	156 000		营业外收入		140 000
税金及附加	604 720		营业外支出	781 750	
销售费用	565 000		所得税费用	278 728	

三、实训要求

学时要求：1 学时。

根据以上资料编制绿地公司 2021 年度的利润表。

*项目3
记录制造企业会计信息

KUAIJI JICHU ZHISHI YU YINGYONG

知识目标

1. 熟悉制造企业经济业务内容和特点。
2. 熟悉制造企业各类经济业务核算应设置的账户及结构。
3. 掌握根据制造企业各类经济业务编制会计分录和登记 T 形账的方法。
4. 掌握生成制造企业会计信息的方法。

能力目标

通过完成本项目任务,具体掌握制造企业各类经济业务的账务处理方法,包括筹资业务、生产准备业务、简单生产业务、销售业务、利润形成与分配等业务的核算,会编制制造企业的资产负债表和利润表。

素养目标

1. 通过认知企业经济业务,培养学生坚持原则、爱岗敬业、诚实守信的职业道德。
2. 通过掌握核算企业经济业务的基本方法,培养学生工作态度端正、做事仔细、不做假账的会计职业道德。
3. 通过了解信息化时代人工智能对会计的影响,培养学生与时俱进、勇于创新与开拓的职业素养。

项目任务

3.1 记录筹资业务会计信息
3.2 记录生产准备业务会计信息
3.3 记录简单生产业务会计信息
3.4 记录销售业务会计信息
3.5 记录利润形成与分配业务会计信息
3.6 生成制造企业会计信息

案例导入

黄桃罐头的生产成本是如何计算的?

沈玲玲是一名会计专业的在校大学生,她在暑假期间去了一家水果罐头生产企业进行实习。在最初开始工作的一个星期,企业财务部门负责人首先让小沈去生产车间熟悉黄桃罐头加工生产的完整过程,主要的加工流程是:果子挑选、分类整理、果子清洗处理、罐头清洗杀菌、加工制作罐头到最后包装成品。在财务部门老师傅的指导下,小沈的工作内容主要是计算黄桃罐头的生产成本。从电脑里查到数据,月初还有没完工的黄桃罐头,数量为 10 000 瓶,金额为 50 000 元。这个月开始后,黄桃罐头的原料费用为 100 000 元,生产罐头的工人工资为 25 000 元,工人的福利费为 3 500 元,其他的制造费用为 30 000 元,这个月生产的 25 000 瓶全部做好了。沈玲玲在老师傅的指导下,计算出黄桃罐头的总成本=(50 000+100 000+25 000+3 500+30 000)元=208 500 元,一瓶罐头的成本=208 500÷25 000 元=8.34 元。这样的计算是否正确呢?

如果是你,如何来计算黄桃罐头的成本?在这个案例中,产品的生产成本是由哪些部分构成的?制造费用又是什么?工人的福利费是什么?在本项目中我们将会学习到这些内容。

企业要开张营业就必须采用适当的方式,从各种渠道筹集资金(基本形式为货币资金),形成资金进入企业的资金运动;其次,要用筹集到的资金为产品生产准备必要的劳动资料和劳动对象,形成货币资金向固定资产资金和材料资金(储备资金)转换的资金运动;第三,生产要素齐备后,企业员工将材料投放生产车间,借助于劳动资料对劳动对象进行加工,并通过支付员工工资、其他生产费用以及计提固定资产折旧,形成材料储备资金、货币资金、固定资产资金向生产资金(在产品)转换的资金运动,当产品生产完工验收入库时,又形成生产资金向成品资金转换的资金运动;第四,将库存商品销售以后,收回货币,形成成品资金向货币资金转换的资金运动;最后,商品出售收回的货币资金大部分投入再生产,小部分按国家相关法律交纳有关税金,按与债权人的约定偿还到期的借款本息,按企业权力机构的决议支付投资人投资回报等,形成资金退出企业的资金运动。制造企业的生产经营活动过程如图 3-1 所示。

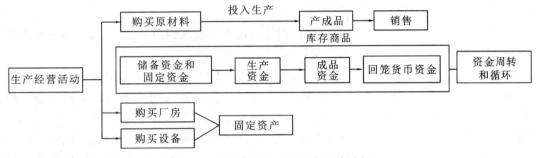

图 3-1 制造企业的生产经营活动过程

由此可见,随着制造企业生产经营活动的进行,资金形态顺次经过货币资金、材料资金及固定资产资金、生产资金、成品资金再回到货币资金,称为资金循环。这个封闭的循环过程一般又可以划分为三个阶段:从货币资金到材料资金及固定资产资金称为供应阶段,从材料资金及固定资产资金到生产资金再到成品资金称为生产阶段,从成品资金再回到货币资金称为销售阶段。而不断重复或扩大的再生产,带来资金连续不断周而复始的循环,称为资金周转。企业的资金运动包括了资金进入企业、资金在企业内部的循环与周转、资金退出企业。

因此可以将制造业的基本经济业务分解为以下六类:资金筹集业务、生产准备业务、生产业务、销售业务、财务成果和资金退出业务。

3.1 记录筹资业务会计信息

【任务提示】本分项任务将引领你记录资金筹集业务的会计信息。

【任务先行】"巧妇难为无米之炊",作为自主经营、自负盈亏,从事商品生产经营的制造企业,为了进行生产经营活动就必须拥有一定数量的经营资金。资金筹集是企业财务活动和生产经营活动的起点,筹资活动是企业生存、发展的基本前提,没有资金企业将难以生存,也不可能发展。

3.1.1 筹资业务介绍

资金筹集是指公司从各种不同的来源,用各种不同的方式筹集其生产经营过程中所需要的资金。企业筹集资金主要有两个渠道:一是接受投资者投入资本,形成企业所有者权益要素中实收资本的会计信息;二是向银行借入资金,形成负债要素中短(长)期借款的会计信息。

向投资者筹集的资本金形成实收资本。实收资本是指投资者按企业章程的规定,投入企业的资本,是企业注册登记的法定资本总额的来源。《中华人民共和国企业法人登记管理条例》规定,除国家另有规定外,企业的实收资本应当与注册资本相一致。实收资本也表明所有者对企业基本的产权关系,其构成比例即投资者的出资比例或股东的股份比例,是企业据以向投资者进行利润或股利分配的主要依据。

按出资主体,投入资本分为国家投资、法人投资、个人投资、外商投资。按出资形式,投资者投入资本的形式可以有多种,投资者可以用现金投资,也可以用非现金资产投资,符合国家规定比例的要求,还可以用无形资产投资。

投入资本时还会形成资本公积。资本公积是指投资者投入到企业、所有权归属于投资者并且投入金额超过法定资本(实收资本或股本)部分的资本。

资本公积从其形成来源看,不是由企业实现的利润转化而来的,从本质上讲应当属于投入资本范畴,因此,它与留存收益有根本区别,因为后者是由企业实现的利润转化而来的。在我国,资本公积主要用来转增资本(或股本)。因此,资本公积又被称为准资本。

企业在生产经营过程中,由于周转资金不足,可以向银行或其他金融机构借款、向社会公开发行债券募集资金,以补充资本的不足。企业从银行或其他金融机构借入的款项,必须按贷款单位借款规定办理手续,支付利息,到期归还。

借入资金是指企业依法筹集的、依约使用并按期偿还的资金。银行借款是借入资金的主体。借入资金筹集方式按长短期限分短期资金的筹集方式和长期资金的筹集方式。其中短期资金的筹集方式有短期借款、商业信用等。长期资金的筹集方式有发行长期债券、长期借款等。

在了解了资金筹集业务的渠道和意义后,我们一起来记录这些业务。

股权融资,每几年就增发一次股票,这属于上市公司的舞弊现象吗?

3.1.2 筹资业务会计处理

一、吸收投资业务

吸收投资就是企业接受投资者投入的资本金,包括货币和实物,是所有者权益的主要来源和表现形式,是投资者拥有的根本权益,对企业的盈余分

资金筹集之吸收投资者投资

配和净资产处置权利起着直接影响作用。

1. 设置账户

(1)"实收资本"账户：该账户是所有者权益类账户,用来核算按照企业章程规定,企业接受投资者投入的实收资本,即在工商管理部门注册登记的注册资金(资本金)。其账户结构为：

借方	实收资本	贷方
本期减少额： 如依法减资等（一般不发生）	期初余额： 本期增加额： 投资人投入资本 资本公积转增资本 盈余公积转增资本	
	期末余额：反映企业实有的资本数额	

该账户应按投资者(投资主体)设置明细账户,进行明细分类核算。

需要说明的是,在会计实务中,对于投资者投入的资本,股份有限公司应当设置使用"股本"账户,其他企业均应设置使用"实收资本"账户。

(2)"资本公积"账户：本账户属于所有者权益类,用来核算投资者投入到企业、所有权归属于投资者并且投入金额超过法定资本(实收资本或股本)部分的资本。其账户结构为：

借方	资本公积	贷方
本期减少额： 转增资本金	期初余额： 本期增加额： 资本（股本）溢价 其他资本公积	
	期末余额：反映企业实有的资本公积数额	

该账户应按资本公积形成的类别设置明细账户,进行明细分类核算。

2. 吸收投资业务应编制的会计分录

1) 接受现金资产投资

(1)股份有限公司以外的企业接受现金资产投资。

【例题3-1】 甲、乙、丙共同投资设立A有限责任公司,注册资本为2 000 000元,甲、乙、丙持股比例分别为60%、25%和15%。按照章程规定,甲、乙、丙投入资本分别为1 200 000元、500 000元和300 000元。A公司已如期收到各投资者一次缴足的款项。

【分析】实收资本的构成比例即投资者出资比例或股东的股份比例,通常是确定所有者在企业所有者权益中所占的份额和参与企业生产经营决策的基础,也是企业进行利润分配或股利分配的依据,同时还是企业清算时确定所有者对净资产的要求权的依据。

该笔经济业务发生在公司设立时,一方面反映了A有限公司由于接受甲、乙、丙投入资本200万元,导致所有者权益中的实收资本增加了200万元,按照注册资本协议的份额,甲、乙、丙分别投入120万元、50万元和30万元,持股比例分别为60%、25%和15%;另一方面反映银行存款这一资产项目的增加,应记入"银行存款"账户的借方。A有限责任公司应编制如下会计分录：

```
借：银行存款                              2 000 000
    贷：实收资本——甲                    1 200 000
             ——乙                          500 000
             ——丙                          300 000
```

【例题 3-2】 接上例，甲、乙、丙三人共同投资设立了 A 有限责任公司，为扩大经营规模，经批准，A 有限责任公司注册资本扩大为 3 000 000 元，甲、乙、丙按照原出资比例分别追加投资 600 000 元、250 000 元和 150 000 元。A 有限责任公司如期收到甲、乙、丙追加的现金投资。

【分析】该笔经济业务中，甲、乙、丙三人按原出资比例追加实收资本，因此，A 有限责任公司应分别按照 600 000 元、250 000 元和 150 000 元的金额贷记"实收资本"科目中的甲、乙、丙明细分类账。A 有限责任公司应编制如下会计分录：

```
借：银行存款                              1 000 000
    贷：实收资本——甲                      600 000
             ——乙                          250 000
             ——丙                          150 000
```

【例题 3-3】 M 有限责任公司由两位投资者投资 200 000 元设立，每人各出资 100 000 元。一年后，为扩大经营规模，经批准，M 有限责任公司注册资本增加到 300 000 元，并引入第三位投资者加入。按照投资协议，新投资者需缴入现金 110 000 元，同时享有该公司 1/3 的股份。M 有限责任公司已收到该现金投资。假定不考虑其他因素。

【分析】该笔经济业务发生在 M 公司持续生产经营过程中，追加投资，引入第三方投资者，M 有限责任公司收到第三位投资者的现金投资 110 000 元中，100 000 元属于第三位投资者在注册资本中享有的份额，应记入"实收资本"科目，10 000 元属于资本溢价，应记入"资本公积——资本溢价"科目。M 有限责任公司应编制如下会计分录：

```
借：银行存款                                110 000
    贷：实收资本                             100 000
        资本公积——资本溢价                   10 000
```

算一算

ABC 公司收到东方公司投入的货币资金 1 800 000 元，ABC 公司注册资本 6 000 000 元，按协议约定，东方公司投入占 ABC 股份 25%，问 ABC 公司会不会产生资本溢价，如果有，是多少呢？

（2）股份有限公司接受现金资产投资。

股份有限公司发行股票时，既可以按面值发行股票，也可以溢价发行（我国目前不允许折价发行）。股份有限公司在核定的股本总额及核定的股份总额的范围内发行股票时，应在实际收到现金资产时进行会计处理。

【例题 3-4】 B 股份有限公司发行普通股 1 000 万股,每股面值 1 元,每股发行价 5 元。假定股票发行成功,股款 5 000 万元已全部收到,不考虑发行过程中的税费等因素。

【分析】该笔业务中 B 股份有限公司发行股票实际收到的款项为 5 000 万元,应借记"银行存款"科目;实际发行股票面值总额为 1 000 万元,应贷记"股本"科目,按其差额,贷记"资本公积——股本溢价"科目。B 股份有限公司应编制如下会计分录:

借:银行存款　　　　　　　　　　　　　　　　　50 000 000
　　贷:股本　　　　　　　　　　　　　　　　　　10 000 000
　　　　资本公积——股本溢价　　　　　　　　　　40 000 000

2)接受非现金资产投资

企业接受固定资产、原材料、无形资产等非现金资产投资时,应按投资合同或协议约定的价值(但投资合同或协议约定价值不公允的除外)作为固定资产、原材料、无形资产的入账价值,按投资合同或协议约定的投资者在企业注册资本或股本中所占份额的部分作为实收资本或股本入账,超过投资者在企业注册资本或股本中所占份额的部分,计入资本公积。

(1)接受投入固定资产。

【例题 3-5】 甲有限责任公司于设立时收到乙公司作为资本投入的不需要安装的机器设备一台,合同约定该机器设备的价值为 2 000 000 元,专用发票上注明增值税进项税额为 260 000 元。经约定甲公司接受乙公司的投入资本为 2 260 000 元。合同约定的固定资产价值与公允价值相符,不考虑其他因素。

【分析】增值税一般纳税人购进(包括接受捐赠、实物投资,下同)或者自制(包括改扩建、安装,下同)的生产经营用固定资产,如机器设备、运输设备等发生的进项税额可以凭增值税专用发票从销项税额中抵扣,其进项税额应当记入"应交税费——应交增值税(进项税额)"科目。

该笔业务中,合同约定的固定资产价值与公允价值相符,投资转入的固定资产,按照专用发票上注明的增值税税额,借记"应交税费——应交增值税(进项税额)"科目,按照确认的固定资产价值,借记"固定资产"等科目,按照增值税与固定资产价值的合计数,贷记"实收资本"等科目。甲有限责任公司编制会计分录如下:

借:固定资产——机器设备　　　　　　　　　　　2 000 000
　　应交税费——应交增值税(进项税额)　　　　　　260 000
　　贷:实收资本　　　　　　　　　　　　　　　　2 260 000

【例题 3-6】 R 有限责任公司(以下简称 R 公司)为一家从事机械制造的增值税一般纳税企业。2021 年 1 月 1 日所有者权益总额为 2 400 万元,其中实收资本 1 000 万元,资本公积 400 万元,盈余公积 800 万元,未分配利润 200 万元。2021 年 4 月 6 日接受 F 公司投入不需要安装的设备一台并交付使用,合同约定的价值为 500 万元(与公允价值相符),增值税税额为 65 万元;按投资协议 R 公司增加实收资本 200 万元,相关法律手续已办妥。R 公司编制会计分录如下:

借:固定资产　　　　　　　　　　　　　　　　　5 000 000
　　应交税费——应交增值税(进项税额)　　　　　　650 000
　　贷:实收资本　　　　　　　　　　　　　　　　2 000 000
　　　　资本公积——资本溢价　　　　　　　　　　3 650 000

"下蛋"处长别出心裁　固定资产重复"出资"

DJ公司是国有大中型企业,其产品也曾有过近30年的畅销历史。由于"三角债"所带来的财务困难,企业的发展遇到障碍。为了分流一部分职工搞"三产",减轻企业压力,该公司在15个月内,运用假投资的方式,生出了23个下属企业。于是,DJ公司的财务处长被该厂职工称为"下蛋"大王。

这位"下蛋"处长的"高招"是:以企业现有的固定资产重复向当地工商行政管理局出具投资证明,并同时借记"长期投资",贷记"固定资产"。在获得营业执照后,将原来在账面上已冲减的固定资产再恢复原貌,以备下次继续"下蛋"时使用。

"下蛋"的后果是给新开办企业带来不实的先天性缺陷,也会给弄虚作假提供条件,因为新企业的会计在上任后需要做的账务处理就是虚借记"固定资产",虚贷记"实收资本"。

问题:本案例中所涉及违法行为主要采取了什么手段?该公司违法行为应承担哪些法律责任?

【分析提示】本案例中"下蛋"处长的行为主要运用了如下手段:虚列投资,在会记账簿中进行随意处理,同时指使新企业的会计也进行相应的所谓"会计处理",从而达到虚增资本的目的。

(2)接受投入材料物资。

【例题3-7】　乙有限责任公司于设立时收到B公司作为资本投入的原材料一批,该批原材料投资合同约定价值(不含可抵扣的增值税进项税额部分)为100 000元,增值税进项税额为13 000元。B公司已开具了增值税专用发票。假设合同约定的价值与公允价值相符,该进项税额允许抵扣。不考虑其他因素,原材料按实际成本进行日常核算。

【分析】该笔业务中,原材料的合同约定价与公允价相符,因此,可按照100 000元的金额借记"原材料"科目;同时,该进项税额允许抵扣,因此,增值税专用发票上注明的增值税税额13 000元,应借记"应交税费——应交增值税(进项税额)"科目。乙有限责任公司接受的B公司投入的原材料按合同约定金额与增值税进项税额之和作为实收资本,因此,可按113 000元的金额贷记"实收资本"科目。乙有限责任公司应编制如下会计分录:

借:原材料　　　　　　　　　　　　　　　　　　100 000
　　应交税费——应交增值税(进项税额)　　　　 13 000
　　贷:实收资本——B公司　　　　　　　　　　　113 000

(3)接受投入无形资产。

【例题3-8】　丙有限责任公司于设立时收到A公司作为资本投入的非专利技术一项,该非专利技术投资合同约定价值为60 000元;同时收到B公司作为资本投入的土地使用权一项,投资合同约定价值为80 000元。假设丙公司接受该非专利技术和土地使用权符合国家注册资本管理的有关规定,可按合同约定作为实收资本入账,合同约定的价值与公允价值相符,不考虑其他因素。

【分析】该笔业务中,非专利技术与土地使用权的合同约定价值与公允价值相符,因此,可分别按照60 000元和80 000元的金额借记"无形资产"科目。A、B公司投入的非专利技术和土地使用权按合同约定金额作为实收资本,因此可分别按60 000元和80 000元的金额贷记"实收资本"科目。丙有限责任公司应编制如下会计分录：

    借：无形资产——非专利技术   60 000
              ——土地使用权   80 000
        贷：实收资本——A公司   60 000
                  ——B公司   80 000

3）实收资本（或股本）增加业务

一般情况下，企业的实收资本应相对固定不变，但在某些特定情况下，实收资本也可能发生增减变化。《中华人民共和国企业法人登记管理条例》规定，除国家另有规定外，企业的注册资金应当与实收资本相一致，当实收资本比原注册资金增加或减少的幅度超过20%时，应持资金使用证明或者验资证明，向原登记主管机关申请变更登记，如擅自改变注册资本或抽逃资金，要受到工商行政管理部门的处罚。

一般企业增加注册资本主要有三个途径：接受投资者追加投资、资本公积转增资本或盈余公积转增资本。需要注意的是，由于资本公积和盈余公积均属于所有者权益，用其转增资本时，如果是独资企业比较简单，直接结转即可；如果是股份有限公司或有限责任公司，应该按照原投资者各自出资比例相应增加各投资者的出资额。

【例题3-9】 甲、乙、丙三人共同投资设立了A有限责任公司，原注册资金为4 000 000元，甲、乙、丙分别出资500 000元、2 000 000元和1 500 000元。因扩大经营规模需要，经批准，A有限责任公司按出资比例将资本公积1 000 000元转增资本。

【分析】该笔业务中，按照出资金额可知甲、乙、丙三个投资者在A有限责任公司注册资本中所占的份额分别为12.5%、50%和37.5%，资本公积1 000 000元应按原出资比例转增实收资本。A有限责任公司应编制如下会计分录：

    借：资本公积   1 000 000
        贷：实收资本——甲   125 000
                  ——乙   500 000
                  ——丙   375 000

经批准，A有限责任公司按原出资比例将盈余公积1 000 000元转增资本。A有限责任公司应编制如下会计分录：

    借：盈余公积   1 000 000
        贷：实收资本——甲   125 000
                  ——乙   500 000
                  ——丙   375 000

货币资金与经营

典型的资金运动通常存在于公司制企业当中。据说，在古代罗马帝国的时候就出现了公司的雏形，叫"船夫行会"。英国早期的"南海公司"，规模很大，英国王室都参与进来，买了很多股票，但是经营得不好，最后还是破产了。美国的苹果公司前CEO乔布斯，虽然没有把很多精力放在资本市场上，但是专注于产品的研发，苹果公司也就成为全球市值最大的公司。

二、融资业务

1. 融资业务应设置的账户

(1)"银行存款"账户:该账户是用来核算和监督企业存入银行或其他金融机构的各种存款增减变动及其结存情况的一个资产类账户。其账户结构为:

借方	银行存款	贷方
期初余额:		
本期增加额: 因销售商品、取得借款、接受投资等带来银行存款的增加额	本期减少额: 因购买商品、偿还借款、交纳税金、支付费用等造成银行存款的减少数额	
期末余额:反映企业实际存在银行或其他金融机构的款项		

该账户应按开户银行和其他金融机构、存款种类等分别设置银行存款日记账,有外币存款的企业应分别按人民币和各种外币设置银行存款日记账,进行明细分类核算。

(2)"短期借款"账户:该账户是用来核算和监督企业向银行或其他金融机构等借入的期限在1年以下(含1年)的各种借款的增减变动及其结存情况的一个负债类账户。其账户结构为:

资金筹集之
借入资金

借方	短期借款	贷方
本期减少额: 到期偿还的短期借款本金	期初余额: 本期增加额: 借入的短期借款本金	
	期末余额:反映企业尚未偿还的短期借款本金	

该账户应按债权人设置明细账户,并按借款种类进行明细分类核算。

需要说明的是,短期借款利息不通过该账户核算。

(3)"长期借款"账户:该账户是用来核算和监督企业向银行或其他金融机构等借入的期限在1年以上(不含1年)的各项借款的增减变动及其结存情况的一个负债类账户。其账户结构为:

借方	长期借款	贷方
本期减少额: 到期偿还的长期借款本金和利息	期初余额: 本期增加额: 借入的长期借款本金和利息	
	期末余额:反映企业尚未偿还的长期借款本金和利息	

该账户应按借款单位设置明细账户,并按借款种类进行明细分类核算。

(4)"财务费用"账户:该账户是损益类账户,用来核算企业为筹集生产经营所需资金而发生

的、应当直接计入损益的手续费、利息费等。本账户的结构如下:

借方 财务费用	贷方
本期增加额: 为筹集生产经营所需资金等而发生的费用,包括利息支出以及相关的手续费等	本期减少额: 期末,将本账户余额转至"本年利润"账户
期末一般无余额	

2.融资业务应编制的会计分录

1)短期借款业务

短期借款是企业向银行或其他金融机构等借入的期限在一年以下(含一年)的各种借款。

短期借款主要用于弥补企业临时性经营周转或季节性等原因出现的资金不足。短期借款期限较短,归还短期借款时,不仅要归还借款本金,还应支付相应的利息。企业借入的短期借款必须按合法手续借入,并按规定用途使用,在使用中必须遵守各项法律法规和财经纪律。企业发生的短期借款业务一般都需要经过批准借款、签订借款合同或协议、取得借款、计算利息、偿还借款等一系列程序。

【例题3-10】 甲股份有限公司于2021年1月1日向银行借入一笔生产经营用短期借款,共计120 000元,年利率为4%。根据与银行签订的借款协议,该项借款的本金到期后一次归还,利息按季支付。

【分析】企业从银行或其他金融机构取得短期借款时,借记"银行存款"科目,贷记"短期借款"科目。

企业借入短期借款应支付的利息:在实际工作中,如果短期借款利息是按期支付的,如按季度支付利息,或者利息是在借款到期时连同本金一起归还,并且其数额较大的,企业应采用月末预提方式进行短期借款利息的核算。短期借款利息属于筹资费用,应当于发生时直接计入当期财务费用。在资产负债表日,企业应当按照计算确定的短期借款利息费用,借记"财务费用"科目,贷记"应付利息"科目;实际支付时,借记"应付利息"科目,贷记"银行存款"科目。短期借款到期归还本金时,企业应借记"短期借款"科目,贷记"银行存款"科目。因此,该笔业务中,甲公司应编制如下会计分录:

(1)1月1日借入短期借款时:

借:银行存款　　　　　　　　　　　　　　120 000
　　贷:短期借款　　　　　　　　　　　　　　120 000

(2)1月末,计提1月份应付利息时:

借:财务费用　　　　　　　　　　　　　　400
　　贷:应付利息　　　　　　　　　　　　　　400

本月应提的利息金额=120 000×4%÷12元=400元

2月末计提2月份的利息费用处理与1月份相同。

(3)3月末,支付第一季度银行借款利息:

借:财务费用　　　　　　　　　　　　　　400
　　应付利息　　　　　　　　　　　　　　800
　　贷:银行存款　　　　　　　　　　　　　　1 200

第二、第三季度的会计处理同上。

(4)10月1日偿还银行借款本金：

借：短期借款　　　　　　　　　　　　　　　120 000
　　贷：银行存款　　　　　　　　　　　　　　120 000

如果上述借款的期限是8个月，则到期日为9月1日，8月末之前的会计处理与上述相同。9月1日偿还银行借款本金，同时支付7月和8月已提未付利息。

借：短期借款　　　　　　　　　　　　　　　120 000
　　应付利息　　　　　　　　　　　　　　　　　　800
　　贷：银行存款　　　　　　　　　　　　　　120 800

如果企业的短期借款利息是按月支付的，或者利息在短期借款到期时连同本金一起归还，但是数额不大的，可以不采用预提的方法，而在实际支付或收到银行的计息通知时，直接计入当期损益，借记"财务费用"科目，贷记"银行存款"科目。

2)长期借款业务

长期借款是指企业从银行或其他金融机构借入的期限在一年以上（不含一年）的借款。一般用于固定资产的购建、改扩建工程、大修理工程、对外投资以及保持长期经营能力等方面，是企业非流动负债的重要组成部分。

【例题3-11】　甲企业为增值税一般纳税人，于2021年11月30日从银行借入资金3 000 000元，借款期限为3年，年利率为6.9%，到期一次还本付息，不计复利。所借款项已存入银行，甲企业用该借款于当日购买不需安装的设备一台，价款2 400 000元，增值税税额312 000元，另支付保险等费用32 000元（不考虑税费），设备于当日投入使用。

【分析】该笔业务中，甲企业借入长期借款，应按实际收到的金额借记"银行存款"科目，贷记"长期借款——本金"科目。甲企业的有关会计分录如下：

(1)取得借款时：

借：银行存款　　　　　　　　　　　　　　3 000 000
　　贷：长期借款——本金　　　　　　　　　3 000 000

(2)支付设备款、保险费时：

借：固定资产　　　　　　　　　　　　　　2 432 000
　　应交税费——应交增值税（进项税额）　　312 000
　　贷：银行存款　　　　　　　　　　　　　2 744 000

3)应付债券业务

应付债券是指企业为了筹集资金向社会公开发行的，约定在一定时间内还本付息的有价证券。通常企业发行债券的期限都在一年以上，属于企业长期资金筹集方式的一种，它构成了企业的非流动负债。

【例题3-12】　B企业于2021年7月1日发行三年期、到期一次还本付息、年利率为8%、发行面值总额为30 000 000元的债券，该债券按面值发行。

【分析】企业按面值发行债券时，应按实际收到的金额，借记"银行存款"科目，按债券的票面金额，贷记"应付债券——面值"科目。B企业应编制如下会计分录：

借：银行存款　　　　　　　　　　　　　　30 000 000
　　贷：应付债券——面值　　　　　　　　　30 000 000

企业向银行借入资金后改变了原先的用途,将用于工程改造的资金用于其他临时性的资金周转,这种做法正确吗?

谁动了你的支付宝?

2012年2月13日,有一位李先生登录自己的支付宝,意外发现账户上多了几笔支出,支付宝在7分钟内被转走6笔款项,共计189元,用于Q币的购买。身在欧洲的某位女士也遭遇了同样的怪事,她的支付宝被转走13笔款项,共计500元,每次30~40元不等,均被用来购买网络游戏充值卡。2012年上半年,支付宝公司频频接到一些客户投诉,称他们的支付宝账户内资金离奇被盗。这些案件的共同特点是:每笔被盗转的资金都在100元以下,且被用于购买Q币、游戏充值卡等虚拟商品。经常网购的人们都知道,支付宝公司在2007年1月发布公告,将短信提醒服务升级,支付宝账户金额变动超过100元时,客户将收到支付宝发送的免费短信提醒,但对于100元及以下的账户金额变动不发送短信。而购买虚拟产品,正常情况下是由系统自动充值,不需要先进行收货确认再付款。因此,这种"蚂蚁搬家"式作案,支付宝的主人很难及时察觉。大家能否细数下,在这些网络诈骗中违背的会计职业道德?对于我们来说,应该如何维护网络诚信?

3.1.3 项目任务

以无锡荣昌电器有限责任公司截至2021年11月底已形成的会计信息和2021年12月份发生的经济业务为案例资料,介绍该公司2021年度会计信息的形成过程。

一、项目资料

1. 荣昌公司简介

荣昌公司基本信息如表3-1所示。

表3-1 荣昌公司基本信息

公司全称	无锡荣昌电器有限责任公司
中文简称	荣昌公司
经营范围	家用电器、环保型干洗设备、清洗机械设备、后整理设备及零配件的制造、销售及售后服务;机械加工;自营和代理各类商品及技术的进出口业务(但国家限定公司经营或禁止进出口的商品或技术除外)

续表

公司全称	无锡荣昌电器有限责任公司
公司员工数	1 800
境内会计师事务所	立信会计师事务所有限公司
法人代表	李胜天董事长
总经理	王丽珠
注册地址	无锡国家高新技术开发区新锡路 n 号
税务登记证号	略
企业所得税税率	25%
开户银行及账号	略
公司电话	略

2.荣昌公司 2021 年 11 月有关会计信息

(1)荣昌公司 2021 年 11 月底各类账户余额如表 3-2 所示。

表 3-2 荣昌公司 2021 年 11 月末各账户余额

金额单位:元

账户名称	借方余额	贷方余额
库存现金	1 600	
银行存款	8 435 500	
应收票据	50 000	
应收账款	901 000	
其他应收款	2 800	
坏账准备		2 000
在途物资	100 000	
原材料	960 000	
库存商品	799 000	
存货跌价准备		3 300
固定资产	10 000 000	
累计折旧		2 800 000
无形资产	160 000	
生产成本	80 200	
短期借款		500 000
应付账款		637 000

续表

账户名称	借方余额	贷方余额
应付职工薪酬		3 800
应交税费		120 000
应付股利		100 000
长期借款		1 000 000
实收资本		7 290 000
盈余公积		54 000
本年利润		8 860 000
未分配利润		120 000（年初）
合计	21 490 100	21 490 100

(2)荣昌公司2021年11月各损益类账户累计发生额如表3-3所示。

表3-3　荣昌公司2021年11月损益类账户累计发生额

金额单位：元

损益类账户名称	借方发生额	贷方发生额
主营业务收入		32 400 000
其他业务收入		50 000
投资收益		350 000
营业外收入		16 000
主营业务成本	17 582 000	
税金及附加	3 200 000	
其他业务成本	24 000	
销售费用	2 500 000	
管理费用	500 000	
财务费用	150 000	
所得税费用	2 215 000	

3.荣昌公司2021年11月30日的主要会计报表

(1)资产负债表(见表3-4)。

表 3-4 资产负债表

编制单位:荣昌公司　　　　　　　　2021 年 11 月 30 日　　　　　　　　金额单位:元

资产	期初余额	期末余额	负债和所有者权益（或股东权益）	期初余额	期末余额
流动资产：			流动负债：		
货币资金		8 437 100	短期借款		500 000
交易性金融资产			交易性金融负债		
应收票据		50 000	应付票据		
应收账款		899 000	应付账款		637 000
预付账款			预收账款		
应收利息			应付职工薪酬		3 800
应收股利			应交税费		120 000
其他应收款		2 800	应付利息		
存货		1 935 900	应付股利		100 000
一年内到期的非流动资产			其他应付款		
其他流动资产			一年内到期的非流动负债		
流动资产合计		11 324 800	其他流动负债		
非流动资产：			流动负债合计		1 360 800
长期应收款			非流动负债：		
长期股权投资			长期借款		1 000 000
固定资产		7 200 000	应付债券		
在建工程			长期应付款		
工程物资			其他非流动负债		
固定资产清理			非流动负债合计		1 000 000
无形资产		160 000	负债合计		2 360 800
长期待摊费用			所有者权益：		
其他非流动资产			实收资本(或股本)		7 290 000
非流动资产合计		7 360 000	资本公积		
			盈余公积		54 000
			未分配利润		8 980 000
			所有者权益合计		16 324 000
资产总计		18 684 800	权益总计		18 684 800

(2)利润表(见表3-5)。

表3-5 利润表

编制单位:荣昌公司　　　　　　　　2021年11月　　　　　　　　金额单位:元

项目	1月至11月累计金额
一、营业收入	32 450 000
减:营业成本	17 606 000
税金及附加	3 200 000
销售费用	2 500 000
管理费用	500 000
财务费用	150 000
加:投资收益(损失以"－"号填列)	350 000
二、营业利润(亏损以"－"号填列)	8 844 000
加:营业外收入	16 000
减:营业外支出	
三、利润总额	8 860 000
减:所得税费用	2 215 000
四、净利润	6 645 000

(3)现金流量表(略)。

4.荣昌公司2021年12月份发生的经济业务

①收到甲公司投入货币资金50万元,甲公司在荣昌公司注册资本中协议的份额为45万元,款项已存入银行。

②收到乙公司投入的货物运输设备,投资协议确认的价值为351 000元(不考虑税费)。

③因生产经营的临时需要,12月1日向当地建设银行借入6个月期借款200 000元,年利率为6%,到期一次还本付息。所借款项存入银行。同时核算当月的利息费用。

④向工商银行借入3年期借款900 000元,款项存入银行。

二、任务操作

(1)根据荣昌公司2021年12月份发生的筹资业务编制会计分录如下:

①借:银行存款　　　　　　　　　　　　500 000
　　贷:实收资本——甲公司　　　　　　　　450 000
　　　　资本公积——资本溢价　　　　　　　50 000

②借:固定资产——运输设备　　　　　　351 000
　　贷:实收资本——乙公司　　　　　　　　351 000

③借:银行存款　　　　　　　　　　　　200 000
　　贷:短期借款　　　　　　　　　　　　　200 000

借：财务费用　　　　　　　　　　　　　　　　　1 000
　　贷：应付利息　　　　　　　　　　　　　　　　　　1 000
　　　　　　当月利息＝200 000×6％÷12 元＝1 000 元
④借：银行存款　　　　　　　　　　　　　　　　900 000
　　贷：长期借款　　　　　　　　　　　　　　　　　　900 000

(2)根据筹资业务的会计分录登记 T 形账户如下：

借方		银行存款		贷方
期初余额	8 435 500			
①	500 000			
③	200 000			
④	900 000			
本期发生额		本期发生额		
期末余额				

借方		固定资产		贷方
期初余额	10 000 000			
②	351 000			
本期发生额		本期发生额		
期末余额				

借方		短期借款		贷方
		期初余额		500 000
		③		200 000
本期发生额		本期发生额		
		期末余额		

借方		应付利息		贷方
		期初余额		
		③		1 000
本期发生额		本期发生额		
		期末余额		

借方		长期借款		贷方
		期初余额		1 000 000
		④		900 000
本期发生额		本期发生额		
		期末余额		

借方	实收资本		贷方
	期初余额	7 290 000	
	①	450 000	
	②	351 000	
本期发生额	本期发生额		
	期末余额		

借方	资本公积		贷方
	期初余额		
	①	50 000	
本期发生额	本期发生额		
	期末余额		

借方	财务费用		贷方
③	1 000		
本期发生额	本期发生额		
	期末余额		

3.2 记录生产准备业务会计信息

【任务提示】本分项任务将引领你记录生产准备业务的会计信息。

【任务先行】生产准备阶段就是用筹集到的资金为产品生产准备必要的劳动资料和劳动对象，即购建厂房和其他建筑物、机器设备等，购买原材料，形成货币资金向固定资产资金和材料储备资金转换的资金运动。

3.2.1 生产准备业务介绍

一、购建固定资产

企业开展生产经营活动，离不开生产三要素——劳动者、劳动资料和劳动对象。固定资产是生产三要素的一个重要方面——工欲善其事，必先利其器。从资金运动的基本逻辑程序观察，筹集到资金后一般从购建固定资产（劳动资料）开始，因而现在主要是介绍劳动资料——固定资产购建业务的核算。

固定资产是指为生产产品、提供劳务、出租或经营管理而持有的，使用年限超过一年，单位价值较高的有形资产，包括企业的主要劳动资料和生产经营用的房屋、设备。固定资产应具备以下特点：

(1)具有实物形态。固定资产都是有形的、具有实体的资产，如房屋及建筑物、机器设备、运输设备等。

(2) 是经营的必要条件。固定资产中的生产性固定资产,是生产的重要因素——劳动手段,直接影响着生产的发展;固定资产中的管理用固定资产,是管理的重要工具,直接影响管理水平和企业发展。企业都非常重视对固定资产的投资、更新和改造。

(3) 长期使用。固定资产使用时间比较长,一般在一年以上;在使用过程中,通过维护和修理,能保持其应有的功能。

(4) 单项价值高。单项固定资产的价值比较高,有的企业规定,在一定限额以上才能算固定资产,限额以下为低值易耗品。

(5) 价值逐渐转移。固定资产在使用过程中的磨损价值,以折旧的形式,逐渐转移到产品成本中,通过产品销售得到补偿。

固定资产按经济用途可以分为生产经营用固定资产和非生产经营用固定资产。生产经营用固定资产是指直接服务于生产经营全过程的固定资产,如厂房、机器设备、仓库、销售场所、运输车辆等。非生产经营用固定资产是指不直接服务于生产经营,而是为了满足职工物质文化、生活福利需要的固定资产,如职工宿舍、食堂、托儿所、幼儿园、浴室、医务室、图书馆以及科研等其他方面使用的房屋、设备等固定资产。

企业取得固定资产的方式一般是外购、自行建造,也可以是投资者投入或者通过债务重组、非货币性资产交换等其他方式取得。

二、采购原材料

原材料是指企业在生产过程中经过加工改变其形态或性质,并构成产品主要实体的各种原料、主要材料和外购半成品,以及供生产耗用但不构成产品实体的辅助材料。原材料具体包括原料及主要材料、辅助材料、外购半成品、修理用备件、燃料等。原材料是制造企业必要的劳动对象。

在了解了生产准备业务的主要内容后,我们一起来记录这些业务。

3.2.2 生产准备业务会计处理

一、购建固定资产业务

企业生产经营用的机器设备主要是外购,厂房、建筑物可以采用自营或出包方式建造。

1. 设置账户

(1) "固定资产"账户:该账户是用来核算和监督固定资产原始价值增减变动及其结存情况的一个资产类账户。其账户结构为:

借方	固定资产	贷方
期初余额: 本期增加额: 按各种途径取得固定资产的成本入账,包括买价、相关税费,以及使固定资产达到预定可使用状态前所发生的可归属于该项资产的运输费、装卸费、安装费和专业人员服务费等		本期减少额: 出售、报废、毁损、投资转出等减少的固定资产的原始价值
期末余额:反映企业期末固定资产原价		

(2)"在建工程"账户:该账户专门用来记录企业进行基建、更新改造等在建工程发生的支出,包括需要安装设备的价值。购入需要安装的机器设备,首先要记入"在建工程"账户。该账户属于资产类账户,其结构如下:

借方	在建工程	贷方
期初余额: 本期增加额: 建筑工程、设备安装支出等		本期减少额: 建造竣工、安装完毕,达到预定可使用状态,转入固定资产的成本
期末余额:尚在建设安装过程中的工程成本		

2.购建固定资产业务应编制的会计分录

1)外购固定资产业务

企业外购的固定资产,应按实际支付的购买价款、相关税费,以及使固定资产达到预定可使用状态前所发生的可归属于该项资产的运输费、装卸费、安装费和专业人员服务费,作为固定资产的取得成本。

【例题 3-13】 甲公司购入一台不需要安装即可投入使用的设备,取得的增值税专用发票上注明的价款为 30 000 元,增值税税额 3 900 元,另支付包装费 700 元(不考虑税费),款项以银行存款支付。假设甲公司属于增值税一般纳税人,增值税进项税额可以在销项税额中抵扣,不纳入固定资产成本核算。

【分析】企业购入不需要安装的固定资产,应按实际支付的购买价款、相关税费以及使固定资产达到预定可使用状态前所发生的可归属于该项资产的运输费、装卸费和专业人员服务费等,作为固定资产成本,借记"固定资产"科目,贷记"银行存款"等科目。

若企业为增值税一般纳税人,则企业购进机器设备等固定资产的进项税额不纳入固定资产成本核算,可以在销项税额中抵扣,借记"应交税费——应交增值税(进项税额)"科目,贷记"银行存款"科目。甲公司应编制如下会计分录:

借:固定资产　　　　　　　　　　　　　　　　　30 700
　　应交税费——应交增值税(进项税额)　　　　 3 900
　贷:银行存款　　　　　　　　　　　　　　　　 34 600
　　　固定资产成本=买价+包装费=30 000 元+700 元=30 700 元

【例题 3-14】 甲公司为增值税一般纳税人,用银行存款购入一台需要安装的设备,增值税专用发票上注明的价款为 200 000 元,增值税税额 26 000 元,支付安装费 40 000 元(不考虑税费)。

【分析】企业购入需要安装的固定资产,应在购入的固定资产的取得成本基础上加上安装调试费等,作为购入固定资产的成本,先通过"在建工程"科目核算,待安装完毕达到预定可使用状态时,再由"在建工程"科目转入"固定资产"科目。

企业购入固定资产时,按实际支付的购买价款、运输费、装卸费和相关税费等,借记"在建工程"科目,贷记"银行存款"等科目;支付安装费时,借记"在建工程"科目,贷记"银行存款"等科目;安装完毕达到预定可使用状态时,按其实际成本,借记"固定资产"科目,贷记"在建工程"科目。甲公司应编制如下会计分录:

(1)购入需要安装的设备时:
借:在建工程 200 000
　　应交税费——应交增值税(进项税额) 26 000
　　贷:银行存款 226 000
(2)支付安装费时:
借:在建工程 40 000
　　贷:银行存款 40 000
(3)设备安装完毕交付使用时:
　　　　该设备的成本＝200 000元＋40 000元＝240 000元
借:固定资产 240 000
　　贷:在建工程 240 000

【例题 3-15】 甲公司为增值税一般纳税人,向乙公司一次购进了三台不同型号且具有不同生产能力的设备 A、B、C,增值税专用发票上注明的价款为 100 000 000 元,增值税税额 13 000 000 元,包装费 750 000 元(不考虑税费),全部以银行存款支付;假设设备 A、B、C 的公允价值分别为 45 000 000 元、38 500 000 元和 16 500 000 元;不考虑其他相关税费。

【分析】企业以一笔款项购入多项没有单独标价的固定资产,应将各项资产单独确认为固定资产,并按各项固定资产的公允价值比例对总成本进行分配,分别确定各项固定资产的成本。

(1)确定应计入固定资产成本的金额,包括买价、包装费等:
　　　　应计入固定资产总成本＝100 000 000 元＋750 000 元＝100 750 000 元
(2)确定设备 A、B、C 的价值分配比例:
　　三种设备公允价值合计＝45 000 000 元＋38 500 000 元＋16 500 000 元＝100 000 000 元
　　　　A 设备应分配的固定资产价值比例＝45 000 000/100 000 000＝45％
　　　　B 设备应分配的固定资产价值比例＝38 500 000/100 000 000＝38.5％
　　　　C 设备应分配的固定资产价值比例＝16 500 000/100 000 000＝16.5％
(3)确定 A、B、C 设备各自的成本:
　　　　A 设备的成本＝100 750 000×45％元＝45 337 500 元
　　　　B 设备的成本＝100 750 000×38.5％元＝38 788 750 元
　　　　C 设备的成本＝100 750 000×16.5％元＝16 623 750 元
(4)甲公司应编制如下会计分录:
借:固定资产——A 设备 45 337 500
　　　　　　——B 设备 38 788 750
　　　　　　——C 设备 16 623 750
　　应交税费——应交增值税(进项税额) 13 000 000
　　贷:银行存款 113 750 000

2)建造固定资产业务

企业自行建造固定资产,应当按照建造该项固定资产达到预定可使用状态前所发生的必要支出,作为固定资产成本。

自建固定资产应先通过"在建工程"科目核算,工程达到预定可使用状态时,再从"在建工程"科目转入"固定资产"科目。企业自建固定资产,有自营和出包两种方式,由于采用的建设方式不同,其会计处理也不同。

二、材料采购业务

在原材料的采购过程中,企业一方面要从供应单位购进各种材料物资,形成生产储备;另一方面要支付材料物资的价款和各种采购费用,与供应单位发生结算业务。

购买原材料1

1. 设置账户

(1)"在途物资"账户:该账户是用来记录材料采购成本的一个资产类账户。其账户结构为:

借方	在途物资	贷方
期初余额: 本期增加额: 购入材料发生的采购成本,包括采购价格和采购费用等		本期减少额: 已验收入库材料采购成本
期末余额:反映企业期末在途物资成本		

该账户应按供应单位和物资品种设置明细账,进行明细分类核算。

材料采购的成本应包括购买价款、相关税费、运输费、装卸费、保险费以及其他可归属于材料采购成本的费用。其中,材料的购买价款是指企业购入材料发票账单上列明的价款,但不包括按照规定可以扣除的增值税税额。

相关税费是指购买材料发生的进口关税、消费税、资源税和不能抵扣的增值税进项税额以及相应的教育费附加等应计入材料采购成本的税费。

其他可归属于材料采购成本的费用是指采购成本中除了上述各项以外的可归属于材料采购的费用,如在材料采购过程中发生的仓储费、包装费、运输途中的合理损耗、入库前的挑选整理费等。运输途中的合理损耗,是指商品在运输过程中,因商品性质、自然条件及技术设备等因素,所发生的自然或不可避免的损耗。例如,汽车在运输煤炭、化肥等的过程中自然散落以及易挥发产品在运输过程中的自然挥发。

为什么在采购过程中,采购人员的差旅费不计入采购成本?

(2)"应交税费"账户:该账户是用来核算和监督企业按税法规定应交纳的各种税金的增减变动及其结存情况的一个负债类账户。其账户结构为:

借方	应交税费	贷方
本期减少额： 增值税进项税额 实际交纳的各种税金等	期初余额： 本期增加额： 增值税销项税额 应交的消费税、城市维护建设税、教育费附加、所得税等	
	期末余额：反映企业期末应交未交的各种税金	

该账户应按税法规定应交的各税种设置明细账户，进行明细分类核算。

对于确定为增值税一般纳税人的企业来说，材料采购业务还涉及增值税进项税额抵扣问题。增值税是以商品（包含应税劳务、应税行为）在流转过程中作为计税依据而征收的一种流转税。按照我国现行增值税制度的规定，在我国境内销售货物或者加工、修理修配劳务，销售服务、无形资产、不动产以及进口货物的企业、单位和个人为增值税的纳税人。顾名思义，这种税就是对价值的增加额征收的。根据经营规模大小及会计核算水平的健全程度，增值税纳税人分为一般纳税人和小规模纳税人。同时，在实务中，由于增值额难以准确确定，因而采用间接方法计算，也就是企业的价值增加额，实际上是销售减去企业采购的差价，为此，税务机关就规定，会计在记录销售业务时要记录销项税，在记录采购业务时要记录进项税。期末的时候，将销项税与进项税的差额上交税务局。其计算公式为：

应交纳的增值税税额＝当期销项税额－当期进项税额

由于增值税属于价外税，当企业购进材料时，其采购成本不包括可以抵扣的增值税进项税额，销售货物收取的增值税销项税额也不构成销售收入，在会计处理上实行价、税分流处理，其分流的依据是增值税专用发票上注明的价款和税额。对于购货方，属于价款部分计入购进材料的成本，属于税额部分计入进项税额，记入"应交税费——应交增值税（进项税额）"账户的借方；对于销货方，属于价款部分计入销售收入，属于税额部分记入"应交税费——应交增值税（销项税额）"账户的贷方。

购买原材料2

（3）"原材料"账户：该账户是用来记录各种库存原材料成本的一个资产类账户。其账户结构为：

借方	原材料	贷方
期初余额： 本期增加额： 入库的各种原材料成本	本期减少额： 出库的各种原材料成本	
期末余额：反映企业期末库存各种原材料成本		

该账户应按材料的类别、品种和规格设置明细账，进行明细分类核算。

（4）"应付账款"账户：该账户是用来记录企业因购买材料、商品和接受劳务供应等而应付给供应单位款项的增减变动及其结存情况的一个负债类账户。其账户结构为：

借方	应付账款	贷方
本期减少额： 偿还因购买材料、商品和接受劳务供应所欠款项	期初余额： 本期增加额： 购买材料、商品应付而未付的款项，接受劳务供应应付而未付的款项	
	期末余额：反映企业尚未偿还的应付账款	

该账户应按供应单位设置明细账户，进行明细分类核算。

（5）"应付票据"账户：该账户是用来记录企业对外发生债务时开出并承兑的商业汇票金额增减变动及其结存情况的一个负债类账户。其账户结构为：

借方	应付票据	贷方
本期减少额： 到期支付的款项和到期未支付转入应付账款的数额	期初余额： 本期增加额： 购进材料物资时开出并承兑的商业汇票款项	
	期末余额：表示未到期的尚欠供应单位的款项	

（6）"预付账款"账户：该账户是用来记录企业按照购货合同的规定，预先以货币资金或货币等价物支付供应单位的款项的一个资产类账户。其账户结构为：

借方	预付账款	贷方
期初余额： 本期增加额： 向供应单位按合同规定提前支付的采购款	本期减少额： 购进材料物资时，按发票账单列明的价款和增值税进项税额等	
期末余额：反映企业按合同规定提前支付供应单位的款项		

该账户应按供应单位设置明细账户，进行明细核算。

ABC 公司采购甲材料，价款 20 000 元，增值税税率 13%，运输中发生运杂费 1 000 元，挑选整理费用 500 元，合理损耗 200 元，采购了 100 千克，甲材料的采购单位成本是多少呢？

2. 材料采购业务应编制的会计分录
（1）采购材料，货款已付的业务。
【例题 3-16】 甲公司购入 C 材料一批，增值税专用发票上记载的货款为 500 000 元，增值税税额65 000元,另对方代垫包装费1 000元(不考虑税费),全部款项已用转账支票付讫,材料已验收入库。

【分析】该笔业务属于发票账单与材料同时到达的采购业务,企业材料已验收入库,因此应通过"原材料"科目核算,对于增值税专用发票上注明的可抵扣的进项税额,应借记"应交税费——应交增值税(进项税额)"科目。甲公司应编制如下会计分录:

借:原材料——C材料　　　　　　　　　　　501 000
　　应交税费——应交增值税(进项税额)　　 65 000
　　贷:银行存款　　　　　　　　　　　　　566 000

【例题3-17】 甲公司采用汇兑结算方式购入F材料一批,发票及账单已收到,增值税专用发票上记载的货款为20 000元,增值税税额2 600元。支付保险费1 000元(不考虑税费),材料尚未到达。

【分析】该笔业务属于已付款,但材料尚未到达或尚未验收入库的采购业务,应通过"在途物资"科目核算材料采购成本;待材料到达入库后,再根据收料单,由"在途物资"科目转入"原材料"科目核算。甲公司应编制如下会计分录:

借:在途物资——F材料　　　　　　　　　　21 000
　　应交税费——应交增值税(进项税额)　　 2 600
　　贷:银行存款　　　　　　　　　　　　 23 600
　　　　材料采购成本=买价+保险费=20 000元+1 000元=21 000元

上述购入的F材料已收到验收入库时,甲公司应编制如下会计分录:

借:原材料——F材料　　　　　　　　　　　21 000
　　贷:在途物资——F材料　　　　　　　　21 000

【例题3-18】 L公司为增值税一般纳税人,购入乙材料5 000吨,收到增值税专用发票上注明的售价为每吨1 200元,增值税税额为780 000元。另发生运输费用,收到增值税专用发票上注明的价款为60 000元,增值税税额为5 400元(增值税税率9%),装卸费用20 000元(不考虑税费),途中保险费用18 000元(不考虑税费)。原材料运抵企业验收入库,材料价款及有关税费均以银行存款支付。

【分析】该笔业务中:
原材料的入账价值=5 000×1 200元+60 000元+20 000元+18 000元=6 098 000元
计入"应交税费——应交增值税(进项税额)"的金额=780 000元+5 400元=785 400元
L公司应编制如下会计分录:

借:原材料——乙材料　　　　　　　　　　6 098 000
　　应交税费——应交增值税(进项税额)　 785 400
　　贷:银行存款　　　　　　　　　　　　6 883 400

(2)采购材料,货款未付的业务。

【例题3-19】 2021年12月1日华地公司从外地购进A材料一批,采购发票、运费发票列明A材料为8 000千克,每千克4元,货款32 000元,增值税税率为13%,增值税税额为4 160元,运费为600元,增值税税额为54元。材料已验收入库,款项尚未支付。

【分析】该笔材料采购业务中,原材料的入账价值=32 000元+600元=32 600元;计入"应交税费——应交增值税(进项税额)"的金额=4 160元+54元=4 214元。由于价款未付,引起

负债要素中的应付账款项目增加,应记入"应付账款"账户的贷方。华地公司应编制如下会计分录:

借:原材料　　　　　　　　　　　　　　　　　　　32 600
　　应交税费——应交增值税(进项税额)　　　　　　4 214
　　贷:应付账款　　　　　　　　　　　　　　　　　36 814

【例题3-20】 甲企业为增值税一般纳税人,2021年2月26日购入原材料一批,增值税专用发票上注明的价款为60 000元,增值税税额为7 800元,月末材料尚未到达企业。该企业开出并经开户银行承兑的商业汇票一张,面值为67 800元,期限为5个月。支付银行承兑手续费105元。7月26日商业汇票到期,甲企业通知开户银行以银行存款支付票款。

【分析】企业因购买材料、商品和接受劳务供应等而开出、承兑的商业汇票,应当按票面金额作为应付票据的入账金额,借记"在途物资""原材料""库存商品""应交税费——应交增值税(进项税额)"等科目,贷记"应付票据"科目。企业因开出银行承兑汇票而支付银行的承兑手续费,应当计入当期财务费用,借记"财务费用"科目,贷记"银行存款""库存现金"科目。甲企业应编制如下会计分录:

①开出承兑商业汇票购入材料时:

借:在途物资　　　　　　　　　　　　　　　　　　60 000
　　应交税费——应交增值税(进项税额)　　　　　　7 800
　　贷:应付票据　　　　　　　　　　　　　　　　　67 800

②支付银行承兑手续费时:

借:财务费用　　　　　　　　　　　　　　　　　　　105
　　贷:银行存款　　　　　　　　　　　　　　　　　　105

③商业汇票到期承付货款时:

借:应付票据　　　　　　　　　　　　　　　　　　67 800
　　贷:银行存款　　　　　　　　　　　　　　　　　67 800

(3)采购材料,按合同规定采用预付账款结算的业务。

【例题3-21】 甲公司向乙公司采购材料5 000千克,每千克单价10元,所需支付的价款总计50 000元。按照合同规定向乙公司预付价款的50%,验收货物后补付其余款项。

【分析】企业根据合同规定向供应单位预付款项时,借记"预付账款"科目,贷记"银行存款"科目;企业收到所购物资,按应计入购货物资成本的金额,借记"在途物资"或"材料采购"或"原材料""库存商品"科目,按相应的增值税进项税额,借记"应交税费——应交增值税(进项税额)"等科目,贷记"预付账款"科目;当预付价款小于采购货物所需支付的款项时,应将不足部分补付,借记"预付账款"科目,贷记"银行存款"科目;当预付价款大于采购货物所需支付的款项时,对收回多余的款项,借记"银行存款"科目,贷记"预付账款"科目。甲公司应编制如下会计分录:

①预付50%的价款时:

借:预付账款——乙公司　　　　　　　　　　　　　25 000
　　贷:银行存款　　　　　　　　　　　　　　　　　25 000

②收到乙公司发来的5 000千克材料,验收无误,增值税专用发票上记载的价款为50 000元,增值税税额为6 500元,以银行存款补付所欠款项31 500元。甲公司应编制如下会计分录:

借:原材料　　　　　　　　　　　　　　　　　　　50 000

应交税费——应交增值税（进项税额）　　　　　6 500
　　贷：预付账款——乙公司　　　　　　　　　　　56 500
借：预付账款——乙公司　　　　　　　　　　　　31 500
　　贷：银行存款　　　　　　　　　　　　　　　　31 500

现金和银行的小故事

　　现金结算，这种方式的第一特点就是直接便利，一手交钱，一手收货，钱货两清，所以这种方式老百姓很喜欢。但它最大的问题是三个字：不安全。所以国家规定了企业现金的使用范围。另外使用现金不安全，把大量现金都留在企业也不安全，所以国家又规定了企业现金的库存限额。现在随着支付宝、微信支付的普及，现金使用得确实越来越少了。古代人其实早就知道，现金放在家里是不安全的，古希腊的时候，存钱的地方是在神殿，这个地方一是安全，二是有能力保护钱。随着时间的流逝，希腊被罗马征服了，在战争中，基督教中圣殿骑士团十分勇猛，从耶路撒冷抢了好多财富，于是他们成了欧洲人的英雄。国王和贵族们纷纷把钱都放在骑士团手中，并且由于骑士团经营得当，财富巨大，很多的国王都成了骑士团的债务人，但是后来法国的菲利普国王因为欠了很多钱，就做了一件不讲信用的事情——把骑士团灭了，并且占据了骑士团的所有财产。真正的银行是诞生在意大利地区，他们放高利贷，发行银行票据，逐渐地建立了银行准备金制度。

3.2.3　项目任务

一、项目资料

　　接 3.1.3 项目任务，荣昌公司 2021 年 12 月份发生了以下经济业务（续）：
　　⑤购入小汽车一辆，价款 80 000 元，增值税税额 10 400 元，价税款均用银行存款付讫。
　　⑥购入需要安装的设备一台，货款 20 000 元，增值税税额 2 600 元，均用银行存款付讫，另用现金支付运杂费 200 元（不考虑税费）。
　　⑦安装上述设备耗用材料一批，价值 450 元，另外支付安装人员工资 200 元，现金付讫。
　　⑧上述生产设备安装完毕，投入使用。
　　⑨向海通公司购入 A 材料 2 000 千克，单价 150 元/千克，价款 300 000 元，增值税 39 000 元，均用银行存款付讫。
　　⑩向通达公司购入 B 材料 1 000 千克，单价 700 元/千克，价款 700 000 元，增值税 91 000 元，价税款尚未支付。
　　⑪通过银行支付上述 B 材料外地运杂费 8 000 元（不考虑税费）。
　　⑫按照合同规定向外地供应单位大明公司预付购料款 800 000 元。
　　⑬收到大明公司开出的增值税专用发票，以及提货通知。向大明公司购买的 C 材料和 D 材料已交由运输部门运输。从大明公司取得的购料发票、账单等所列有关资料如表 3-6 所示。

表 3-6　荣昌公司从大明公司购入材料明细表

材料名称	数量/千克	单价/(元/千克)	价款/元	增值税/元	运杂费/元（不考虑税费）
C 材料	580	1 200	696 000	90 480	60 000
D 材料	420	1 000	420 000	54 600	
合计	1 000	—	1 116 000	145 080	60 000

⑭向大明公司补付购买 C、D 材料的余款。

⑮上月末在途物资 E 材料（数量 500 千克，实际成本 100 000 元）及本月所购 B、C、D 材料已验收入库，编制本月材料采购成本计算表并据以结转入库材料实际采购成本。

二、任务操作

(1)根据荣昌公司 2021 年 12 月份发生的生产准备业务编制会计分录如下：

⑤借：固定资产——小轿车　　　　　　　　　　　80 000
　　　应交税费——应交增值税(进项税额)　　　 10 400
　　　贷：银行存款　　　　　　　　　　　　　　90 400

⑥借：在建工程　　　　　　　　　　　　　　　　20 200
　　　应交税费——应交增值税(进项税额)　　　 2 600
　　　贷：银行存款　　　　　　　　　　　　　　22 600
　　　　　库存现金　　　　　　　　　　　　　　200

⑦借：在建工程　　　　　　　　　　　　　　　　650
　　　贷：原材料　　　　　　　　　　　　　　　450
　　　　　库存现金　　　　　　　　　　　　　　200

⑧借：固定资产——设备　　　　　　　　　　　　20 850
　　　贷：在建工程　　　　　　　　　　　　　　20 850

⑨借：在途物资——A 材料　　　　　　　　　　　300 000
　　　应交税费——应交增值税(进项税额)　　　 39 000
　　　贷：银行存款　　　　　　　　　　　　　　339 000

⑩借：在途物资——B 材料　　　　　　　　　　　700 000
　　　应交税费——应交增值税(进项税额)　　　 91 000
　　　贷：应付账款——通达公司　　　　　　　　791 000

⑪借：在途物资——B 材料　　　　　　　　　　　8 000
　　　贷：银行存款　　　　　　　　　　　　　　8 000

⑫借：预付账款——大明公司　　　　　　　　　　800 000
　　　贷：银行存款　　　　　　　　　　　　　　800 000

⑬借：在途物资——C 材料　　　　　　　　　　　730 800
　　　　　　　　——D 材料　　　　　　　　　　 445 200
　　　应交税费——应交增值税(进项税额)　　　 145 080
　　　贷：预付账款——大明公司　　　　　　　　1 321 080

在材料采购过程中,购买一种材料发生的买价和采购费用构成了该种材料的实际采购成本,而当购买两种或两种以上材料,共同发生一笔采购费用时,就需要将这笔共同费用按照一定标准分配,分别计算各种材料的采购成本。共同费用的分配标准,可以选择采购材料的重量、体积、买价等。本例假设按重量比例分配。

运杂费分配率＝应分配的运杂费÷购进C、D材料总数量＝60 000÷1 000元/千克＝60元/千克

C材料应分摊的运杂费＝运杂费分配率×购进C材料数量
＝60×580元＝34 800元

D材料应分摊的运杂费＝运杂费分配率×购进D材料数量
＝60×420元＝25 200元

上述运杂费分配的计算亦可通过编制运杂费分配表进行,如表3-7所示。

表3-7 荣昌公司运杂费分配表

2021年12月××日

材料名称	分配标准(重量)	分配率/(元/千克)	分配金额/元
C材料	580		34 800
D材料	420		25 200
合计	1 000	60	60 000

C材料的采购成本＝696 000元＋34 800元＝730 800元

D材料的采购成本＝420 000元＋25 200元＝445 200元

⑭借:预付账款——大明公司　　　　　　　521 080
　　贷:银行存款　　　　　　　　　　　　　521 080

⑮荣昌公司材料采购成本计算表如表3-8所示。

表3-8 荣昌公司材料采购成本计算表

2021年12月31日　　　　　　　　　　　　　　　　　金额单位:元

材料名称	数量	计量单位	买价	运杂费	总成本	单位成本
B材料	1 000	千克	700 000	8 000	708 000	708
C材料	580	千克	696 000	34 800	730 800	1 260
D材料	420	千克	420 000	25 200	445 200	1 060
E材料	500	千克	100 000		100 000	200
合计	—	—	1 916 000	68 000	1 984 000	—

复核:吴林　　　　　　　　　　　　　　　　　　　　　　　　制表:于海

根据材料采购成本计算表编制以下会计分录:
借:原材料——B材料　　　　　　　708 000
　　　　——C材料　　　　　　　730 800
　　　　——D材料　　　　　　　445 200
　　　　——E材料　　　　　　　100 000

```
    贷:在途物资——B材料              708 000
           ——C材料              730 800
           ——D材料              445 200
           ——E材料              100 000
```

(2)根据生产准备业务的会计分录登记T形账户如下:

借方		库存现金		贷方
期初余额	1 600			
		⑥		200
		⑦		200
本期发生额		本期发生额		
期末余额				

借方		银行存款		贷方
期初余额	8 435 500			
①	500 000	⑤		90 400
③	200 000	⑥		22 600
④	900 000	⑨		339 000
		⑪		8 000
		⑫		800 000
		⑭		521 080
本期发生额		本期发生额		
期末余额				

借方		在途物资		贷方
期初余额	100 000			
⑨	300 000	⑮		1 984 000
⑩	700 000			
⑪	8 000			
⑬	1 176 000			
本期发生额		本期发生额		
期末余额				

借方		原材料		贷方
期初余额	960 000			
⑮	1 984 000	⑦		450
本期发生额		本期发生额		
期末余额				

借方		在建工程		贷方
期初余额				
⑥	20 200	⑧		20 850
⑦	650			
本期发生额		本期发生额		
期末余额				

借方		固定资产		贷方
期初余额	10 000 000			
②	351 000			
⑤	80 000			
⑧	20 850			
本期发生额		本期发生额		
期末余额				

借方		应付账款		贷方
		期初余额		637 000
		⑩		791 000
本期发生额		本期发生额		
		期末余额		

借方		预付账款		贷方
期初余额				
⑫	800 000	⑬		1 321 080
⑭	521 080			
本期发生额		本期发生额		
期末余额				

借方		应交税费		贷方
		期初余额		120 000
⑤	10 400			
⑥	2 600			
⑨	39 000			
⑩	91 000			
⑬	145 080			
本期发生额		本期发生额		
		期末余额		

注册 8 家公司　虚开增值税专用发票

2021年1月呼和浩特市武川县公安局在侦办涉两卡线索中发现涉案人员于某某、张某和贾某某3人利用赛罕区注册的两家公司虚开增值税专用发票并进行买卖。通过侦查发现,这3名犯罪嫌疑人在当地共注册了8家空壳公司,几乎都没有任何业务往来,却通过支付手续费取得大量增值税专用发票。还有一部分增值税发票已经从税务局领出,但没有进行买卖又全部退回税务局。在进一步的调查工作中,警方发现,3人分工明确,分别负责注册公司、购买增值税发票、出售增值税发票获利。在掌握3人大量作案证据后,警方对3人依法刑事拘留,并扣押了其中两家公司虚开的增值税专用发票。涉案金额700余万元。

虚开发票的行为对社会的危害是很大的,会造成国家税款的损失,破坏国家公平健康的营商环境,因此必须要严令禁止,杜绝其发生。

3.3　记录简单生产业务会计信息

【任务提示】本分项任务将引领你记录产品生产业务的会计信息。

【任务先行】制造企业是专门从事产品生产的企业,其生产目的是向社会提供各类产品,满足人们生活和各方面消费的需求,同时从中获取利润,为国家提供积累。制造企业在生产要素齐备后,企业员工将材料投放生产车间,借助于劳动资料对劳动对象进行加工,并通过支付员工工资、其他生产费用以及计提固定资产折旧,形成材料储备资金、货币资金、固定资产资金向生产资金(在产品)转换的资金运动;当产品生产完工验收入库时,又形成生产资金向成品资金转换的资金运动。

制造业产品的生产过程,同时也是生产的耗费过程。企业在生产经营活动中,会发生各种耗费,如原材料、燃料、动力、机器设备的耗费,还要支付职工的劳动报酬以及各项经营管理费用等。

3.3.1　生产业务介绍

如前所述,产品的生产过程同时也是物化劳动(原材料、机器设备)以及活劳动耗费的过程。费用的归集和分配、计算产品的生产成本是产品生产业务核算的主要内容。为便于理解,先将费用的内容做如下说明。

一、生产费用和产品成本

费用是指企业日常活动中发生的、会导致所有者权益减少、与向所有者分配利润无关的经济利益的总流出。

费用有广义和狭义之分,在成本会计中,费用是指狭义的费用。它是指企业生产经营过程中发生的各种费用支出,也称生产经营费用。按其与产品生产的关系可分为生产费用、期间费用等。

生产费用是指一定时期内企业产品制造过程中发生的各项耗费,如企业为生产产品而消耗的材料费用、应付生产工人职工薪酬、车间为组织产品生产而发生的制造费用等。生产费用发生时,直接或间接计入产品成本。

产品成本是为生产某种产品而发生的各种耗费的总和,是对象化的费用。

产品成本与生产费用有着密切的联系,生产费用的对象化就是产品成本,即某一产品所负担的生产费用就是该种产品的生产成本,二者在经济内容上完全一致,都是以货币形式表现的折旧费、材料费、人工费等物化劳动和活劳动的耗费。但生产费用与产品成本也有很大区别,具体表现在:费用涵盖范围较宽,包括企业生产各种产品发生的各种耗费,既有当期的,也有以前期间发生的费用;既有甲产品的,也有乙产品、丙产品等其他产品的费用;既有完工产品的,也有未完工产品的费用。费用着重于按会计期间进行归集,一般以生产过程中取得的各种原始凭证为计算依据;而产品成本只包括为生产一定种类和一定数量的完工产品的费用,不包括未完工产品的生产费用和其他费用。费用着重于按产品进行归集,一般以成本计算单或成本汇总表及产品入库单等为计算依据;产品成本是费用总额的一部分,不包括期间费用和期末未完工产品的费用等。

二、期间费用

制造业除发生上述生产费用外,企业在经营活动过程中还要发生管理费用、销售费用和财务费用。这些费用由于不能较合理准确地归属于某个特定产品,所以会计制度规定这些费用不能计入产品成本,而应在发生时直接计入当期损益,这些费用统称为期间费用。

①管理费用:是指企业为组织和管理企业生产经营所发生的各种费用,包括企业董事会和行政管理部门在企业的经营管理中发生的,或者应由企业统一负担的公司经费(包括行政管理部门职工工资、修理费、物料消耗、办公费和差旅费等)、董事会会费(包括董事会成员津贴、会议费和差旅费等)、聘请中介机构费、咨询费(含顾问费)、诉讼费、业务招待费、车船使用税、土地使用税、印花税、技术转让费、研究与开发费、排污费等。

②销售费用:是指企业销售过程中发生的费用,包括运输费、装卸费、包装费、保险费、展览费和广告费,以及为销售本企业产品而专设的销售机构(含销售网点、售后服务网点等)的职工工资及福利费、类似工资性质的费用、业务费等经营费用。

③财务费用:是指企业为筹集生产经营所需资金等而发生的费用,包括利息支出(减利息收入)、汇兑损失(减汇兑收益)以及相关的手续费等。

生产经营费用与成本的关系如图3-2所示。

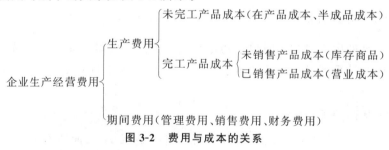

图3-2 费用与成本的关系

3.3.2 产品生产业务的会计处理

1. 设置账户

(1)"生产成本"账户:该账户是用来核算和监督企业进行工业性生产,包括生产各种产品

(包括产成品、自制半成品、提供劳务等)、自制材料、自制工具等所发生的各项生产费用的一个成本类账户。其账户结构为：

借方	生产成本	贷方
期初余额： 本期增加额： 为生产各种产品等而发生的直接材料、直接人工费用和期末分配转入的制造费用	本期减少额： 转出的各种完工产品成本	
期末余额：反映企业期末尚未加工完成的各项在产品的成本		

该账户一般应按各种产品分别设置明细账户，并按成本项目设置专栏进行明细核算。由于该账户期末一般有借方余额，表示在产品成本，而在产品又属于存货的内容，是资产的重要组成部分，所以"生产成本"账户又属于资产类账户。

(2)"制造费用"账户：该账户是用来核算和监督企业为生产产品和提供劳务而发生的各项间接费用的一个成本类账户。其账户结构为：

借方	制造费用	贷方
本期增加额： 为生产各种产品等而发生的各项制造费用，包括： ①车间管理人员工资 ②办公费 ③固定资产折旧 ④修理费 ⑤水电费 ⑥机物料消耗 ⑦劳动保护费等	本期减少额： 期末分配转出本期发生的全部制造费用	
期末一般无余额		

该账户应按不同的车间和部门设置明细账户，并按费用项目设置专栏进行明细核算。

(3)"管理费用"账户：该账户是用来核算和监督企业为组织和管理企业生产经营而发生的各项管理费用的一个损益类账户。其账户结构为：

借方	管理费用	贷方
本期增加额： 为组织和管理企业生产经营而发生的各项管理费用，包括行政管理部门人员工资、固定资产折旧、修理费、办公费、差旅费、业务招待费等	本期减少额： 期末，将本账户余额转至"本年利润"账户	
期末一般无余额		

该账户应按费用项目设置明细账户，进行明细核算。

(4)"应付职工薪酬"账户：该账户是用来核算和监督企业应付给职工的劳动报酬以及其他相关支出总额增减变动的一个负债类账户。其账户结构为：

借方	应付职工薪酬	贷方
本期减少额： 实际支付给职工的报酬总额	本期增加额： 结算本期应付职工报酬总额	
期末一般无余额		

该账户应按规定设置明细账户，进行明细核算。

职工薪酬包括：职工工资、奖金、津贴和补贴；医疗保险费、养老保险费、失业保险费、工伤保险费和生育保险费等社会保险费；住房公积金；工会经费和职工教育经费；非货币性福利；因解除职工劳动关系给予的补偿；其他与获得职工提供的服务相关的支出。

（5）"库存商品"账户：产品生产完工入库后，需要反映库存产品的增加，日后因销售还需反映库存产品的减少，为此应设置和使用"库存商品"账户。该账户一般是用来核算和监督企业已经完成全部生产过程并已验收入库，合乎标准规格和技术条件，可以按照合同规定的条件送交订货单位，或者可以作为商品对外销售的产品的增减变动及其结存情况的一个资产类账户。其账户结构为：

借方	库存商品	贷方
期初余额： 本期增加额： 完工入库产成品成本	本期减少额： 转出已销的产成品成本	
期末余额：反映企业期末产成品的成本		

一碗面的成本怎么算
（材料费的核算）

该账户一般应按各种产品分别设置明细账户，进行明细核算。

2.产品生产业务应编制的会计分录

产品生产过程，就是产品成本的计算过程，即生产费用归集和分配过程。

1）材料费用归集的会计处理

材料是指直接用于制造产品并构成产品的实体，或有助于产品形成但不构成产品实体的物资。企业在生产中耗费的材料按受益的对象，有三个去处：生产车间领用，直接用来生产产品；车间领用，同时用于数个产品生产；管理部门、销售部门领用的零星耗费。

【例题3-22】 某企业基本车间本月甲、乙产品单独耗用材料9 000元和7 000元。

【分析】该笔经济业务的发生，引起企业费用要素和资产要素发生变化。一方面，使费用要素中的生产成本项目增加，应记入"生产成本"账户的借方；另一方面，引起资产要素中的原材料项目减少，应记入"原材料"账户的贷方。编制如下会计分录：

　　借：生产成本——甲产品　　　　　　　　　9 000
　　　　　　　　——乙产品　　　　　　　　　7 000
　　　　贷：原材料　　　　　　　　　　　　　16 000

【例题3-23】 某企业基本车间本月生产甲、乙产品共同耗用A材料4 800千克，单价10元/千克，两种产品产量分别为100件、200件，消耗定额分别为30千克/件和10千克/件。

【分析】该笔业务中，车间领用 A 材料同时用于甲、乙两种产品的生产，需要在甲、乙两种产品之间分配各自负担的材料费用：

甲、乙产品共同消耗 A 材料费用额＝4 800×10 元＝48 000 元

甲产品材料定额消耗量＝30×100 千克＝3 000 千克

乙产品材料定额消耗量＝10×200 千克＝2 000 千克

A 材料费用的分配率＝48 000÷(3 000＋2 000)元/千克＝9.6 元/千克

甲产品应分配的材料费＝9.6×3 000 元＝28 800 元

乙产品应分配的材料费＝9.6×2 000 元＝19 200 元

编制如下会计分录：

借：生产成本——甲产品　　　　　　　　　　28 800
　　　　　　——乙产品　　　　　　　　　　19 200
　　贷：原材料　　　　　　　　　　　　　　　　48 000

【例题 3-24】 某企业本月生产甲、乙产品过程中，车间一般耗用原材料 2 000 元，管理部门耗用 1 200 元。

【分析】车间领用原材料同时用于数个产品生产，行政管理部门领用原材料用于零星耗费。车间机物料消耗领用原材料是为车间生产产品服务的，属间接生产费用；行政管理部门领用原材料是为组织和管理整个的生产经营服务的，属期间费用。因此该笔经济业务的发生，引起企业费用要素和资产要素发生变化。一方面，使费用要素中的制造费用和管理费用项目增加，应记入"制造费用"账户和"管理费用"账户的借方；另一方面，引起资产要素中的原材料项目减少，应记入"原材料"账户的贷方。编制如下会计分录：

借：制造费用　　　　　　　　2 000
　　管理费用　　　　　　　　1 200
　　贷：原材料　　　　　　　　　3 200

2）职工薪酬费用归集的会计处理

职工薪酬是企业在生产产品或提供劳务活动过程中所发生的各种直接和间接人工费用的总和。一般按车间、部门分别填制，是职工薪酬

一碗面的成本怎么算
（人工费的核算）

分配的依据。直接进行产品生产的生产工人的职工薪酬，直接计入产品成本的"直接人工"成本项目，不能直接计入产品成本的职工薪酬，按工时、产品产量、产值比例等方式进行合理分配，计入各有关产品成本的"直接人工"项目。

【例题 3-25】 某企业生产甲产品工人薪酬共计 30 000 元，生产乙产品工人薪酬 25 000 元，车间管理人员薪酬 6 000 元，销售人员薪酬 12 000 元，行政管理人员薪酬 8 000 元。

【分析】该笔经济业务表示企业在产品生产和经营管理过程中发生了活劳动的消耗，引起企业费用要素和负债要素发生变化。一方面，使费用要素中的生产成本、制造费用和管理费用项目分别增加，按不同用途，分别记入"生产成本""制造费用""管理费用"账户的借方；另一方面，引起负债要素中的应付职工薪酬项目增加，应记入"应付职工薪酬"账户的贷方。编制如下会计分录：

借：生产成本——甲产品　　　　　　　　　　30 000
　　　　　　——乙产品　　　　　　　　　　25 000

制造费用	6 000
销售费用	12 000
管理费用	8 000
贷：应付职工薪酬	81 000

【例题 3-26】 乙企业基本生产车间生产 A、B 两种产品，共支付生产工人职工薪酬 27 000 元，按生产工时比例分配，A 产品的生产工时为 500 小时，B 产品的生产工时为 400 小时。

【分析】 该笔业务发生的职工薪酬是乙企业为生产 A、B 两种产品共同发生的，不能直接计入某种产品成本，需要按工时比例在 A、B 两种产品之间进行分配，计入 A、B 产品成本的"直接人工"项目。

生产工资费用分配率＝27 000÷(500＋400)元/时＝30 元/时

A 产品应分配的职工薪酬＝500×30 元＝15 000 元

B 产品应分配的职工薪酬＝400×30 元＝12 000 元

编制如下会计分录：

借：生产成本——A 产品	15 000
——B 产品	12 000
贷：应付职工薪酬	27 000

3）固定资产折旧的会计处理

(1)折旧的意义。

固定资产折旧是指企业的固定资产在生产过程中由于使用、自然作用以及技术进步等原因，逐渐地损耗而转移到产品成本或当期损益中的那部分价值。固定资产折旧费是企业生产经营过程中发生的费用，将随着产品的销售和取得收入而获得补偿。

固定资产折旧计入生产成本的过程，即随着固定资产价值的转移，以折旧的形式在产品的销售收入中得到补偿并转化为货币资金的过程。

从本质上讲，折旧亦是一种费用，只不过这一费用没有在计提期间付出实实在在的支出，而这种支出的收益在资产投入使用后的有效使用期内实现，所以计提折旧是必要的。

(2)折旧的方法。

会计上要想准确核算固定资产的折旧额，必须解决的首要问题就是使用寿命的估计和预计残值的确定。从理论上讲，只有等到固定资产的寿命结束时，才能准确计算上述两项的数值。但这样一来，核算的会计信息就成为过时的信息，对使用者而言毫无意义，故必须要事先进行人为估计。

在会计学学习的初级阶段，我们对固定资产折旧采用平均年限法，即：

年折旧额＝(固定资产原值－预计净残值)÷估计使用年限

月折旧额＝年折旧额÷12

年折旧率＝年折旧额÷固定资产原价

例如，某厂房原值 200 万元，预计净残值 20 万元，预计使用 20 年，则：

年折旧额＝(200－20)÷20 万元＝9 万元

年折旧率＝9÷200×100％＝4.5％

当折旧费发生后,是不是意味着现金流出去了呢?

(3)折旧的会计处理。

计提固定资产折旧费用,该笔经济业务发生后,引起资产要素和费用要素发生变化。一方面,引起费用要素中的生产费用项目增加,按固定资产用途不同,应分别记入"制造费用"和"管理费用"两个账户的借方;另一方面,计提折旧费用引起资产要素中的固定资产价值减少,但为了反映固定资产的原始价值指标,以满足管理上的特殊需要,对于因折旧而减少的固定资产价值,不直接记入"固定资产"账户的贷方,在核算上,专门设置一个调整账户,用来反映因固定资产发生折旧而减少的价值,这个账户就是"累计折旧"账户。"累计折旧"的增加,意味着固定资产价值的减少,所以,对因计提折旧而减少的固定资产价值,应记入"累计折旧"账户的贷方。

机器的折旧费算面的成本

借方	累计折旧	贷方
	期初余额:	
本期减少额:	本期增加额:	
注销减少的固定资产已提折旧	按规定方法计算提取的折旧	
	期末余额:反映企业已经累计提取的折旧额	

该账户只进行总分类核算,不进行明细分类核算。

企业计提折旧时应编制如下会计分录:

借:制造费用　　　　　　　(车间用固定资产折旧费)
　　销售费用　　　　　　　(销售部门用固定资产折旧费)
　　管理费用　　　　　　　(管理部门用固定资产折旧费)
　贷:累计折旧

【例题 3-27】 月末,甲企业按规定计算提取本月固定资产折旧费 52 000 元,其中:车间用固定资产折旧费 38 000 元,行政管理部门用固定资产折旧费 14 000 元。应编制如下会计分录:

借:制造费用　　　　　　38 000
　　管理费用　　　　　　14 000
　贷:累计折旧　　　　　　　52 000

4)其他费用归集的会计处理

这里的"其他费用"包括外购动力费用、水电费、办公费、差旅费等。

制造费用:水电

这些费用通常是用银行存款或现金直接支付,应该在费用发生时,按照费用发生的车间、部门和用途,分别记入"制造费用""管理费用"账户的借方,同时记入"银行存款""库存现金"账户的贷方。

【例题 3-28】 甲企业 2021 年 3 月份车间机器设备日常修理费 3 000 元,用银行存款支付。应编制如下会计分录:

  借:管理费用   3 000
    贷:银行存款   3 000

【例题 3-29】 甲企业 2021 年 12 月其他费用包括办公费、水电费、差旅费、误餐费、邮电费等费用,明细如表 3-9 所示,用银行存款一次性支付。

表 3-9 甲企业 2021 年 12 月份其他费用明细

单位:元

车间部门	办公费	水电费	差旅费	其他	合计
基本生产车间	600	500		260	1 360
销售部门	400	400		220	1 020
行政管理部门	500	200	3 000		3 700
合计	1 500	1 100	3 000	480	6 080

应编制如下会计分录:

  借:制造费用   1 360
    销售费用   1 020
    管理费用   3 700
    贷:银行存款   6 080

【例题 3-30】 甲企业行政管理部门员工王磊出差,预借差旅费 2 000 元,以现金支付。

【分析】 为满足企业内部单位在日常经营活动中某些零星开支的需要,以及采购员或其他员工赴外地采购材料、开会、学习、洽谈业务等需要的差旅款,由企业预先付给备用款项,待使用后再凭有关凭证办理报销,这种备作零星开支、备作员工差旅款及零星采购的款项,一般称为备用金或业务周转金。备用金的核算应通过"其他应收款"账户进行。

该笔经济业务的发生,引起资产要素内部项目之间发生此增彼减的变化。一方面,引起资产要素内部其他应收款项目增加,应记入"其他应收款"账户的借方;另一方面,引起资产要素库存现金的减少,应记入"库存现金"账户的贷方。编制如下会计分录:

  借:其他应收款——王磊   2 000
    贷:库存现金   2 000

【例题 3-31】 王磊出差回来后,报销差旅费 1 800 元,交回现金 200 元,结清前借款项。

【分析】 该笔经济业务的发生,引起费用、资产要素项目发生变化。一方面,报销差旅费 1 800 元引起管理费用的增加,应记入"管理费用"账户的借方,交回现金 200 元应记入"库存现金"账户的借方;另一方面,应冲减资产要素其他应收款,记入"其他应收款"账户的贷方。应编制如下会计分录:

  借:管理费用   1 800
    库存现金   200
    贷:其他应收款——王磊   2 000

5) 分配并结转本期制造费用

制造费用是指企业的生产部门或车间为组织和管理生产所发生的间接费用。制造费用是产品生产成本的组成部分,平时发生的制造费用因无法分清应由哪种产品负担,因此直接归集在"制造费用"账户的借方,期末时,再将本期"制造费用"账户借方所归集的制造费用总额,按照一定的标准(如生产工人工资比例、生产工人工时比例或机器工时比例),采用一定的分配方法,在各种产品之间进行分配,计算出某种产品应负担的制造费用,然后,再从"制造费用"账户贷方转入"生产成本"账户的借方。

制造费用分配率＝制造费用总额÷生产工时或工人工资或机器工时

各种产品应分配的制造费用＝该产品的生产工时或工人工资或机器工时×制造费用分配率

应编制如下会计分录：

借：生产成本
　　贷：制造费用

有企业将原属于管理费用的项目计入了制造费用,这会造成什么结果？会对企业的核算产生什么影响？

【例题 3-32】 假定甲工业企业 2021 年 5 月份基本生产车间甲产品机器工时为 30 000 小时,乙产品机器工时为 15 000 小时,本月共发生制造费用 90 000 元。

【分析】 按题意,该企业为生产甲、乙两种产品发生的制造费用为 90 000 元(已归集在"制造费用"账户的借方),应该按机器工时比例分配,计算出甲、乙两种产品各自应负担的制造费用。

制造费用分配率＝90 000÷(30 000＋15 000)元/时＝2 元/时

甲产品应负担的制造费用＝30 000×2 元＝60 000 元

乙产品应负担的制造费用＝15 000×2 元＝30 000 元

计算结果如表 3-10 所示。

表 3-10　制造费用计算表

2021 年 5 月

应借科目	机器工时/时	分配率/(元/时)	分配金额/元
生产成本——甲产品	30 000	90 000÷(30 000＋15 000)＝2	60 000
生产成本——乙产品	15 000		30 000
合计	45 000		90 000

根据表3-10编制如下会计分录：

借：生产成本——甲产品　　　　　　　　　　　60 000
　　　　　　——乙产品　　　　　　　　　　　30 000
　　贷：制造费用　　　　　　　　　　　　　　　　　90 000

6）计算并结转完工产品成本

经过上述要素费用的归集和分配，已将应计入本月各种产品成本的费用在"生产成本"账户和所属各种产品成本明细账的各个成本项目中进行了登记，将这些费用加月初在产品成本，在本月完工产品和月末在产品之间进行分配，就可算出各种完工产品成本和月末在产品成本。月初在产品成本、本月生产费用、本月完工产品成本和月末在产品成本四者之间的关系用公式表示为：

月初在产品成本＋本月生产费用＝本月完工产品成本＋月末在产品成本

或　　　　本月完工产品成本＝月初在产品成本＋本月生产费用－月末在产品成本

以上关系式表明：如果产品已经全部完工，产品成本明细账中归集的月初在产品成本与本月生产费用之和，就是该种完工产品的成本；如果产品全部没有完工，产品成本明细账中归集的月初在产品成本与本月生产费用之和，就是该种产品月末在产品的成本；如果月末既有完工产品又有在产品，则产品成本明细账中归集的月初在产品成本与本月生产费用之和，应在本月完工产品和月末在产品之间采用适当的方法进行分配。

对于完工产品成本的结转，应编制如下会计分录：

借：库存商品
　　贷：生产成本

【例题3-33】　甲公司2021年12月生产甲产品1 000台，总成本150 000元，乙产品600台，总成本120 000元，月末全部生产完工并验收入库，结转完工产品成本。

【分析】该笔经济业务的发生，引起资产和费用要素发生变化。一方面，引起资产要素中的库存商品项目增加270 000元（其中甲产品150 000元，乙产品120 000元），应记入"库存商品"账户的借方；另一方面，引起费用要素中的生产成本项目减少了270 000元（其中甲产品150 000元，乙产品120 000元），应记入"生产成本"账户的贷方。编制如下会计分录：

借：库存商品——甲产品　　　　　　　　　　　150 000
　　　　　　——乙产品　　　　　　　　　　　120 000
　　贷：生产成本——甲产品　　　　　　　　　　　150 000
　　　　　　——乙产品　　　　　　　　　　　120 000

产品成本应按实际结转，但有些企业如果少结转或多结转成本，会有什么后果？

成本小传

自从卢卡先生发明了复式记账法,在荷兰,图书出版商为了控制图书成本,分别记录每种图书所消耗的纸张、油墨、人工等支出,并根据支出总额除以图书数量,进而计算图书的单位成本。这种核算记录,被大多数会计史学家认为是成本会计的起源。

到了20世纪初期,工业革命发展迅速,企业竞争加剧,美国的泰勒先生提出了科学管理的理论,对生产员工的动作行为进行分析,要求员工进行生产时采用标准动作,尽量避免无效的动作,规定了每个标准动作需要的工时,进而形成标准工资制。并且,对每件产品所消耗的材料数量进行规定,制定标准材料消耗等。然后,用标准成本和实际成本进行对比,分析形成差异的原因,采取改进措施,降低成本,这就是标准成本法。20世纪中期以后,日本丰田公司为了扩大在美国的销售额,依据市场需求价格,减去利润,倒推目标成本,形成了目标成本法。再后来,人们对产品和服务的需求越来越多样化,企业竞争手段也更加多样化,英国和美国的会计学者提出了战略成本管理法。

3.3.3 项目任务

一、项目资料

接3.2.3项目任务,荣昌公司2021年12月份发生了以下经济业务(续):

⑯公司本月生产经营耗用原材料数额及具体用途汇总资料如表3-11所示。

表3-11 荣昌公司原材料耗用汇总表

2021年12月31日　　　　　　　　　　　　　　　　　　金额单位:元

受益产品或部门	A材料	B材料	C材料	D材料	E材料	金额合计
生产甲产品耗用	300 000	50 000	250 000			600 000
生产乙产品耗用	350 000	300 000	250 000			900 000
车间机物料消耗			50 000	110 000	53 000	213 000
行政管理部门消耗				110 000	8 900	118 900
合计	650 000	350 000	550 000	220 000	61 900	1 831 900

复核(签章)　　　　　　　　　　　　　　　　　　　　　　　　　　　　制表(签章)

⑰领用A材料共计4 000元,其中车间一般性机物料消耗3 000元,车间固定资产日常修理1 000元。

⑱结算本月应付职工工资1 050 000元,并按14%提取福利费。其数额和用途如表3-12所示。

表3-12 荣昌公司职工工资、福利费分配汇总表

2021年12月31日　　　　　　　　　　　　　　　　　　金额单位:元

员工类别	职工工资	计提比例	职工福利费	合计
生产甲产品工人	300 000	14%	42 000	342 000

续表

员工类别	职工工资	计提比例	职工福利费	合计
生产乙产品工人	400 000	14%	56 000	456 000
车间管理人员	100 000	14%	14 000	114 000
行政管理部门人员	250 000	14%	35 000	285 000
合计	1 050 000		147 000	1 197 000

复核(签章)   制表(签章)

工资1 050 000元本月末已打入职工工资卡。

⑲月末,按规定计算提取本月固定资产折旧费36 000元,其中:车间用固定资产折旧费26 000元,行政管理部门用固定资产折旧费10 000元。

⑳公司接到水电公司付款通知,应付车间耗用水电费计10 000元,行政管理部门耗用水电费计2 000元,款项通过银行支付。

㉑以现金800元购买办公用品,直接被车间和行政管理部门领用,其中:车间200元,行政管理部门600元。

㉒签发现金支票支付应由本月负担的财产保险费共900元,其中:车间600元,行政管理部门300元。

㉓公司行政管理部门员工李明出差,预借差旅费2 000元,以现金支付。

㉔李明出差回来后,报销差旅费1 800元,交回现金200元,结清前借款项。

㉕签发现金支票,从银行提取现金5 000元备用。

㉖按生产工人工资比例分配并结转荣昌公司12月份制造费用。

㉗本月生产甲产品100台,乙产品200台,月末全部生产完工并验收入库,编制"完工产品成本计算表",结转完工产品成本。

二、任务操作

(1)根据荣昌公司2021年12月份发生的生产业务编制会计分录如下:

⑯借:生产成本——甲产品　　　　　　　　600 000
　　　　　　——乙产品　　　　　　　　　900 000
　　制造费用　　　　　　　　　　　　　　213 000
　　管理费用　　　　　　　　　　　　　　118 900
　　贷:原材料　　　　　　　　　　　　　1 831 900

⑰借:制造费用　　　　　　　　　　　　　3 000
　　管理费用　　　　　　　　　　　　　　1 000
　　贷:原材料——A材料　　　　　　　　　4 000

⑱借:生产成本——甲产品　　　　　　　　342 000
　　　　　　——乙产品　　　　　　　　　456 000
　　制造费用　　　　　　　　　　　　　　114 000
　　管理费用　　　　　　　　　　　　　　285 000
　　贷:应付职工薪酬——工资　　　　　　1 050 000
　　　　　　　　——职工福利　　　　　　147 000

通过银行支付职工工资1 050 000元。应编制如下会计分录：
借：应付职工薪酬——工资　　　　　　　　　1 050 000
　　贷：银行存款　　　　　　　　　　　　　　　　　1 050 000
⑲借：制造费用　　　　　　　　　　　　　　　　26 000
　　管理费用　　　　　　　　　　　　　　　　　10 000
　　贷：累计折旧　　　　　　　　　　　　　　　　　36 000
⑳借：制造费用　　　　　　　　　　　　　　　　10 000
　　管理费用　　　　　　　　　　　　　　　　　2 000
　　贷：银行存款　　　　　　　　　　　　　　　　　12 000
㉑借：制造费用　　　　　　　　　　　　　　　　200
　　管理费用　　　　　　　　　　　　　　　　　600
　　贷：库存现金　　　　　　　　　　　　　　　　　800
㉒借：制造费用　　　　　　　　　　　　　　　　600
　　管理费用　　　　　　　　　　　　　　　　　300
　　贷：银行存款　　　　　　　　　　　　　　　　　900
㉓借：其他应收款　　　　　　　　　　　　　　　2 000
　　贷：库存现金　　　　　　　　　　　　　　　　　2 000
㉔借：管理费用　　　　　　　　　　　　　　　　1 800
　　　库存现金　　　　　　　　　　　　　　　　　200
　　贷：其他应收款　　　　　　　　　　　　　　　　2 000
㉕借：库存现金　　　　　　　　　　　　　　　　5 000
　　贷：银行存款　　　　　　　　　　　　　　　　　5 000

㉖根据上述⑯⑰⑱⑲⑳㉑㉒等七笔经济业务提供的资料，通过"制造费用"账户的登记（见表3-13所示的制造费用明细账），本月份发生的制造费用总额为366 800元。这是生产甲、乙两种产品共同发生的费用，应由这两种产品共同负担。依题意按生产工人工资比例分配。

表3-13　制造费用明细账

2021年12月　　　　　　　　　　　　　　　　　　　　　　　　　　　　　　　单位：元

2021年		凭证号数	摘要	机物料	职工薪酬	折旧费	水电费	其他	合计
月	日								
12	×	16	车间机物料消耗	213 000					213 000
		17	摊销低值易耗品	3 000					3 000
	×	18	车间管理人员工资、福利费		114 000				114 000
	×	19	车间固定资产折旧费			26 000			26 000
	×	20	车间水电费				10 000		10 000
	×	21	车间办公费					200	200
	×	22	车间财保费					600	600
	31		本月合计	216 000	114 000	26 000	10 000	800	366 800

财务主管（签章）　　　　　　　　复核（签章）　　　　　　　　记账（签章）

制造费用分配率＝应分配的制造费用÷生产甲、乙产品生产工人工资之和
＝366 800÷(300 000＋400 000)＝0.524

甲产品应分摊的制造费用＝制造费用分配率×生产甲产品工人工资
＝0.524×300 000元＝157 200元

乙产品应分摊的制造费用＝制造费用分配率×生产乙产品工人工资
＝0.524×400 000元＝209 600元

上述制造费用分配的计算亦可通过编制制造费用分配表进行，如表 3-14 所示。

表 3-14　制造费用分配表

2021 年 12 月 31 日　　　　　　　　　　　　　　　　　　　　金额单位：元

产品名称	分配标准(生产工人工资)	分配率	分配金额
甲产品	300 000		157 200
乙产品	400 000		209 600
合计	700 000	0.524	366 800

复核(签章)　　　　　　　　　　　　　　　　　　　　　　　　　制表(签章)

应编制如下会计分录：

借：生产成本——甲产品　　　　　　　　　　　157 200
　　　　　　——乙产品　　　　　　　　　　　209 600
　　贷：制造费用　　　　　　　　　　　　　　366 800

㉗编制"完工产品成本计算表"，如表 3-15 所示。

表 3-15　完工产品成本计算表

2021 年 12 月 31 日

成本项目	甲产品(100 台)		乙产品(200 台)	
	总成本	单位成本	总成本	单位成本
直接材料	600 000	6 000	900 000	4 500
直接人工	342 000	3 420	456 000	2 280
制造费用	157 200	1 572	209 600	1 048
合计	1 099 200	10 992	1 565 600	7 828

复核(签章)　　　　　　　　　　　　　　　　　　　　　　　　　制表(签章)

结转完工产品成本，编制如下会计分录：

借：库存商品——甲产品　　　　　　　　　　　1 099 200
　　　　　　——乙产品　　　　　　　　　　　1 565 600
　　贷：生产成本——甲产品　　　　　　　　　1 099 200
　　　　　　　——乙产品　　　　　　　　　　1 565 600

(2)根据生产业务的会计分录登记 T 形账户如下：

借方	生产成本		贷方
期初余额	80 200		
⑯	1 500 000	㉗	2 664 800
⑱	798 000		
㉖	366 800		
本期发生额		本期发生额	
期末余额			

借方	制造费用		贷方
⑯	213 000	㉖	366 800
⑰	3 000		
⑱	114 000		
⑲	26 000		
⑳	10 000		
㉑	200		
㉒	600		
本期发生额		本期发生额	
期末余额			

借方	管理费用		贷方
⑯	118 900		
⑰	1 000		
⑱	285 000		
⑲	10 000		
⑳	2 000		
㉑	600		
㉒	300		
㉔	1 800		
本期发生额		本期发生额	
期末余额			

借方	原材料		贷方
期初余额	960 000		
⑮	1 984 000	⑦	450
		⑯	1 831 900
		⑰	4 000
本期发生额		本期发生额	
期末余额			

借方		其他应收款		贷方
期初余额	2 800			
㉓	2 000	㉔		2 000
本期发生额		本期发生额		
期末余额				

借方		应付职工薪酬		贷方
		期初余额		3 800
⑱	1 050 000	⑱		1 197 000
本期发生额		本期发生额		
		期末余额		

借方		库存现金		贷方
期初余额	1 600			
㉔	200	⑥		200
㉕	5 000	⑦		200
		㉑		800
		㉓		2 000
本期发生额		本期发生额		
期末余额				

借方		银行存款		贷方
期初余额	8 435 500			
①	500 000	⑤		90 400
③	200 000	⑥		22 600
④	900 000	⑨		339 000
		⑪		8 000
		⑫		800 000
		⑭		521 080
		⑱		1 050 000
		⑳		12 000
		㉒		900
		㉕		5 000
本期发生额		本期发生额		
期末余额				

借方	累计折旧	贷方
	期初余额	2 800 000
	⑲	36 000
本期发生额	本期发生额	
	期末余额	

借方	库存商品	贷方
期初余额　　　　799 000		
㉗　　　　　　　2 664 800		
本期发生额	本期发生额	
期末余额		

3.4　记录销售业务会计信息

【任务提示】本分项任务将引领你记录产品销售业务的会计信息。

【任务先行】当你的企业生产出合格的产品后，如果是客户下的订单，应尽快给客户送去，收回货款；如果不是定做的，就应安排产品进入市场，以便尽快收回资金。因为企业生产的产品不是给自己使用的，所以企业的产品必须进入市场。安排产品进入市场以及收回货款的过程就是我们所说的销售过程。企业销售活动包含两层意思：一是将你的产品尽快推销给客户；二是你必须从客户手中收回销售货款。本项目任务介绍如何用会计方法将销售业务正确地记录反映出来。

3.4.1　销售业务介绍

一、销售业务

销售过程是企业生产经营活动的最后阶段。企业通过产品销售，收回货币资金，以保证企业再生产的顺利进行。

企业的销售过程，就是将已验收入库的合格产品，按照销售合同规定的条件送交订货单位或组织发运，并按照销售价格和结算制度的规定，办理结算手续，及时收取价款、取得销售收入的过程。在销售过程中，企业一方面取得了销售收入，另一方面还会发生一些销售费用，如销售产品的运输费、装卸费、包装费和广告费等。还应根据国家有关税法的规定，计算缴纳企业销售活动应负担的税金及附加。企业销售产品取得的收入，扣除因销售产品而发生的实际成本、企业销售活动应负担的税金及附加，即为企业的主营业务利润，这是企业营业利润的主要构成部分。除此之外，企业还可能发生其他一些经济业务，取得其他业务收入和发生其他业务成本。

因此，销售过程业务核算内容，主要是确定和记录企业销售产品的收入，因销售产品而发生的实际成本、销售费用，计算企业销售活动应负担的税金及附加，以及主营业务利润或亏损情况；反映企业与购货单位所发生的货款结算关系；考核销售计划的执行情况；监督税金及附加的及时缴纳等。通过销售过程业务的核算,促使企业努力增加收入、节约费用,实现尽可能多的营业利润。

二、确认收入的五个步骤

确认收入的五个步骤是:识别与客户订立的合同—识别合同中的单项履约义务—确定交易价格—将交易价格分摊至各单项履约义务—确认收入。

首先,收入是来源于合同的,也就是说,只有签订了合同将来才有可能实现收入,但并不是所有合同都适用收入准则,所以第一步就是要确认这个合同是否适用收入准则,这就是识别合同。其次,那是否我们与客户签订了一份购销合同,就可以确认收入了呢? 不是,只有当我们履行了合同中的义务(比如销售了产品)才能确认收入。通常一份合同中有多个履约义务(比如既销售了产品,又提供了安装等服务),每个单项履约义务都应该确认对应的收入,所以第二步就是要识别签订的合同中有几个单项履约义务。第三步,那我们履行了义务,要确认收入的金额是多少呢? 这就是要确认企业因向客户转让商品而预期有权收取的对价金额,这个对价金额就是交易价格,也就是这个合同给我们带来的总收入。第四步,交易价格确定后是否能马上带来收入呢? 这个不一定,因为这个交易价格中可能包含了多个履约义务,每履行一个义务才能确认与履行该义务相关的收入,所以要把这个交易价格分摊至每个单项履约义务中,再到最后一步,确认该义务的收入。确认收入的五个步骤如图3-3 所示。

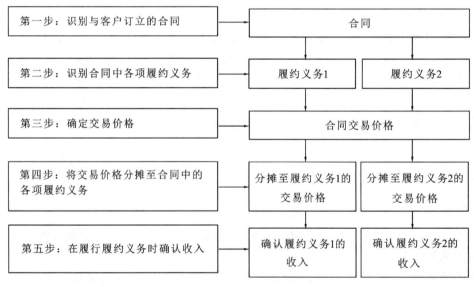

图3-3　确认收入的五个步骤

3.4.2　销售业务的会计处理

1. 设置账户

(1)"主营业务收入"账户:该账户是用来核算和监督企业在产品销售过程中所产生的产品销售收入的一个损益类账户。其账户结构为:

借方	主营业务收入	贷方
本期减少额： 期末,将本账户余额转至"本年利润"账户		本期增加额： 本期销售产品所实现的收入
期末一般无余额		

该账户应按主营业务种类设置明细账户,进行明细核算。

(2)"主营业务成本"账户:该账户是用来核算和监督企业在产品销售过程中所产生的产品销售成本的一个损益类账户。其账户结构为：

借方	主营业务成本	贷方
本期增加额： 本期已售产品的实际成本		本期减少额： 期末,将本账户余额转至"本年利润"账户
期末一般无余额		

该账户应按主营业务种类设置明细账户,进行明细核算。

(3)"其他业务收入"账户:其他业务收入是指除主营业务收入以外的其他销售或其他业务收入,如材料销售收入、代购代销收入以及技术转让、包装物出租等收入。其他业务收入的确认,与主营业务收入的确认相同。该账户是用来核算和监督企业在其他销售过程中所产生的销售收入的一个损益类账户。其账户结构为：

借方	其他业务收入	贷方
本期减少额： 期末,将本账户余额转至"本年利润"账户		本期增加额： 本期其他销售所确认的销售收入,包括材料销售、资产出租收入等
期末一般无余额		

该账户应按其他业务种类设置明细账户,进行明细核算。

(4)"其他业务成本"账户:该账户用来核算和监督企业在其他销售过程中所发生的销售支出,包括为获得其他业务收入而发生的相关成本、费用及税费等。该账户是一个损益类账户。其账户结构为：

借方	其他业务成本	贷方
本期增加额： 本期其他销售所确认的销售成本		本期减少额： 期末,将本账户余额转至"本年利润"账户
期末一般无余额		

该账户应按其他业务种类设置明细账户,进行明细核算。

(5)"销售费用"账户:销售费用包括销售过程中发生的运输费、装卸费、包装费、保险费、展览费和广告费,以及为销售本企业产品而专设的销售机构(含销售网点、售后服务网点等)的职工薪酬、业务费等经营费用。该账户是用来核算和监督上述费用的损益类账户。其账户结构为：

借方	销售费用	贷方
本期增加额： 本期销售过程中发生的各种销售费用	本期减少额： 期末,将本账户余额转至"本年利润"账户	
	期末一般无余额	

该账户应按照费用项目设置明细账户,进行明细分类核算。

(6)"税金及附加"账户:该账户是用来核算和监督企业日常生产经营活动应负担的税金和附加(如消费税、城市维护建设税、资源税、土地增值税和教育费附加等)的损益类账户。其账户结构为:

借方	税金及附加	贷方
本期增加额： 登记按照规定计算的应由主营业务负担的税金及附加	本期减少额： 期末,将本账户余额转至"本年利润"账户	
	期末一般无余额	

该账户应按税金种类设置明细账户,进行明细分类核算。

(7)"应交税费"账户:该账户在本项目的模块 3.2 已做介绍,对于销货方,属于价款部分计入销售收入,属于增值税税额部分记入"应交税费——应交增值税(销项税额)"账户的贷方,属于税金及附加的部分记入"应交税费——应交税金及附加"账户的贷方。

(8)"应收账款"账户:该账户是用来核算和监督企业因销售商品、产品或提供劳务等应向购货单位或接受劳务单位收取的款项的增减变动及其结存情况的一个资产类账户。其账户结构为:

借方	应收账款	贷方
期初余额： 本期增加额： 企业因销售商品、产品或提供劳务等应向购货单位或接受劳务单位收取的款项,包括价款、增值税、代购货人垫付的运杂费和包装费等	本期减少额： 收回应收账款等	
期末余额:反映企业尚未收回的应收账款		

该账户应按不同的购货单位或接受劳务的单位设置明细账户,进行明细核算。

(9)"应收票据"账户:该账户是采用商业汇票结算方式下用来核算和监督企业因销售商品、提供劳务等应向购货单位或接受劳务单位收取的票据面值、票据的结算等情况的一个资产类账户。其账户结构为:

借方	应收票据	贷方
期初余额： 本期增加额： 取得应收票据的面值	本期减少额： 到期收回票款或到期前向银行贴现的应收票据的票面金额,或因未能收回票款而转作应收账款的应收票据	
期末余额:反映企业持有商业汇票的票面金额		

(10)"预收账款"账户:该账户是用来核算和监督企业向购货方预收的购货订金或部分货款,需要用以后的商品或劳务来偿付的一个负债类账户。其账户结构为:

借方	预收账款	贷方
本期减少额: 发出商品、销售实现时,实现的收入和应交增值税销项税额	期初余额: 本期增加额: 收到购货方预付的购货订金或部分货款	
期末余额:反映发出商品后应补收的差额	期末余额:反映企业预收订金,尚未发货的金额	

该账户应按购货单位设置明细账户,进行明细核算。

2.销售业务应编制的会计分录

1)销售商品,取得销售收入

【例题3-34】 M公司销售一批甲产品,开出的增值税专用发票上注明价款为50 000元,增值税税额为6 500元,商品已经发出,款项已经收到。该批甲产品的成本为36 000元。

【分析1】该笔经济业务发生后,引起资产要素和收入要素、负债要素发生变化。一方面,引起资产要素中银行存款项目增加,应记入"银行存款"账户的借方;另一方面,引起收入要素中的主营业务收入项目的增加,应记入"主营业务收入"账户的贷方,同时使负债要素中的应交税费项目增加,应记入"应交税费——应交增值税(销项税额)"账户的贷方。编制如下会计分录:

借:银行存款　　　　　　　　　　　　　56 500
　　贷:主营业务收入　　　　　　　　　　　50 000
　　　　应交税费——应交增值税(销项税额)　　6 500

【分析2】企业销售商品的业务,在导致主营业务收入增加的同时会使库存商品减少(即主营业务成本增加)。该笔经济业务发生后,引起费用要素和资产要素发生变化。一方面,引起费用要素中的主营业务成本项目增加,应记入"主营业务成本"账户的借方;另一方面,引起资产要素中的库存商品项目减少,应记入"库存商品"账户的贷方。编制如下会计分录:

借:主营业务成本　　　　　　　　　　　36 000
　　贷:库存商品——甲产品　　　　　　　　36 000

为了减轻会计人员日常核算的工作量,已售产品的销售成本一般可以在月末一次性结转,即此笔会计分录可以在月末做。

销售的核算1

2)采用商业汇票结算方式销售商品

【例题3-35】 M公司向乙公司销售商品一批,开出的增值税专用发票上注明价款为40 000元,增值税税额为5 200元,商品已经发出,M公司收到乙公司开出的不带息银行承兑汇票一张,票面金额为45 200元,期限为2个月。该批商品成本为32 000元。

【分析】该笔经济业务发生后,没有马上收到款项,而是收到了一张期限2个月的银行承兑汇票。银行承兑汇票是商业汇票的一种,应通过"应收票据"账户核算。因此,该笔业务的发生一方面应记入"应收票据"账户的借方;另一方面,应记入"主营业务收入"和"应交税费——应交增值税(销项税额)"账户的贷方。编制如下会计分录:

借:应收票据　　　　　　　　　　　　　　　　　　　45 200
　　贷:主营业务收入　　　　　　　　　　　　　　　　40 000
　　　　应交税费——应交增值税(销项税额)　　　　 5 200
同时,结转已售商品成本,编制如下会计分录:
借:主营业务成本　　　　　　　　　　　　　　　　　32 000
　　贷:库存商品　　　　　　　　　　　　　　　　　　32 000
2个月以后,乙公司兑付票款(M公司收回款项)时编制如下会计分录:
借:银行存款　　　　　　　　　　　　　　　　　　　45 200
　　贷:应收票据　　　　　　　　　　　　　　　　　　45 200
3)销售商品,款项尚未收到

【例题3-36】M公司向丙公司销售商品一批,开出的增值税专用发票上注明价款为30 000元,增值税税额为3 900元,商品已经发出,货款尚未收到,M公司以银行存款代垫运杂费2 000元(不考虑税费),该批商品成本为24 000元。

【分析】该笔经济业务发生后,没有马上收到款项,也没有收到商业汇票,但是商品已经发出而且也已开出发票,表明企业的产品销售行为已经发生,且取得了收取货款的权利,应确认销售收入,连同代垫的运杂费一并记入资产类要素"应收账款"账户的借方,编制如下会计分录:

借:应收账款　　　　　　　　　　　　　　　　　　　35 900
　　贷:主营业务收入　　　　　　　　　　　　　　　　30 000
　　　　应交税费——应交增值税(销项税额)　　　　 3 900
　　　　银行存款　　　　　　　　　　　　　　　　　　2 000
同时,结转已售商品成本,编制如下会计分录:
借:主营业务成本　　　　　　　　　　　　　　　　　24 000
　　贷:库存商品　　　　　　　　　　　　　　　　　　24 000
以后M公司收到丙公司支付的货款时,编制如下会计分录:
借:银行存款　　　　　　　　　　　　　　　　　　　35 900
　　贷:应收账款　　　　　　　　　　　　　　　　　　35 900
4)采用预收款项的方式销售商品

【例题3-37】M公司与丁公司签订协议,向丁公司销售一批商品。该批商品的实际成本为80 000元。协议约定,该批商品销售价格为100 000元,增值税税额为13 000元;丁公司在签订协议时预付60%的货款,剩余款项在收到商品后支付。

【分析】在预先收取款项销售方式下,销售方要在发出商品时确认销售收入,在此之前收到的货款应确认为预收账款。

收到丁公司的预付款时,引起资产要素和负债要素发生变化。一方面,引起资产要素中银行存款项目增加,应记入"银行存款"账户的借方;另一方面,引起负债要素中的预收账款项目增加,应记入"预收账款"账户的贷方。

向购货单位发出商品时,确认销售收入。一方面,引起负债要素中预收账款项目减少,应记入"预收账款"账户的借方;另一方面,应记入"主营业务收入"和"应交税费——应交增值税(销项税额)"账户的贷方。

收取剩余部分的货款时,引起资产要素和负债要素发生变化。一方面,引起资产要素中银行存款项目增加,应记入"银行存款"账户的借方;另一方面,引起负债要素中的预收账款项目增加,应记入"预收账款"账户的贷方。

该笔经济业务应编制如下会计分录:

(1)收到丁公司60%的货款时:

借:银行存款　　　　　　　　　　　　60 000
　　贷:预收账款　　　　　　　　　　　　60 000

(2)发出商品时:

借:预收账款　　　　　　　　　　　　113 000
　　贷:主营业务收入　　　　　　　　　　100 000
　　　　应交税费——应交增值税(销项税额)　13 000

(3)收到剩余部分款项时:

借:银行存款　　　　　　　　　　　　53 000
　　贷:预收账款　　　　　　　　　　　　53 000

销售的核算2

知识拓展

新收入准则中的相关科目

自2021年1月1日起,销售业务的核算应使用新收入准则进行收入的确认。新收入准则增加了合同履约成本、合同取得成本、应收退货成本、合同资产、合同负债等科目。

一、合同履约成本与合同取得成本

(1)合同履约成本:就是企业为了履行合同义务发生的成本。例如,某建筑公司承揽了一项工程,施工过程中发生的材料费和人工费计入"合同履约成本",会计分录如下:

借:合同履约成本
　　贷:原材料、应付职工薪酬等

(2)合同取得成本:企业为取得合同发生的增量成本预期能够收回的,应当作为合同取得成本确认为一项资产。合同取得成本必须是增量成本,也就是企业不取得合同就不会发生的成本,如销售佣金等。

企业发生的销售佣金,会计分录如下:

借:合同取得成本
　　贷:应付职工薪酬

二、应收退货成本

对于附有销售退回条款的销售,企业应当在客户取得相关商品控制权时,按照因向客户转让商品而预期有权收取的对价金额(即不包含预期因销售退回将退还的金额)确认收入,按照预期因销售退回将退还的金额确认负债;同时,按照预期将退回商品转让时的账面价值,扣除收回该商品预计发生的成本(例如运费、损失等)后的余额,确认为一项资产,即应收退货成本。同时,按照转让商品时商品的账面价值减去应收退货成本的净额结转成本。

收入=转让商品预期有权收取的对价金额-预期因销售退回退还的金额
⇩
预计负债

成本=所转让商品转让时的账面价值-应收退货成本

赊销实现收入时：

借：应收账款（全部价税）
　　贷：主营业务收入（总售价×预计不会退货的比率）
　　　　预计负债（总售价×预计退货率）
　　　　应交税费——应交增值税（销项税额）

同时：

借：主营业务成本（总成本×预计不会退货的比率）
　　应收退货成本（总成本×预计退货率）
　　贷：库存商品（总成本）

【例题】　甲公司向家具店销售10张餐桌，每张餐桌的价格为1 000元，成本为750元。根据合同约定，家具店有权在收到餐桌的30天内退货，但是需要向甲公司支付10%的退货费（即每张餐桌的退货费为100元）。根据历史经验，甲公司预计的退货率为10%（即估计退货1张餐桌），且退货过程中，甲公司预计为每张退货的餐桌发生的成本为50元。上述价格均不包含增值税，假定不考虑相关税费影响，甲公司在将餐桌的控制权转移给家具店时的账务处理为：

借：应收账款　　　　　　　　　10 000（10×1 000元）
　　贷：主营业务收入　　　　　　9 100（9×1 000元＋1张餐桌的退货费100元）
　　　　预计负债——应付退货款　900（1 000元－1张餐桌的退货费100元）

同时：

借：主营业务成本　　　　　　　6 800（9×750元＋1张餐桌的退货费50元）
　　应收退货成本　　　　　　　700（1×750元－1张餐桌的退货费50元）
　　贷：库存商品　　　　　　　　7 500（10×750元）

三、合同资产与合同负债

（1）合同资产与应收账款。

合同资产是指企业已向客户转让商品而有权收取对价的权利，且该权利取决于时间流逝之外的其他因素。

应收账款代表的是无条件收取合同对价的权利。

简单来说，从收取款项的确定性来讲，合同资产要弱于应收账款。仅仅随着时间流逝即可收款的是应收账款，即应收账款只承担信用风险；而合同资产除了信用风险外，还要承担其他的风险，比如履约风险等。

【例题】　甲公司与客户签订合同，向其销售A、B两项商品，合同价款为2 000元。合同约定，A商品于合同开始日交付，B商品在一个月之后交付，只有当A、B两项商品全部交付之后，甲公司才有权收取 2 000 元的合同对价。A 商品和 B 商品的交易价格分别为 400 元和 1 600 元。

【分析】甲公司将 A 商品交付给客户之后,与该商品相关的履约义务已经履行,但是需要等到后续交付 B 商品时,企业才具有无条件收取合同对价的权利。

因此,甲公司应当将因交付 A 商品而有权收取的对价 400 元确认为合同资产,而不是应收账款,相应的账务处理如下:

①交付 A 商品时:

借:合同资产　　　　　　　　　　　　　　400
　　贷:主营业务收入　　　　　　　　　　　　400

②交付 B 商品时:

借:应收账款　　　　　　　　　　　　　2 000
　　贷:合同资产　　　　　　　　　　　　　　400
　　　　主营业务收入　　　　　　　　　　1 600

【例题】 乙公司与客户签订合同,以每件产品 150 元的价格向其销售产品;在合同开始日,乙公司交付了产品共 10 万件。

【分析】乙公司将产品交付给客户时取得了无条件的收款权,即乙公司有权按照每件产品 150 元的价格向客户收取款项,乙公司交付产品时的账务处理为:

借:应收账款　　　　　　　　　　　　15 000 000
　　贷:主营业务收入　　　　　　　　　15 000 000

(2)合同负债与预收账款。

合同负债是指企业已收或应收客户对价而应向客户转让商品的义务。

【例题】 企业与客户签订不可撤销的合同,向客户销售其生产的产品,合同开始日,企业收到客户支付的合同价款 1 000 元,相关产品将在 2 个月之后交付给客户。

【分析】这种情况下,企业应当将该 1 000 元作为合同负债进行处理。相关会计分录如下:

借:银行存款　　　　　　　　　　　　　1 000
　　贷:合同负债　　　　　　　　　　　　　1 000

合同负债与预收账款的区别在于:在合同成立前已收到的对价作为预收账款,合同一旦正式成立,应及时将预收账款转入合同负债中。此外,确认预收账款的前提是收到了款项,确认合同负债则不以收到款项为前提,而以合同中履约义务的确立为前提。

5)销售材料等存货的处理

企业在日常活动中还可能发生对外销售不需用的原材料、随同商品对外销售单独计价的包装物等业务。企业销售原材料、包装物等存货实现的收入作为其他业务收入处理,结转的相关成本作为其他业务成本处理。

【例题 3-38】 M 公司销售一批原材料,开出增值税专用发票上注明的售价为 10 000 元,增值税税额为 1 300 元,款项已由银行收妥。该批原材料的实际成本为 9 000 元。

【分析】该笔经济业务发生后,一方面,引起资产要素中银行存款项目的增加,应记入"银行存款"的借方;另一方面,引起收入要素中的其他业务收入项目增加和负债要素中的应交税费项

目增加,应记入"其他业务收入""应交税费——应交增值税(销项税额)"账户的贷方。编制如下会计分录:

借:银行存款　　　　　　　　　　　　　　11 300
　　贷:其他业务收入　　　　　　　　　　　　　　10 000
　　　　应交税费——应交增值税(销项税额)　　 1 300

营业成本的核算1

同时,该笔业务还引起费用要素中其他业务成本项目增加,应记入"其他业务成本"账户的借方;以及引起资产要素中的原材料等项目减少,应记入"原材料"账户的贷方。编制如下会计分录:

借:其他业务成本　　　　　　　　　　　　9 000
　　贷:原材料　　　　　　　　　　　　　　　　　9 000

6)销售过程中发生销售费用的账务处理

【例题3-39】 某公司2021年3月1日为宣传新产品发生广告费80 000元,用银行存款支付。

【分析】 该笔经济业务发生后,引起费用要素和资产要素发生变化。一方面,引起费用要素中销售费用项目增加,应记入"销售费用"账户的借方;另一方面,引起资产要素中的银行存款项目减少,应记入"银行存款"账户的贷方。编制如下会计分录:

借:销售费用——广告费　　　　　　　　80 000
　　贷:银行存款　　　　　　　　　　　　　　　 80 000

【例题3-40】 某公司2021年1月12日销售产品一批,销售过程中发生运输费5 000元、装卸费2 000元,均以银行存款支付。应编制如下会计分录:

借:销售费用——运输费　　　　　　　　 5 000
　　　　　　——装卸费　　　　　　　　 2 000
　　贷:银行存款　　　　　　　　　　　　　　　　7 000

【例题3-41】 某公司2021年3月31日计算出本月应付给为销售本企业商品而专设的销售机构的职工工资总额为50 000元。应编制如下会计分录:

借:销售费用　　　　　　　　　　　　　 50 000
　　贷:应付职工薪酬　　　　　　　　　　　　　 50 000

【例题3-42】 某公司2021年3月31日计算出当月专设销售机构使用房屋应计提的折旧为7 800元。应编制如下会计分录:

借:销售费用——折旧费　　　　　　　　 7 800
　　贷:累计折旧　　　　　　　　　　　　　　　 7 800

7)税金及附加的账务处理

企业在日常生产经营活动中应负担的税费和附加包括消费税、城市维护建设税、资源税和教育费附加等,与收入有关,会计上专门设置"税金及附加"账户核算。

应交消费税＝销售额×适用的税率

应交的城市维护建设税和教育费附加是企业按照税法规定,根据增值税和消费税的应纳税额合计数乘以一定税率计算的。

应纳税额＝(增值税应纳税额＋当期免抵税额＋消费税应纳税额)×适用税率

【例题 3-43】 某公司 2021 年 2 月 1 日取得应纳消费税的销售商品收入 3 000 000 元,该产品适用的消费税税率为 25%。

【分析】应交消费税税额＝3 000 000×25%元＝750 000 元

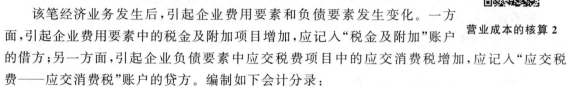

营业成本的核算 2

该笔经济业务发生后,引起企业费用要素和负债要素发生变化。一方面,引起企业费用要素中的税金及附加项目增加,应记入"税金及附加"账户的借方;另一方面,引起企业负债要素中应交税费项目中的应交消费税增加,应记入"应交税费——应交消费税"账户的贷方。编制如下会计分录:

借:税金及附加　　　　　　　　　　　　　　　　　　750 000
　　贷:应交税费——应交消费税　　　　　　　　　　　　750 000

实际缴纳消费税时编制如下会计分录:

借:应交税费——应交消费税　　　　　　　　　　　　750 000
　　贷:银行存款　　　　　　　　　　　　　　　　　　750 000

【例题 3-44】 某公司 2021 年 4 月当月应交增值税 350 000 元,应交消费税 150 000 元,城建税税率为 7%,教育附加费率为 3%。

【分析】　　应交城建税＝(350 000＋150 000)×7%元＝35 000 元

应交教育费附加＝(350 000＋150 000)×3%元＝15 000 元

该公司应编制与城建税、教育费附加有关的会计分录如下:

借:税金及附加　　　　　　　　　　　　　　　　　　50 000
　　贷:应交税费——应交城市维护建设税　　　　　　　　35 000
　　　　　　　——应交教育费附加　　　　　　　　　　15 000

实际缴纳时编制如下会计分录:

借:应交税费——应交城市维护建设税　　　　　　　　35 000
　　　　　——应交教育费附加　　　　　　　　　　　15 000
　　贷:银行存款　　　　　　　　　　　　　　　　　　50 000

 知识拓展

互联网公司的销售业务

麦讯公司是一家互联网公司,依托微信财付通第三方支付平台,为消费用户提供交易平台,并从中收取服务费。其中,公司没有给消费用户开发票,供应商也没有给公司开发票。公司没有进货,也没有发票。货是由供应商直接发给消费用户的,收到的消费用户的钱和支付给供应商的货款均做代收、代付处理。月末按估算毛利率结转服务收入。当月,该公司通过微信财付通代收到消费用户的总货款为 10 000 元,微信财付通在扣除 0.6% 的手续费后,余 9 940 元转入公司的银行账户。麦讯公司业务发生后,未开具发票是否违背会计相关法律法规呢? 通过微信财付通扣除的手续费能否开具发票?

3.4.3 项目任务

一、项目资料

接 3.3.3 项目任务,荣昌公司 2021 年 12 月份发生了以下经济业务(续):

㉘本月销售甲产品 45 台,每台售价 22 000 元(不含增值税,下同);乙产品 120 台,每台售价 16 000 元;增值税税率为 13%(产品售价及适用增值税税率下同),当即收到全部价税款,存入银行。

㉙销售给南方公司甲产品 60 台,乙产品 50 台,全部价税款尚未收到。

㉚29 日开出转账支票一张,计 35 000 元,代南方公司垫付运杂费(不考虑税费)。

㉛收回应收南方公司的全部销货款及代垫运杂费 2 430 600 元以及阳光公司前欠货款 500 000 元,一并存入银行。

㉜按合同规定通过银行预收北方公司购货款 200 000 元。

㉝向北方公司发出已预收货款的商品,确认销售收入。其中,甲产品 10 台,乙产品 40 台。

㉞29 日收到北方公司开出的转账支票一张,补付商品余款 771 800 元,存入银行。

㉟结转本月产品销售成本(甲产品单位成本 10 000 元,乙产品单位成本 8 000 元)。

㊱以银行存款 200 000 元支付广告费、展览费等销售费用。

㊲计算荣昌公司的应交消费税为 300 000 元,城市维护建设税为 30 000 元,教育费附加为 6 000 元。

㊳销售一批不需用的原材料,售价为 260 000 元,增值税税额为 33 800 元,价税款已通过银行收妥。

㊴结转上述已售原材料的实际成本 200 000 元。

二、任务操作

(1)根据荣昌公司 2021 年 12 月份发生的销售业务编制会计分录如下:

㉘借:银行存款　　　　　　　　　　　　　　3 288 300
　　贷:主营业务收入　　　　　　　　　　　　　2 910 000
　　　　应交税费——应交增值税(销项税额)　　378 300

㉙借:应收账款——南方公司　　　　　　　　2 395 600
　　贷:主营业务收入　　　　　　　　　　　　　2 120 000
　　　　应交税费——应交增值税(销项税额)　　275 600

㉚借:应收账款——南方公司　　　　　　　　　35 000
　　贷:银行存款　　　　　　　　　　　　　　　35 000

㉛借:银行存款　　　　　　　　　　　　　　2 930 600
　　贷:应收账款——南方公司　　　　　　　　2 430 600
　　　　　　　　——阳光公司　　　　　　　　　500 000

㉜借:银行存款　　　　　　　　　　　　　　　200 000
　　贷:预收账款——北方公司　　　　　　　　　200 000

㉝借:预收账款——北方公司　　　　　　　　　971 800

　　　　贷：主营业务收入　　　　　　　　　　　　　860 000
　　　　　　应交税费——应交增值税（销项税额）　111 800
㉞借：银行存款　　　　　　　　　　　　　　　　771 800
　　　　贷：预收账款——北方公司　　　　　　　　771 800
㉟借：主营业务成本　　　　　　　　　　　　　2 830 000
　　　　贷：库存商品——甲产品　　　　　　　　1 150 000
　　　　　　　　　——乙产品　　　　　　　　　1 680 000
㊱借：销售费用　　　　　　　　　　　　　　　　200 000
　　　　贷：银行存款　　　　　　　　　　　　　　200 000
㊲借：税金及附加　　　　　　　　　　　　　　　336 000
　　　　贷：应交税费——应交消费税　　　　　　　300 000
　　　　　　　　　——应交城市维护建设税　　　　 30 000
　　　　　　　　　——应交教育费附加　　　　　　 6 000
㊳借：银行存款　　　　　　　　　　　　　　　　293 800
　　　　贷：其他业务收入　　　　　　　　　　　　260 000
　　　　　　应交税费——应交增值税（销项税额）　 33 800
㊴借：其他业务成本　　　　　　　　　　　　　　200 000
　　　　贷：原材料　　　　　　　　　　　　　　　200 000

(2)根据销售业务的会计分录登记 T 形账户如下：

借方		银行存款		贷方
期初余额	8 435 500			
①	500 000	⑤		90 400
③	200 000	⑥		22 600
④	900 000	⑨		339 000
㉘	3 288 300	⑪		8 000
㉛	2 930 600	⑫		800 000
㉜	200 000	⑭		521 080
㉞	771 800	⑱		1 050 000
㊳	293 800	⑳		12 000
		㉒		900
		㉕		5 000
		㉚		35 000
		㊱		200 000
本期发生额		本期发生额		
期末余额				

借方		应收账款		贷方
期初余额	901 000			
㉙	2 395 600	㉛		2 930 600
㉚	35 000			
本期发生额		本期发生额		
期末余额				

借方		库存商品		贷方
期初余额	799 000			
㉗	2 664 800	㉟		2 830 000
本期发生额		本期发生额		
期末余额				

借方		原材料		贷方
期初余额	960 000			
⑮	1 984 000	⑦		450
		⑯		1 831 900
		⑰		4 000
		㊴		200 000
本期发生额		本期发生额		
期末余额				

借方		预收账款		贷方
		期初余额		
㉝	971 800	㉜		200 000
		㉞		771 800
本期发生额		本期发生额		
		期末余额		

借方		应交税费		贷方
		期初余额		120 000
⑤	10 400	㉘		378 300
⑥	2 600	㉙		275 600
⑨	39 000	㉝		111 800
⑩	91 000	㊲		336 000
⑬	145 080	㊳		33 800
本期发生额		本期发生额		
		期末余额		

借方	主营业务收入		贷方
	㉘		2 910 000
	㉙		2 120 000
	㉝		860 000
本期发生额	本期发生额		
	期末余额		

借方	其他业务收入		贷方
	㊳		260 000
本期发生额	本期发生额		
	期末余额		

借方	主营业务成本		贷方
㉟	2 830 000		
本期发生额	本期发生额		
期末余额			

借方	其他业务成本		贷方
㊴	200 000		
本期发生额	本期发生额		
期末余额			

借方	税金及附加		贷方
㊲	336 000		
本期发生额	本期发生额		
期末余额			

借方	销售费用		贷方
㊱	200 000		
本期发生额	本期发生额		
期末余额			

3.5 记录利润形成与分配业务会计信息

【任务提示】本分项任务将引领你记录财务成果业务的会计信息。

【任务先行】企业一定时期的财务成果即企业的利润,在很大程度上集中反映了企业生产经营的经济利益,反映了企业向整个社会所做的贡献,也是衡量企业生产经营管理水平的综合性指标。从利润构成看,既有通过生产经营活动获得的利润,也有通过投资筹资活动形成的利润,同时还有与生产经营活动无直接关系的事项所引起的盈亏。任何企业在一个会计期间内所取得的收入与其所发生的费用配比后,如果收入大于费用,企业就可获得盈利;如果收入小于费用,企业就会亏损。

3.5.1 利润的形成与分配业务介绍

一、利润的形成

企业的利润是指企业在一定时期内进行生产经营活动与其他活动所取得的收益超过其所发生的费用的差额。如果收益不足以弥补费用则发生亏损。利润或亏损称为企业的财务成果。这是企业进行资金运营活动(理财活动)的最终成果。

利润总额=营业利润+营业外收入-营业外支出

营业利润是指企业日常经营过程中发生的收入减去相关成本费用后的利润,主要是营业收入减去营业成本、税金及附加、销售费用、管理费用、财务费用等项目后的金额。如果企业当期有资产减值损失、公允价值变动损益和投资收益等内容也应予以加减。

营业利润=营业收入-营业成本-税金及附加-销售费用-管理费用-财务费用

其中: 　　　　营业收入=主营业务收入+其他业务收入

营业成本=主营业务成本+其他业务成本

企业在取得利润后,按规定应交纳所得税。所得税作为一项费用,也应从企业当期损益中扣除,它是国家对企业经营所得和其他所得依法征收的一种税,是国家参与企业利润分配的重要手段。盈利企业都要按照实现的利润和规定的税率计算交纳所得税,即:

应纳所得税=应纳税所得额×适用税率(一般为25%)

需要注意的是,应纳税所得额有时与企业的利润总额不相等,原因是按税法规定计算应纳税所得额与按会计准则计算会计利润的口径不一致。在计算所得税时需要将利润总额调整为应纳税所得额。但是本教材的读者主要是非会计专业的高职高专学生,为了教学方便,一般没有纳税调整项,可以用利润总额直接计算应纳所得税。

以利润总额扣减所得税费用后的余额,即为企业的净利润,即:

净利润=利润总额-所得税费用

二、利润的分配

利润分配是企业根据国家有关规定和投资者的决议,对企业经营利润所进行的分配。企业当期实现的净利润一般先按10%提取法定盈余公积,剩余利润再由投资者进行分配。投资者可以提取任意盈余公积,也可以向投资者分配利润。

在实操中有企业操纵利润的情况,大家搜集一些资料,分析一下企业操纵利润的基本形式有哪些。

3.5.2 利润形成与分配业务的会计处理

1. 设置账户

记录利润形成与分配业务一般应设置以下账户。

(1)"营业外收入"账户:属于损益类账户,用来记录企业发生的与其生产经营活动无直接关系的各项收益,包括非流动资产处置收入、政府补助收入、盘盈收入、捐赠收入、罚款收入等。其账户结构为:

借方	营业外收入	贷方
本期减少额: 期末,将本账户贷方发生额转至"本年利润"账户		本期增加额: 记录各项营业外收入
期末一般无余额		

该账户应按收入项目设置明细账户,进行明细核算。

(2)"营业外支出"账户:属于损益类账户,用来记录企业发生的与其生产经营活动无直接关系的各项支出,如非流动资产处置损失、公益性捐赠支出、非常损失、盘亏损失、罚款支出等。其账户结构为:

借方	营业外支出	贷方
本期增加额: 记录各项营业外支出		本期减少额: 期末,将本账户借方发生额转至"本年利润"账户
期末一般无余额		

该账户应按支出项目设置明细账户,进行明细核算。

(3)"投资收益"账户:该账户是用来记录企业对外投资所取得的收益或发生的损失的一个损益类账户。其账户结构为:

借方	投资收益	贷方
本期减少额: 对外投资所发生的投资损失 期末,将本账户相抵后的贷方余额转至"本年利润"账户		本期增加额: 对外投资所取得的投资收益 期末,将本账户相抵后的借方余额转至"本年利润"账户
期末一般无余额		

该账户应按投资收益种类设置明细账户,进行明细核算。

(4)"所得税费用"账户:该账户是用来核算和监督企业按规定从本期损益中减去的所得税费用的一个损益类账户。其账户结构为:

借方	所得税费用	贷方
本期增加额: 本期按应纳税所得额计算的所得税费用		本期减少额: 期末,将本账户借方发生额转至"本年利润"账户
期末一般无余额		

(5)"本年利润"账户:该账户是用来记录企业本年度实现的净利润或发生的净亏损的一个所有者权益类账户。其账户结构为:

借方	本年利润	贷方
期初余额: 期末转入导致利润减少的各项费用,包括: 主营业务成本 其他业务成本 税金及附加 销售费用 管理费用 财务费用 投资收益(一) 营业外支出 所得税费用		期初余额: 期末转入导致利润增加的各项收入,包括: 主营业务收入 其他业务收入 投资收益 营业外收入
期末余额:至本月末止,本年度发生的净亏损		期末余额:至本月末止,本年度实现的净利润
年末将净利润转入"利润分配"账户的贷方		年末将净亏损转入"利润分配"账户的借方
年度结转后,本账户无余额		

(6)"利润分配"账户:该账户是用来记录企业利润的分配(或亏损的弥补)和历年分配(或弥补)后的积存余额的一个所有者权益类账户。其账户结构为:

借方	利润分配	贷方
年初余额:年初未弥补亏损 本期减少额: ①年末由"本年利润"账户转入的本年发生的净亏损 ②利润分配的数额,包括: 提取法定盈余公积 向投资者分配利润		年初余额:年初未分配利润 本期增加额: 年末由"本年利润"账户转入的本年实现的净利润
年末余额:至本年末止,历年积存的未弥补亏损		年末余额:至本年末止,历年积存的未分配利润

该账户应按利润分配的具体内容(如:提取法定盈余公积、提取任意盈余公积、应付利润、未分配利润等)设置明细账户,进行明细核算。

(7)"盈余公积"账户:是所有者权益类账户,用来记录企业从净利润中提取的盈余公积,是具有特定用途的留存收益。其账户结构为:

借方	盈余公积	贷方
	期初余额:	
本期减少额: 弥补亏损 转增资本金等	本期增加额: 从净利润中提取的法定盈余公积、任意盈余公积等	
	期末余额:反映企业实有的盈余公积数额	

该账户应按盈余公积提取的不同用途(如法定盈余公积、任意盈余公积)设置明细账户,进行明细分类核算。

(8)"应付利润"(或"应付股利")账户:该账户是用来记录企业经董事会或股东大会或类似机构决议确定应分配的现金股利或利润的增减变动及其结存情况的一个负债类账户。其账户结构为:

借方	应付利润	贷方
	期初余额:	
本期减少额: 实际向投资者支付的利润或股利	本期增加额: 企业通过的利润分配方案中应付给投资者的利润或股利	
	期末余额:反映企业应付未付的利润或股利	

该账户可按股东(投资者)设置明细账户,进行明细分类核算。

2. 利润形成与分配业务应编制的会计分录

1)企业非日常经营活动获得的收益

【例题3-45】 2021年12月28日,东方公司因对外投资,收到被投资单位分来利润25 000元,存入银行。

【分析】该笔经济业务发生后,引起资产要素和收入要素发生变化。一方面,引起资产要素中银行存款项目增加,应记入"银行存款"账户的借方;另一方面,引起收入要素中的投资收益项目的增加,应记入"投资收益"账户的贷方。编制如下会计分录:

  借:银行存款   25 000
    贷:投资收益   25 000

【例题3-46】 2021年12月28日,由于光明机械厂已不存在,东方公司原欠货款16 500元无法归还,转入企业营业外收入。

【分析】该笔经济业务发生后,引起负债要素和收入要素发生变化。一方面,引起负债要素中应付账款项目减少,应记入"应付账款"账户的借方;另一方面,引起收入要素中的营业外收入项目的增加,应记入"营业外收入"账户的贷方。编制如下会计分录:

  借:应付账款   16 500
    贷:营业外收入   16 500

【例题3-47】 2021年12月30日,东方公司用银行存款向灾区捐款30 000元。

【分析】该笔经济业务发生后,引起资产要素和费用要素发生变化。一方面,引起费用要素中的营业外支出项目的增加,应记入"营业外支出"账户的借方;另一方面,引起资产要素中银行存款项目减少,应记入"银行存款"账户的贷方。编制如下会计分录:

借:营业外支出　　　　　　　30 000
　　贷:银行存款　　　　　　　　　　30 000

2)结转损益类账户,计算利润总额

利润的核算1

【例题3-48】 东方公司2021年12月31日有关损益类科目发生额如表3-16所示。

表3-16　东方公司2021年12月各损益类账户发生额

金额单位:元

账户名称	借方发生额	贷方发生额
主营业务收入		600 000
其他业务收入		15 000
投资收益		5 000
营业外收入		2 000
主营业务成本	400 000	
其他业务成本	8 000	
税金及附加	20 000	
销售费用	35 000	
管理费用	25 000	
财务费用	15 000	
营业外支出	1 000	
合计	504 000	622 000

【分析1】该笔经济业务的发生,应将各收入类账户的贷方发生额转入"本年利润"账户的贷方,编制如下会计分录:

借:主营业务收入　　　　　　600 000
　　其他业务收入　　　　　　 15 000
　　投资收益　　　　　　　　　5 000
　　营业外收入　　　　　　　　2 000
　　贷:本年利润　　　　　　　　　622 000

【分析2】该笔经济业务的发生,应将各费用类账户的借方发生额转入"本年利润"账户的借方,编制如下会计分录:

借:本年利润　　　　　　　　504 000
　　贷:主营业务成本　　　　　　　400 000
　　　　其他业务成本　　　　　　　　8 000
　　　　税金及附加　　　　　　　　 20 000
　　　　销售费用　　　　　　　　　 35 000

管理费用	25 000
财务费用	15 000
营业外支出	1 000

3）计算结转所得税费用

【例题3-49】 东方公司的所得税税率为25%，假设不考虑纳税调整事项，企业应纳税所得额等于利润总额。

利润的核算2

【分析1】 利润总额＝622 000元－504 000元＝118 000元

应交纳所得税＝118 000×25%元＝29 500元

该笔经济业务发生后，引起负债要素和费用要素发生变化。一方面，引起费用要素中的所得税费用项目的增加，应记入"所得税费用"账户的借方；另一方面，引起负债要素中应交税费项目增加，应记入"应交税费——应交所得税"账户的贷方。编制如下会计分录：

借：所得税费用　　　　　　　　　　　　29 500
　　贷：应交税费——应交所得税　　　　　　　29 500

【分析2】将所得税费用结转"本年利润"账户，编制如下会计分录：

借：本年利润　　　　　　　　　　　　　29 500
　　贷：所得税费用　　　　　　　　　　　　　29 500

4）计算结转净利润

【例题3-50】 2021年12月31日，将东方公司"本年利润"账户累计实现的净利润结转入"利润分配——未分配利润"账户。

【分析】　　东方公司2021年度净利润＝利润总额－所得税费用
　　　　　　　　　　　　　　　　　　＝118 000元－29 500元
　　　　　　　　　　　　　　　　　　＝88 500元

编制结转会计分录如下：

借：本年利润　　　　　　　　　　　　　88 500
　　贷：利润分配——未分配利润　　　　　　　88 500

利润的分配1

经过此项结转，"本年利润"没有余额。

5）年末分配利润

【例题3-51】 年末，东方公司按实现的净利润的10%提取法定盈余公积金。

【分析】该笔经济业务的发生，一方面，未分配利润减少，应记入"利润分配"账户借方；另一方面，引起所有者权益要素中的盈余公积项目增加，应记入"盈余公积"账户的贷方。编制如下会计分录：

借：利润分配——提取盈余公积　　　　　　8 850
　　贷：盈余公积　　　　　　　　　　　　　　8 850

【例题3-52】 经董事会决议，东方公司按本年实现净利润中的30 000元向投资者分配利润。

【分析】该笔经济业务的发生，一方面，未分配利润减少，应记入"利润分配"账户借方；另一方面，引起负债要素中的应付利润项目增加，应记入"应付利润"账户的贷方。编制如下会计分录：

借：利润分配——向投资者分配利润　　　　30 000

　　　　贷：应付利润　　　　　　　　　　　　　　　　30 000

6）年终结账

【例题 3-53】 将东方公司利润分配各明细账户结转"利润分配——未分配利润"账户。

【分析】 年底，企业要结转当年的利润分配情况，即将"利润分配"各明细账的借方发生额全部转入"利润分配——未分配利润"账户的借方。经过结转，除"利润分配——未分配利润"账户外，其他明细账户均无余额。年末，"利润分配——未分配利润"账户如果有贷方余额，表示当年未分配完、留待以后年度可继续向投资者分配的利润（在资产负债表的所有者权益项列示）；如果是借方余额，表示未弥补的亏损。编制如下会计分录：

利润的分配 2

　　借：利润分配——未分配利润　　　　　　　　38 850
　　　　贷：利润分配——提取盈余公积　　　　　　8 850
　　　　　　　　　　　——向投资者分配利润　　　30 000

上述例题 3-50 中"利润分配——未分配利润"账户的贷方是 88 500 元，与例题 3-53 中"利润分配——未分配利润"账户的借方金额 38 850 元相抵以后的贷方余额为 49 650 元，说明本年末东方公司有 49 650 元的未分配利润。

期末结转的门道

据说，在复式记账法应用的早期，会计使用的账户只有资产、负债和所有者权益这三类，收益多了就增加所有者权益类账户，费损增加了就减少所有者权益类账户。后来，人们在实践中越发地发现收益和费用损失太重要了，就将收益类账户和费损类账户从所有者权益类账户中分离出来，以便详细记录这些账户的变化。由于这些账户本来就属于所有者权益账户，所以到期末，相对来说会计分期中的相对静止的时候，需要将自身账户结转为零，然后又回归到本年利润账户。

3.5.3 项目任务

一、项目资料

接 3.4.3 项目任务，荣昌公司 2021 年 12 月份发生了以下经济业务（续）：

㊵12 月 24 日，因为某供货单位违反合同规定，荣昌公司收到一笔罚款收入 8 000 元，款已存入银行。

㊶公司接受 M 公司捐赠的计算机 10 台，价值 40 000 元。

㊷公司的供应商凯越公司已不存在，原欠凯越公司货款 35 000 元，无法归还。

㊸公司支援希望工程，由银行信汇 50 000 元，补助光明村小学建设教学房屋。

㊹公司因经营某种商品按规定被处以罚款 3 000 元，30 日开出现金支票一张。

㊺荣昌公司 12 月份发生原材料意外灾害损失 27 000 元，保险公司同意赔偿 20 000 元，其余部分经批准转作营业外支出。

㊻荣昌公司从子公司分得利润 10 万元。

㊼月末,结转本月各损益类账户。
㊽计算并结转本年所得税费用。
㊾用银行存款交纳本月增值税 629 800 元,应交税金及附加 336 000 元;交纳本年度所得税 2 786 600 元。
㊿年末结转荣昌公司 2021 年度净利润。
㉛按全年可供分配利润的 10% 提取法定盈余公积。
㉜公司根据股东大会决议,分派普通股股利 7 500 000 元。
㉝用银行存款支付现金股利 7 400 000 元。

二、任务操作

(1)根据荣昌公司 2021 年 12 月份发生的利润形成与分配业务编制会计分录如下:

㊵借:银行存款   8 000
    贷:营业外收入   8 000

㊶借:固定资产   40 000
    贷:营业外收入   40 000

㊷借:应付账款   35 000
    贷:营业外收入   35 000

㊸借:营业外支出   50 000
    贷:银行存款   50 000

㊹借:营业外支出   3 000
    贷:银行存款   3 000

㊺借:其他应收款——保险公司   20 000
    营业外支出   7 000
    贷:原材料   27 000

㊻借:应收股利   100 000
    贷:投资收益   100 000

㊼根据项目案例,荣昌公司的业务③⑯⑰⑱⑲⑳㉑㉒㉔㉘㉙㉝㉟㊱㊲㊳㊴㊵㊶㊷㊸㊹㊺㊻的登账结果,2021 年 12 月末结账前有关损益类账户余额如表 3-17 所示。

表 3-17 荣昌公司 2021 年 12 月各损益类账户结账前余额

损益类账户名称	借方余额	贷方余额
主营业务收入		5 890 000
其他业务收入		260 000
投资收益		100 000
营业外收入		83 000
主营业务成本	2 830 000	
税金及附加	336 000	

续表

损益类账户名称	借方余额	贷方余额
其他业务成本	200 000	
销售费用	200 000	
管理费用	419 600	
财务费用	1 000	
营业外支出	60 000	

结转收入类账户的分录：
借：主营业务收入　　　　　　　　　　　　5 890 000
　　其他业务收入　　　　　　　　　　　　　260 000
　　投资收益　　　　　　　　　　　　　　　100 000
　　营业外收入　　　　　　　　　　　　　　　83 000
　贷：本年利润　　　　　　　　　　　　　6 333 000
结转费用成本类账户的分录：
借：本年利润　　　　　　　　　　　　　　4 046 600
　贷：主营业务成本　　　　　　　　　　　2 830 000
　　　税金及附加　　　　　　　　　　　　　336 000
　　　其他业务成本　　　　　　　　　　　　200 000
　　　销售费用　　　　　　　　　　　　　　200 000
　　　管理费用　　　　　　　　　　　　　　419 600
　　　财务费用　　　　　　　　　　　　　　　1 000
　　　营业外支出　　　　　　　　　　　　　 60 000

荣昌公司 2021 年 12 月份利润总额＝6 333 000 元－4 046 600 元＝2 286 400 元

㊽荣昌公司 2021 年利润总额＝8 860 000 元＋2 286 400 元＝11 146 400 元

　　　　2021 年度应纳所得税＝11 146 400×25％元＝2 786 600 元

计算应纳所得税的分录：
借：所得税费用　　　　　　　　　　　　　2 786 600
　贷：应交税费——应交所得税　　　　　　2 786 600
结转所得税费用的分录：
借：本年利润　　　　　　　　　　　　　　2 786 600
　贷：所得税费用　　　　　　　　　　　　2 786 600
㊾借：应交税费——应交增值税(已交税费)　　629 800
　　　　　　——应交所得税　　　　　　　2 786 600
　　　　　　——应交税金及附加　　　　　　336 000
　贷：银行存款　　　　　　　　　　　　　3 752 400

㊾荣昌公司2021年度净利润＝11 146 400元－2 786 600元＝8 359 800元,转入"利润分配——未分配利润"账户,分录如下:

借:本年利润　　　　　　　　　　　　　　　8 359 800
　　贷:利润分配——未分配利润　　　　　　　　　　8 359 800
㊿借:利润分配——提取法定盈余公积　　　　　835 980
　　贷:盈余公积　　　　　　　　　　　　　　　　　835 980
㊾借:利润分配——分配投资者利润　　　　　　7 500 000
　　贷:应付股利　　　　　　　　　　　　　　　　　7 500 000

最后要将"利润分配——提取法定盈余公积""利润分配——分配投资者利润"明细账户的余额结转到"利润分配——未分配利润"账户:

　　借:利润分配——未分配利润　　　　　　　　8 335 980
　　　　贷:利润分配——提取法定盈余公积　　　　　　835 980
　　　　　　——分配投资者利润　　　　　　　　　7 500 000
㊿借:应付股利　　　　　　　　　　　　　　　　7 400 000
　　贷:银行存款　　　　　　　　　　　　　　　　　7 400 000

(2)根据利润形成与分配业务的会计分录登记T形账户,并完成结账工作(结清损益类账户,结出资产、负债、所有者权益类账户的本期发生额和期末余额)。

借方		库存现金		贷方
期初余额	1 600			
㉔	200	⑥		200
㉕	5 000	⑦		200
		㉑		800
		㉓		2 000
本期发生额	5 200	本期发生额		3 200
期末余额	3 600			

借方		应交税费		贷方
		期初余额		120 000
⑤	10 400	㉘		378 300
⑥	2 600	㉙		275 600
⑨	39 000	㉝		111 800
⑩	91 000	㊲		336 000
⑬	145 080	㊳		33 800
㊾	3 752 400	㊽		2 786 600
本期发生额	4 040 480	本期发生额		3 922 100
		期末余额		1 620

借方		银行存款	贷方	
期初余额	8 435 500			
①	500 000	⑤		90 400
③	200 000	⑥		22 600
④	900 000	⑨		339 000
㉘	3 288 300	⑪		8 000
㉛	2 930 600	⑫		800 000
㉜	200 000	⑭		521 080
㉞	771 800	⑱		1 050 000
㊳	293 800	⑳		12 000
㊵	8 000	㉒		900
		㉕		5 000
		㉚		35 000
		㊱		200 000
		㊸		50 000
		㊹		3 000
		㊾		3 752 400
		㊼		7 400 000
本期发生额	9 092 500	本期发生额		14 289 380
期末余额	3 238 620			

借方		在途物资	贷方	
期初余额	100 000			
⑨	300 000	⑮		1 984 000
⑩	700 000			
⑪	8 000			
⑬	1 176 000			
本期发生额	2 184 000	本期发生额		1 984 000
期末余额	300 000			

借方		预付账款	贷方	
期初余额				
⑫	800 000	⑬		1 321 080
⑭	521 080			
本期发生额	1 321 080	本期发生额		1 321 080
期末余额	平			

借方		原材料		贷方
期初余额	960 000			
⑮	1 984 000	⑦		450
		⑯		1 831 900
		⑰		4 000
		㊴		200 000
		㊺		27 000
本期发生额	1 984 000	本期发生额		2 063 350
期末余额	880 650			

借方		生产成本		贷方
期初余额	80 200			
⑯	1 500 000	㉗		2 664 800
⑱	798 000			
㉖	366 800			
本期发生额	2 664 800	本期发生额 2 664 800		
期末余额	80 200			

借方		制造费用		贷方
⑯	213 000	㉖		366 800
⑰	3 000			
⑱	114 000			
⑲	26 000			
⑳	10 000			
㉑	200			
㉒	600			
本期发生额	366 800	本期发生额		366 800
期末余额	平			

借方		库存商品		贷方
期初余额	799 000			
㉗	2 664 800	㉟		2 830 000
本期发生额	2 664 800	本期发生额		2 830 000
期末余额	633 800			

借方		存货跌价准备		贷方
		期初余额		3 300
本期发生额		本期发生额		
		期末余额		3 300

借方		应收账款		贷方
期初余额	901 000			
㉙	2 395 600	㉛		2 930 600
㉚	35 000			
本期发生额	2 430 600	本期发生额		2 930 600
期末余额	401 000			

借方		坏账准备		贷方
		期初余额		2 000
本期发生额		本期发生额		
		期末余额		2 000

借方		应收票据		贷方
期初余额	50 000			
本期发生额		本期发生额		
期末余额	50 000			

借方		应收股利		贷方
㊻	100 000			
本期发生额	100 000	本期发生额		
期末余额	100 000			

借方		其他应收款		贷方
期初余额	2 800			
㉓	2 000	㉔		2 000
㊺	20 000			
本期发生额	22 000	本期发生额		2 000
期末余额	22 800			

借方		固定资产		贷方
期初余额	10 000 000			
②	351 000			
⑤	80 000			
⑧	20 850			
㊶	40 000			
本期发生额	491 850	本期发生额		
期末余额	10 491 850			

借方		在建工程		贷方
期初余额				
⑥	20 200	⑧		20 850
⑦	650			
本期发生额	20 850	本期发生额		20 850
期末余额	平			

借方		累计折旧		贷方
		期初余额		2 800 000
		⑲		36 000
本期发生额		本期发生额		36 000
		期末余额		2 836 000

借方		无形资产		贷方
期初余额	160 000			
本期发生额		本期发生额		
期末余额	160 000			

借方		预收账款		贷方
		期初余额		
㉝	971 800	㉜		200 000
		㉞		771 800
本期发生额	971 800	本期发生额		971 800
		期末余额		平

借方		短期借款		贷方
		期初余额		500 000
		③		200 000
本期发生额		本期发生额		200 000
		期末余额		700 000

借方		长期借款		贷方
		期初余额		1 000 000
		④		900 000
本期发生额		本期发生额		900 000
		期末余额		1 900 000

借方		应付账款		贷方
		期初余额		637 000
㊷	35 000	⑩		791 000
本期发生额	35 000	本期发生额		791 000
		期末余额		1 393 000

借方		应付职工薪酬		贷方
		期初余额		3 800
⑱	1 050 000	⑱		1 197 000
本期发生额	1 050 000	本期发生额		1 197 000
		期末余额		150 800

借方		应付股利		贷方
		期初余额		100 000
㊳	7 400 000	㊷		7 500 000
本期发生额	7 400 000	本期发生额		7 500 000
		期末余额		200 000

借方		应付利息		贷方
		期初余额		
		③		1 000
本期发生额		本期发生额		1 000
		期末余额		1 000

借方　　实收资本　　贷方

		期初余额	7 290 000
		①	450 000
		②	351 000
本期发生额		本期发生额	801 000
		期末余额	8 091 000

借方　　盈余公积　　贷方

		期初余额	54 000
		(51)	835 980
本期发生额		本期发生额	835 980
		期末余额	889 980

借方　　资本公积　　贷方

		期初余额	
		①	50 000
本期发生额		本期发生额	50 000
		期末余额	50 000

借方　　利润分配　　贷方

		期初余额	120 000
(51)	835 980	(50)	8 359 800
(52)	7 500 000	(52)	8 335 980
(52)	8 335 980		
本期发生额	16 671 960	本期发生额	16 695 780
		期末余额	143 820

借方　　主营业务收入　　贷方

㊼	5 890 000	㉘	2 910 000
		㉙	2 120 000
		㉝	860 000
本期发生额	5 890 000	本期发生额	5 890 000
		期末余额	平

借方		其他业务收入		贷方
㊼	260 000	㊳		260 000
本期发生额	260 000	本期发生额		260 000
		期末余额		平

借方		营业外收入		贷方
㊼	83 000	㊵		8 000
		㊶		40 000
		㊷		35 000
本期发生额	83 000	本期发生额		83 000
		期末余额		平

借方		投资收益		贷方
㊼	100 000	㊻		100 000
本期发生额	100 000	本期发生额		100 000
		期末余额		平

借方		主营业务成本		贷方
㉟	2 830 000	㊼		2 830 000
本期发生额	2 830 000	本期发生额		2 830 000
期末余额	平			

借方		其他业务成本		贷方
㊴	200 000	㊼		200 000
本期发生额	200 000	本期发生额		200 000
期末余额	平			

借方		税金及附加		贷方
㊲	336 000	㊼		336 000
本期发生额	336 000	本期发生额		336 000
期末余额	平			

借方		管理费用	贷方	
⑯	118 900	㊼		419 600
⑰	1 000			
⑱	285 000			
⑲	10 000			
⑳	2 000			
㉑	600			
㉒	300			
㉔	1 800			
本期发生额	419 600	本期发生额		419 600
期末余额	平			

借方		销售费用	贷方	
㊱	200 000	㊼		200 000
本期发生额	200 000	本期发生额		200 000
期末余额	平			

借方		财务费用	贷方	
③	1 000	㊼		1 000
本期发生额	1 000	本期发生额		1 000
期末余额	平			

借方		营业外支出	贷方	
㊸	50 000	㊼		60 000
㊹	3 000			
㊺	7 000			
本期发生额	60 000	本期发生额		60 000
期末余额	平			

借方		所得税费用	贷方	
㊽	2 786 600	㊽		2 786 600
本期发生额	2 786 600	本期发生额		2 786 600
期末余额	平			

借方		本年利润	贷方
		期初余额	8 860 000
㊼	4 046 600	㊼	6 333 000
㊽	2 786 600		
㊾	8 359 800		
本期发生额	15 193 000	本期发生额	6 333 000
		期末余额	平

（3）试算平衡。

根据荣昌公司2021年12月份T形账户余额编制试算平衡表，如表3-18所示。

资金退出的核算1

表3-18　荣昌公司总分类账户试算平衡表

2021年12月31日　　　　　　　　　　　　　　　　　单位：元

账户名称	期初余额		本期发生额		期末余额	
	借方	贷方	借方	贷方	借方	贷方
库存现金	1 600		5 200	3 200	3 600	
银行存款	8 435 500		9 092 500	14 289 380	3 238 620	
应收票据	50 000				50 000	
应收账款	901 000		2 430 600	2 930 600	401 000	
应收股利			100 000		100 000	
预付账款			1 321 080	1 321 080		
其他应收款	2 800		22 000	2 000	22 800	
坏账准备		2 000				2 000
在途物资	100 000		2 184 000	1 984 000	300 000	
原材料	960 000		1 984 000	2 063 350	880 650	
库存商品	799 000		2 664 800	2 830 000	633 800	
存货跌价准备		3 300				3 300
固定资产	10 000 000		491 850		10 491 850	
累计折旧		2 800 000		36 000		2 836 000
在建工程			20 850	20 850		
无形资产	160 000				160 000	
生产成本	80 200		2 664 800	2 664 800	80 200	
短期借款		500 000		200 000		700 000
应付账款		637 000	35 000	791 000		1 393 000
应付职工薪酬		3 800	1 050 000	1 197 000		150 800
应交税费		120 000	4 040 480	3 922 100		1 620
应付股利		100 000	7 400 000	7 500 000		200 000

续表

账户名称	期初余额		本期发生额		期末余额	
	借方	贷方	借方	贷方	借方	贷方
应付利息				1 000		1 000
预收账款			971 800	971 800		
长期借款		1 000 000		900 000		1 900 000
实收资本		7 290 000		801 000		8 091 000
资本公积				50 000		50 000
盈余公积		54 000		835 980		889 980
本年利润		8 860 000	15 193 000	6 333 000		
未分配利润		120 000	16 671 960	16 695 780		143 820
合计	21 490 100	21 490 100	68 343 920	68 343 920	16 362 520	16 362 520

从表 3-18 可以看出,荣昌公司各账户期初借、贷方余额合计均为 21 490 100 元;本期借、贷方发生额合计数都是 68 343 920 元;期末借、贷方余额合计均为 16 362 520 元,各自保持平衡。如果不等,就说明账簿记录有误,应认真查明更正。

资金退出的核算 2

人工智能对会计行业的影响

人工智能的出现对于会计核算及整个会计行业来说是一把双刃剑。财务机器人的工作效率和准确度与人工相比在不断提高,且能够降低成本、减少人工,减轻了财务工作人员的负担;财务机器人也确保了数据的质量;财务机器人可以记录和监控,为后面的财务工作、查账、查找数据等提供了重要依据。会计核算智能化提高了会计工作效率,给企业提供了经济决策与选择所需的原始数据、模拟数据等资料,推动企业的快速发展,从而能够更好地辅助企业管理者进行决策。在一定程度上会计工作更加方便快捷,会计信息的整体质量得到大幅度的提高。但是人工智能的引入造成基础会计岗位将会被逐渐取代,会计人员配置将减少,基础会计人员将面临严峻的就业问题。这也在提醒基础会计人员将转型与升级,会计人员的转型,特别是财务型会计人员向管理型会计人员转变,是未来会计行业发展的趋势。

3.6 生成制造企业会计信息

【任务提示】本分项任务将编制荣昌公司资产负债表和利润表,生成该企业财务状况和经营成果方面的会计信息。

【任务先行】本项目前面 5 个模块已经记录了资金筹集业务、生产准备业务、简单生产业务、销售业务、利润形成和分配业务的会计信息,并通过登记 T 形账户进行了会计信息的汇总,本分项任务将根据 T 形账户的记录编制荣昌公司资产负债表和利润表,生成该企业财务状况和经营成果方面的会计信息。

3.6.1 编制资产负债表,生成财务状况信息

一、项目资料

资产负债表的编制1

(1)荣昌公司 2021 年 11 月 30 日资产负债表,如表 3-4 所示。

(2)荣昌公司 2021 年 12 月 31 日资产负债表账户试算平衡表,如表 3-18 所示。

二、任务操作

荣昌公司 2021 年 12 月 31 日资产负债表编制步骤如下:

(1)年初余额:从荣昌公司 2020 年 12 月 31 日资产负债表抄写过来,此略。

月初余额:从荣昌公司 2021 年 11 月 30 日资产负债表(表 3-4)抄写过来。

(2)年末余额(即 12 月月末余额,金额单位:元):

① 货币资金="库存现金"期末余额+"银行存款"期末余额
 =3 600 元+3 238 620 元=3 242 220 元

② 应收票据="应收票据"期末余额 50 000 元

③ 应收账款="应收账款"借方余额+"预收账款"借方余额-"坏账准备"贷方余额
 =401 000 元+0 元-2 000 元=399 000 元

④ 应收股利="应收股利"借方余额=100 000 元

⑤ 其他应收款="其他应收款"期末余额 22 800 元

⑥ 存货="在途物资"借方余额+"原材料"借方余额+"库存商品"借方余额
 +"生产成本"借方余额-"存货跌价准备"贷方余额
 =300 000 元+880 650 元+633 800 元+80 200 元-3 300 元=1 891 350 元

流动资产合计=上述①~⑥项累计数

⑦ 固定资产="固定资产"借方余额-"累计折旧"贷方余额
 =10 491 850 元-2 836 000 元=7 655 850 元

⑧ 无形资产="无形资产"期末余额 160 000 元

非流动资产合计=上述⑦~⑧项累计数

资产总计=流动资产合计+非流动资产合计

⑨ 短期借款="短期借款"期末余额 700 000 元

⑩ 应付账款="应付账款"贷方余额+"预付账款"贷方余额
 =1 393 000 元+0 元=1 393 000 元

⑪ 应付职工薪酬="应付职工薪酬"期末余额 150 800 元

⑫ 应交税费="应交税费"期末余额 1 620 元

⑬ 应付股利="应付股利"期末余额 200 000 元

⑭ 应付利息="应付利息"期末余额 1 000 元

流动负债合计=上述⑨~⑭项累计数

⑮ 长期借款="长期借款"期末余额 1 900 000 元

非流动负债合计=1 900 000 元

负债合计=流动负债合计+非流动负债合计

⑯ 实收资本＝"实收资本"期末余额 8 091 000 元
⑰ 资本公积＝"资本公积"期末余额 50 000 元
⑱ 盈余公积＝"盈余公积"期末余额 889 980 元
⑲ 未分配利润 143 820 元，可以根据利润表和利润分配表填列。

所有者权益合计＝上述⑯～⑲项累计数
负债及所有者权益总计＝负债合计＋所有者权益合计

资产负债表的编制 2

（3）将上述计算结果填列荣昌公司 2021 年末资产负债表，如表 3-19 所示。

表 3-19 资产负债表

编制单位：荣昌公司　　　　　　　2021 年 12 月 31 日　　　　　　　　　　　　金额单位：元

资产	期初余额	期末余额	负债和所有者权益（或股东权益）	期初余额	期末余额
流动资产：			流动负债：		
货币资金	8 437 100	3 242 220	短期借款	500 000	700 000
应收票据	50 000	50 000	应付票据		
应收账款	899 000	399 000	应付账款	637 000	1 393 000
应收利息			应付职工薪酬	3 800	150 800
应收股利		100 000	应交税费	120 000	1 620
其他应收款	2 800	22 800	应付利息		1 000
存货	1 935 900	1 891 350	应付股利	100 000	200 000
其他流动资产			其他应付款		
流动资产合计	11 324 800	5 705 370	其他流动负债		
非流动资产：			流动负债合计	1 360 800	2 446 420
长期应收款			非流动负债：		
长期股权投资			长期借款	1 000 000	1 900 000
固定资产	7 200 000	7 655 850	应付债券		
在建工程			长期应付款		
固定资产清理			非流动负债合计	1 000 000	1 900 000
无形资产	160 000	160 000	负债合计	2 360 800	4 346 420
长期待摊费用			所有者权益：		
其他非流动资产			实收资本	7 290 000	8 091 000
非流动资产合计	7 360 000	7 815 850	资本公积		50 000
			盈余公积	54 000	889 980
			未分配利润	8 980 000	143 820
			所有者权益合计	16 324 000	9 174 800
资产总计	18 684 800	13 521 220	权益总计	18 684 800	13 521 220

3.6.2 编制利润表,生成经营成果信息

一、项目资料

(1)荣昌公司2021年11月利润表,如表3-5所示。
(2)荣昌公司2021年12月各损益类账户结账前余额,如表3-17所示。

利润表的编制1

二、任务操作

荣昌公司2021年12月利润表编制步骤如下:
(1) 本年累计数=本月数+1月至11月累计金额(表3-5)
(2)本月数根据表3-17各损益类账户发生额填列,其中:
① 营业收入=主营业务收入+其他业务收入
 =5 890 000元+260 000元=6 150 000元
② 营业成本=主营业务成本+其他业务成本
 =2 830 000元+200 000元=3 030 000元

利润表的编制2

(3)编制荣昌公司2021年12月利润表,如表3-20所示。

表3-20 利润表

编制单位:荣昌公司　　　　　　　　2021年12月　　　　　　　　金额单位:元

项目	本月发生额	本年累计数
一、营业收入	6 150 000	38 600 000
减:营业成本	3 030 000	20 636 000
税金及附加	336 000	3 536 000
销售费用	200 000	2 700 000
管理费用	419 600	919 600
财务费用	1 000	151 000
加:投资收益	100 000	450 000
二、营业利润	2 263 400	11 107 400
加:营业外收入	83 000	99 000
减:营业外支出	60 000	60 000
三、利润总额	2 286 400	11 146 400
减:所得税费用	571 600	2 786 600
四、净利润	1 714 800	8 359 800
提取盈余公积		835 980
分配投资者利润		7 500 000
五、未分配利润		143 820

注:利润表编制到"净利润"项目即可。企业一般需要单独编制"利润分配表",这里为了简化,把利润分配部分附在利润表之后。

会计报表的演绎

原始人类编制报表的方法很简单,得到不同的猎物或果子,就分别在相应的绳子上打结。比如说,得到了苹果,记录在表示苹果的绳子上;得到了小野兔,就记录在表示兔子的绳子上。计量属性如何?东西大的就打一个很大的结,小的东西就打一个小的结,吃了一个就解开一个结,以此类推。这就是我们之前说到的结绳记事。实际上,这些绳子永远只表现各项劳动成果(资产)余额,由于当时部落谁也不借东西,所有的资产都由这个部落自己所有,这样就形成资产负债表最开始的模样。所以说,资产负债表是根据不同实际账户,即绳子的余额汇总编制的。

项目 3 小结

本项目根据借贷记账法记录筹资业务、生产准备业务、简单生产业务、销售业务、利润形成与分配业务的会计信息,并以无锡荣昌电器有限责任公司 2021 年 12 月份的业务为案例,记录并生成其会计信息。主要包括以下任务:

1. 记录公司在资金筹集方面的会计信息。公司要进行正常的生产经营活动,就需要一定数量的资金。企业筹集资金主要有两个渠道:一是接受投资者投入资本;二是向银行借入资金。记录此类业务主要使用"银行存款""实收资本""短期借款""财务费用"等账户。

2. 记录公司在生产准备阶段的会计信息。企业筹集到生产经营所需资金后,要购建厂房、建筑物、机器设备等固定资产,特别是要不断地购买材料,从而形成固定资产购置、材料采购以及由此引起的与供货单位之间货款结算业务的核算。此类业务反映了企业资金形态从货币资金到储备资金和固定资金的转化过程。记录时主要使用"固定资产""在途物资""原材料""应付账款""应交税费——应交增值税(进项税额)"等账户。

3. 记录公司在产品生产过程中的会计信息。产品生产过程既是产品的制造过程,又是物化劳动和活劳动的消耗过程。产品生产业务主要是核算产品在制造过程中发生的各项耗费,归集和分配生产费用,计算产品的生产成本。此类业务反映了企业资金形态从储备资金(固定资金)到生产资金再到成品资金的转化过程,主要使用"生产成本""制造费用""管理费用""累计折旧""应付职工薪酬""库存商品"等账户。

4. 记录公司产品销售业务的会计信息。企业生产的产品,通过销售取得销售收入,按照议定价格收取价款,计算已售产品生产成本,计算缴纳销售税金,支付销售费用。此类业务反映了企业资金形态从成品资金转化为货币资金的过程,主要使用"主营业务收入""主营业务成本""其他业务收入""其他业务成本""税金及附加""销售费用""管理费用""财务费用""应收账款""应交税费——应交增值税(销项税额)"等账户。

5. 记录公司在利润形成和分配过程中的会计信息。企业生产经营的最终目的,就是要努力扩大收入,尽可能降低成本与费用,提高盈利水平。企业在一定会计期间的经营成果或财务成果表现为利润(或亏损)。获利能力的高低,是衡量企业优劣的一个重要标志。每个企业都要定期计算利润,并按规定对利润进行分配。记录此类业务主要使用"营业外收入""营业外支出""投资收益""本年利润""所得税费用""利润分配"等账户。

◆ **核心技能**

记录、生成会计信息(编制会计分录、登记 T 形账户、编制资产负债表和利润表)。

◆ **课堂讨论**

1. 在本项目中,我们主要记录了哪些会计信息?
2. "原材料"账户和"在途物资"账户是什么关系?
3. 期间费用属于成本项目吗?
4. 固定资产的折旧如何来理解?

课后自测

一、单项选择题(下列每小题备选答案中,只有一个符合题意的正确答案,请将选定的答案编号,用英文大写字母填入括号内。)

1. A 公司月初短期借款余额为 80 万元,本月份向银行借入 5 个月的借款 20 万元,归还前期的短期借款 60 万元,则本月末短期借款的余额为( )。

   A. 借方 40 万元　　　B. 贷方 40 万元　　　C. 借方 120 万元　　　D. 贷方 120 万元

2. M 公司月初资产总额为 100 万元,本月发生下列业务:①以银行存款购买原材料 10 万元;②向银行借款 60 万元,款存入银行;③以银行存款归还前欠货款 30 万元;④收回应收账款 20 万元,款已存入银行。则月末该公司资产总额为( )万元。

   A. 130　　　　　　　B. 160　　　　　　　C. 100　　　　　　　D. 110

3. 对某项经济业务事项标明应借应贷账户及其金额的记录称为( )。

   A. 对应关系　　　　　B. 会计分录　　　　　C. 对应账户　　　　　D. 试算平衡

4. 下列经济业务中,借记资产类账户、贷记负债类账户的是( )。

   A. 从银行提取现金　　　　　　　　　　　B. 接受投资
   C. 赊购商品　　　　　　　　　　　　　　D. 以库存现金偿还债务

5. 下列关于"累计折旧"账户的表述中,正确的是( )。

   A. "累计折旧"账户应根据固定资产的类别进行明细核算
   B. "累计折旧"账户是实收资本账户的调整账户
   C. "累计折旧"账户的贷方登记折旧的增加额
   D. "累计折旧"账户的贷方登记折旧的减少额

6. 下列各项中,不计入产品成本的费用是( )。

   A. 直接材料费用　　　　　　　　　　　　B. 辅助车间管理人员工资
   C. 车间厂房折旧费　　　　　　　　　　　D. 厂部办公楼折旧费

7. 职工预借差旅费应借记( )账户。

   A. 其他应收款　　　　B. 应收账款　　　　　C. 应收票据　　　　　D. 应付账款

8. 企业发生的间接费用应先在"制造费用"账户归集,期末再按一定的标准和方法分配计入( )账户。

   A. 管理费用　　　　　B. 生产成本　　　　　C. 本年利润　　　　　D. 库存商品

9. 下列引起资产和负债同时减少的经济业务是( )。

   A. 将现金存入银行　　　　　　　　　　　B. 购进材料一批,货款暂欠
   C. 以银行存款归还银行借款　　　　　　　D. 收到其他单位还来前欠货款

10. 生产过程中发生的各种耗费称为(   )。
   A. 生产费用　　　　　B. 直接费用　　　　　C. 制造费用　　　　　D. 间接费用

11. "固定资产"账户的余额减去"累计折旧"账户的余额表示(   )。
   A. 固定资产可变现净值　　　　　　　　B. 固定资产重置的价值
   C. 固定资产的账面净值　　　　　　　　D. 固定资产的原值

12. 年末结转后,"利润分配"账户的贷方余额表示(   )。
   A. 未分配利润　　　　　　　　　　　　B. 净利润
   C. 未弥补亏损　　　　　　　　　　　　D. 利润总额

13. 下列关于"本年利润"账户的表述中正确的是(   )。
   A. 借方登记转入的营业收入、营业外收入等金额
   B. 贷方登记转入的营业成本、营业支出等金额
   C. 年度终了结账后,该账户无余额
   D. 全年的任何一个月末都不应有余额

14. 下列属于"营业外支出"账户核算内容的是(   )。
   A. 行政管理人员的工资　　　　　　　　B. 各种销售费用
   C. 借款的利息　　　　　　　　　　　　D. 公益性捐赠支出

15. 下列项目中,影响营业利润的因素是(   )。
   A. 营业外收入　　　　B. 所得税费用　　　　C. 管理费用　　　　D. 营业外支出

16. 下列款项可以通过"应收账款"进行核算的是(   )。
   A. 应向职工收取的各种代垫款项
   B. 应收的各种罚款
   C. 收取的包装物押金
   D. 因销售产品、提供劳务而应向购货方或接受劳务单位收取的款项

17. 下列费用中不属于销售费用的是(   )。
   A. 广告费　　　　　B. 销售机构经费　　　　C. 失业保险费　　　　D. 产品展览费

18. 下列应计入管理费用的是(   )。
   A. 包装费　　　　　B. 业务招待费　　　　　C. 广告费　　　　　　D. 捐赠支出

19. 月末结转已售产品的销售成本 90 000 元,正确会计分录为(   )。
   A. 借:库存商品　　　　　　　　　　　　　　90 000
       　贷:生产成本　　　　　　　　　　　　　　　90 000
   B. 借:主营业务成本　　　　　　　　　　　　90 000
       　贷:主营业务收入　　　　　　　　　　　　　90 000
   C. 借:主营业务成本　　　　　　　　　　　　90 000
       　贷:库存商品　　　　　　　　　　　　　　　90 000
   D. 借:主营业务成本　　　　　　　　　　　　90 000
       　贷:生产成本　　　　　　　　　　　　　　　90 000

20. 某企业本期已销产品的制造成本为 55 500 元,销售费用为 4 500 元,税金及附加 6 000 元,其产品销售成本为(   )元。
   A. 61 500　　　　　B. 66 000　　　　　C. 60 000　　　　　D. 55 500

二、多项选择题(下列每小题备选答案中,有两个或以上符合题意的正确答案,请将选定的答案编号,用英文大写字母填入括号内。)

1. 计提固定资产折旧时,下列账户可能被涉及的有(　　)。
   A. 固定资产　　　　B. 累计折旧　　　　C. 制造费用　　　　D. 管理费用
2. 一般纳税人原材料采购的成本包括(　　)。
   A. 买价　　　　　　　　　　　　　　　B. 增值税
   C. 运费　　　　　　　　　　　　　　　D. 运输中的合理损耗
3. 下列费用中,应计入产品成本的有(　　)。
   A. 直接用于产品生产,构成产品实体的辅助材料
   B. 直接从事产品生产的工人的工资
   C. 按照生产工人工资的一定比例计提的职工福利费
   D. 车间管理人员的工资及福利费
4. 下列会计科目中,属于成本类科目的有(　　)。
   A. 生产成本　　　　B. 主营业务成本　　C. 制造费用　　　　D. 销售费用
5. 下列属于制造费用项目的有(　　)。
   A. 车间管理人员工资　　　　　　　　　B. 车间水电费
   C. 车间劳保费　　　　　　　　　　　　D. 车间固定资产折旧费
6. 下列会计科目中,可能成为"本年利润"账户的对应科目的有(　　)。
   A. 管理费用　　　　B. 所得税费用　　　C. 利润分配　　　　D. 制造费用
7. 以下税费可能记入"税金及附加"账户核算的有(　　)。
   A. 增值税　　　　　B. 消费税　　　　　C. 资源税　　　　　D. 教育费附加
8. 下列关于"所得税费用"账户的表述中正确的有(　　)。
   A. 该账户是损益类账户
   B. 该账户的余额期末结账时应转入"本年利润"账户
   C. 该账户属于负债类账户
   D. 该账户的余额一般在贷方
9. 下列属于营业外支出的项目有(　　)。
   A. 对外投资支出　　　　　　　　　　　B. 对外无偿捐赠支出
   C. 罚款支出　　　　　　　　　　　　　D. 非常损失
10. 下列各项属于期间费用的是(　　)。
    A. 管理费用　　　　B. 财务费用　　　　C. 商誉　　　　　　D. 销售费用
11. 企业的其他业务收入有(　　)收入。
    A. 提供劳务　　　　B. 出租包装物　　　C. 销售材料　　　　D. 销售商品
12. 下列各项费用属于"管理费用"的是(　　)。
    A. 公司经费　　　　B. 劳动保护费　　　C. 诉讼费　　　　　D. 排污费
13. 甲企业是一般纳税人,购买了一台需要安装的设备,价款30 000元,增值税税率13%,转账支付。安装设备中,发生材料费500元,以现金支付给安装工人工资1 000元。安装完毕,设备投入使用,需要编制的会计分录是(　　)。
    A. 借:在建工程　　　　　　　　　　　30 000

　　　　应交税费——应交增值税(进项税额)　　　3 900
　　　　　贷:银行存款　　　　　　　　　　　　　　　　33 900
　B.借:固定资产　　　　　　　　　　　　　　30 000
　　　　应交税费——应交增值税(进项税额)　　　3 900
　　　　　贷:银行存款　　　　　　　　　　　　　　　　33 900
　C.借:在建工程　　　　　　　　　　　　　　1 500
　　　　　贷:原材料　　　　　　　　　　　　　　　　　　500
　　　　　　　库存现金　　　　　　　　　　　　　　　1 000
　D.借:固定资产　　　　　　　　　　　　　　31 500
　　　　　贷:在建工程　　　　　　　　　　　　　　　31 500

14.以下对"本年利润"科目的描述中,正确的有(　　)。
　A.年终,将"本年利润"科目余额转入"利润分配"科目
　B.企业当期实现的净利润应通过"本年利润"科目核算
　C.本年利润账户的贷方余额为当期实现的净利润
　D.本年利润账户的借方余额为当期实现的净亏损

15.下列各项中,属于企业应付职工薪酬核算的内容有(　　)。
　A.职工培训费　　　　B.职工工资　　　　C.职工福利　　　　D.辞退福利

三、判断题(请在每小题后面的括号内填入判断结果,正确的用"√",错误的用"×"。)

1.生产成本及主营业务成本都属于成本类科目。(　　)

2.企业资金的来源渠道主要有投资者投入的资金和通过各种形式举借债务。(　　)

3.车间管理人员的工资不属于直接工资,因而不能计入产品成本,而应计入管理费用。(　　)

4.制造费用和管理费用都应当在期末转入"本年利润"账户。(　　)

5.生产工人工资应借记"生产成本"账户,车间管理人员工资应借记"制造费用"账户。(　　)

6.计提短期借款的利息,应贷记"应付账款"账户。(　　)

7.当本期收入大于费用时,表示企业取得了盈利,最终导致企业所有者权益的增加。(　　)

8.我国公司法规定,企业按税后利润的5%提取法定盈余公积。(　　)

9.年终结账后,"利润分配——未分配利润"账户余额在借方表示尚未弥补的亏损。(　　)

10.损益类账户借方登记增加额,贷方登记减少额,期末一般无余额。(　　)

四、实务题

1.练习资金筹集业务的核算。

【资料】天龙公司2月份发生下列筹资业务:

(1)收到昌盛公司投入款项一笔40 000元,已存入本公司存款账户。

(2)收到发明人阳光投入专利权一项,确认价值30 000元。

(3)收到方圆公司投入新设备一台,价值28 000元,设备已交付使用。

(4)收到昌盛公司投入原材料一批,价值5 000元,增值税650元,材料已验收入库。

(5)向银行取得6个月的周转借款8 000元,利率3%,已转入本公司存款账户。

(6)向银行借入3年期的100 000元款项,准备用于建造办公用房,利率5%,该笔款项已转入本公司存款账户。

(7)本月归还到期的临时周转借款本金2 000元,支付利息50元(利息以前均未预提)。

【要求】编制上述经济业务的会计分录。

2. 练习材料采购业务的核算。

【资料】天龙公司7月份发生下列材料采购业务:

(1)天龙公司向达成工厂购入A材料8 000千克,单价12元/千克。收到达成工厂开来的增值税专用发票,价款96 000元,增值税12 480元,货款及增值税均以银行存款支付,A材料已验收入库。

(2)天龙公司用银行存款支付上述购入A材料的运费2 000元(不考虑税费)。

(3)天龙公司向创新工厂购入B材料4 000千克,单价5元/千克,C材料1 000千克,单价15元/千克。收到创新工厂开来的增值税专用发票,货款35 000元,增值税4 550元,货款及增值税均未支付,B、C两种材料均已验收入库。

(4)天龙公司以银行存款支付上述B、C两种材料的运费300元(运费按材料重量比例分配)。

(5)天龙公司以银行存款偿还前欠新兴工厂货款31 080元。

(6)天龙公司根据合同规定预付龙强工厂购买D材料款31 590元。

(7)天龙公司收到龙强工厂发来预付款购买的D材料3 000千克,单价9元/千克,增值税3 510元,材料已验收入库。

(8)计算并结转已验收入库材料的实际采购成本。

【要求】(1)编制上述经济业务的会计分录。

(2)编制"材料采购成本计算表"。

3. 练习产品生产业务的核算。

【资料】天龙公司生产甲、乙两种产品,7月份发生下列生产业务:

(1)生产甲产品领用A材料500千克,单价12.25元/千克,领用B材料300千克,单价5.06元/千克,仓库已发料。

(2)用银行存款支付生产车间办公费700元。

(3)用银行存款3 600元预付下半年车间用房屋租金,本月应负担600元。

(4)生产车间领用D材料200千克,单价9元/千克,属于一般机物料消耗,仓库已发料。

(5)开出转账支票支付本月生产车间水电费3 500元。

(6)生产乙产品领用C材料600千克,单价15.06元/千克,仓库已发料。

(7)月末,计算本月应付职工工资168 000元,其中:甲产品生产工人工资80 000元,乙产品生产工人工资60 000元,车间管理人员工资18 000元,厂部管理人员工资10 000元。

(8)月末,依据职工工资总额的14%计提职工福利费。

(9)月末,以银行存款支付本月车间固定资产日常修理费1 900元。

(10)月末,计提本月车间固定资产折旧7 880元。

(11)月末,将168 000元转入职工工资卡。
(12)月末,将本月发生的制造费用按生产工人的工资比例分配转入生产成本。
(13)月末,甲产品120件、乙产品100件全部完工验收入库,均无期末在产品,计算并结转完工产品的实际生产成本。

【要求】编制上述经济业务的会计分录。

4.练习销售业务的核算。

【资料】天龙公司7月份发生下列销售业务:

(1)销售给五羊公司甲产品40件,单位售价450元,乙产品10件,单位售价390元,增值税税额2 847元,货款及增值税已存入银行。
(2)以银行存款支付销售甲、乙两种产品运费500元(不考虑税费)。
(3)销售给天山公司乙产品20件,单位售价390元,增值税1 014元,用银行存款代垫运杂费180元(不考虑税费),货款、增值税及运费均未收到。
(4)按合同规定提前收取光明公司购买甲产品款8 700元,存入银行。
(5)计算本月应交已售产品消费税8 500元。
(6)结转本月已售甲、乙两种产品的成本,甲产品单位成本280.75元,乙产品单位成本265元。

【要求】编制上述经济业务的会计分录。

5.练习期间费用和营业外收支的核算。

【资料】天龙公司7月份发生下列有关业务:

(1)用现金800元支付厂部办公费。
(2)以银行存款4 500元支付产品广告费。
(3)以银行存款支付本月财产保险费2 300元。
(4)计提本月短期借款利息2 000元。
(5)计提厂部管理部门使用固定资产折旧2 900元。
(6)工厂人力资源部张为报销差旅费1 560元,其曾预支现金2 000元,余款退回。
(7)由于对方违约,收取罚款3 000元,存入银行。
(8)向灾区捐赠现金3 500元。
(9)以银行存款750元缴纳税收滞纳金。

【要求】编制上述经济业务的会计分录。

6.练习利润形成及分配业务的核算。

【资料】天龙公司12月份有关收入和费用账户的资料如表3-21所示。

表3-21 账户资料

单位:元

账户名称	借方余额	账户名称	贷方余额
主营业务成本	1 260 000	主营业务收入	1 851 000
税金及附加	280 000	其他业务收入	235 000
其他业务成本	115 600	投资收益	45 000

续表

账户名称	借方余额	账户名称	贷方余额
销售费用	4 500	营业外收入	6 000
管理费用	10 000		
财务费用	3 600		
营业外支出	5 600		

【要求】按下列要求编制会计分录：
(1)将各损益类账户余额转至"本年利润"账户。
(2)按利润总额的25%计算应交所得税，并结转。
(3)将本年净利润转入利润分配账户。
(4)按净利润的10%计提盈余公积。
(5)按税后利润的40%计提应付给投资者的利润。

"钱"途要自己选择

兴业公司要精简机构。对于职员张强来说，有三条路可供他选择：
(1)继续在原单位供职，年收入120 000元。
(2)下岗，收入打对折，但某快餐厅愿以每月6 000元的工资待遇招聘录用他；
(3)辞职，搞个体经营。
经过思考，他决定自己投资200 000元，开办一家酒吧。
下面是该酒吧开业一个月的经营情况：
①预付半年房租30 000元；
②购入各种饮料60 000元，本月份耗用其中的2/3；
③支付雇员工资15 000元；
④支付水电费5 000元；
⑤获取营业收入80 000元。
请你根据上述资料，评价张强的选择是否正确，为什么？

实训操作

实训1

一、实训目的
通过本实训，使学生熟悉企业主要的经济业务，掌握借贷记账法下会计分录的编制。

二、实训资料
光明工厂2021年4月份发生下列经济业务：
1.购入甲材料1 000公斤，每公斤5元，计5 000元，增值税税额650元；乙材料2 000公斤，每公斤4元，计8 000元，增值税税额1 040元。货款及税金均以银行存款支付，结转材料采购成本。

2. 购买一台需要安装的机器,价款是 100 000 元,增值税 13 000 元,以银行存款支付。安装上述购买的机器以银行存款支付工人工资 2 000 元。

3. 机器安装完毕投入使用。

4. 仓库发出材料,用于产品生产,资料如下:A 产品领用甲材料 2 000 公斤,计 10 000 元,乙材料 3 000 公斤,计 12 000 元;B 产品领用甲材料 500 公斤,计 2 500 元,乙材料 1 000 公斤,计 4 000 元。

5. 职工小王出差预借差旅费 500 元,以库存现金支付。

6. 按月初固定资产原值计提本月份固定资产折旧 5 000 元,其中生产车间负担 3 000 元,企业管理部门负担 2 000 元。

7. 分配结转本月份职工工资 100 000 元,其中:A 产品生产工人工资 50 000 元,B 产品生产工人工资 30 000 元,车间管理人员工资 5 000 元,厂部管理人员工资 15 000 元。

本月发生的制造费用共计 16 000 元,分别计算 A、B 产品负担的制造费用(按生产工人工资比例分配)。

8. 分配结转本月份制造费用。

9. 收回某单位前欠货款 500 000 元,存入银行。

10. 结转本月份完工入库产品成本,A 产品 20 000 元,B 产品 10 000 元。

11. 本月份销售 A 产品 10 000 公斤,每公斤 10 元,增值税税额 13 000 元,B 产品 5 000 公斤,每公斤 40 元,增值税税额 26 000 元,货款及税款已存入银行。

12. 本月销售 A 产品的生产成本为 75 000 元,B 产品的生产成本为 180 000 元,结转本月产品销售成本。

13. 以银行存款支付广告费 5 000 元。

14. 结转本月收入和费用账户的发生额。

15. 根据本月实现利润总额,按 25% 计算并结转本期所得税费用。

16. 按税后利润的 10% 提取盈余公积金。

17. 按税后利润的 40% 向投资者分配利润。

三、实训要求

学时要求:1 学时。根据业务提示编制会计分录。

实训 2

一、实训目的

通过本实训,使学生熟悉企业主要的经济业务,掌握借贷记账法下会计分录的编制。

二、实训资料

星辰企业 2021 年 6 月份发生下列经济业务:

1. 向光华公司购入甲材料 1 000 公斤,价款 30 000 元;乙材料 500 公斤,价款 20 000 元。增值税税率 13%,货款用银行存款支付。

2. 用银行存款支付上述材料的装卸费和搬运费共计 3 000 元(不考虑税费,按重量分摊)。

3. 结转上述材料的实际采购成本并验收入库。

4. 本月生产 A 产品耗用甲材料 60 000 元,生产 B 产品耗用乙材料 54 000 元,车间一般耗用甲材料 10 000 元,行政管理部门领用乙材料 2 000 元。

5. 结算本月应付工资 75 100 元,其中:生产 A 产品工人工资 30 000 元,生产 B 产品工人工资 15 000 元,车间管理人员工资 8 100 元,行政管理人员工资 12 000 元,销售部门人员工资 10 000 元。

6. 用银行存款支付本月水电费 12 400 元,其中:厂部分配 5 400 元,车间分配 7 000 元。

7. 计提本月固定资产折旧 18 000 元,其中生产用设备折旧费 14 500 元,厂部折旧费 3 500 元。

8. 汇集本月的制造费用,并按生产工人的工资比例分配计入 A、B 产品的成本。

9. 本月投产的 A、B 产品均已完工,结转完工入库产品的生产成本。

10. 销售 A 产品 15 台,不含税价款 120 000 元,B 产品 10 台,不含税价款 80 000 元。增值税税率 13%,款项存入银行。

11. 结转已销 A 产品的成本 90 000 元,B 产品的成本 42 000 元。

12. 财务部王方报销培训费 4 300 元,原来预借 4 500 元,余款退回。

13. 销售甲材料收入 30 000 元,款项存入银行。甲材料的成本为 15 000 元(假定不考虑增值税)。

14. 将销售收入 200 000 元、其他业务收入 30 000 元、销售成本 132 000 元、销售税金 14 000 元、管理费用 27 200 元、销售费用 10 000 元、其他业务支出 15 000 元、营业外支出 2 000 元转入本年利润账户。

15. 计算应交所得税为 7 450 元,并结转。

16. 结转本期净利润。

17. 企业按照净利润的 10% 计提法定盈余公积。

18. 企业按照净利润的 4% 计提任意盈余公积。

19. 企业计提应付给股东的现金股利 8 000 元。

20. 向税务局缴纳各项税金共计 14 000 元。

三、实训要求

学时要求:1 学时。根据上述资料编制会计分录。

项目4
阅读与分析会计信息

KUAIJI JICHU ZHISHI YU YINGYONG

知识目标

1. 掌握资产负债表分析的主要内容和方法。
2. 掌握利润表分析的主要内容和方法。
3. 掌握企业偿债能力、盈利能力和营运能力指标的构成、计算和评价方法。

能力目标

通过完成本项目任务,你应该能够读懂工业企业的资产负债表和利润表,对企业的财务状况和经营成果做出评价,并能利用比率分析法分析企业的偿债能力、盈利能力和营运能力。

素养目标

通过掌握阅读和分析会计信息的方法,了解会计信息造假的手段和危害,树立"不做假账"的正确职业道德观念。

项目任务

4.1 阅读会计信息
4.2 分析会计信息

案例导入

从财报数据看瑞幸咖啡财务造假事件

瑞幸咖啡(luckin coffee)大家都很熟悉,这个中国最大的连锁咖啡品牌以"从咖啡开始,让瑞幸成为人们日常生活的一部分"为愿景,通过充分利用移动互联网和大数据技术的新零售模式,强势地在短短的数年间开遍了全国各地。2019年5月17日,瑞幸咖啡登陆纳斯达克,融资6.95亿美元,成为世界范围内从公司成立到IPO最快的公司。本来风光无限,然而2020年4月2日,瑞幸咖啡发布公告,承认虚假交易22亿人民币,股价暴跌85%,盘中数次暂停交易。4月5日,瑞幸咖啡发布道歉声明。4月27日,证监会调查组入驻瑞幸咖啡。5月19日,瑞幸咖啡被要求从纳斯达克退市,申请举行听证会。6月29日被强制停牌,瑞幸咖啡又创下从上市到退市使用时间最短的纪录。

我们通过一些数据简单来看一下瑞幸咖啡在财务上是一家怎样的公司(见表4-1和表4-2):

表4-1 瑞幸咖啡现金流

单位:百万元

	2018Q1	2018Q2	2018Q3	2018Q4	2019Q1	2019Q2	2019Q3
经营现金流	−124	−196	−720	−271	−628	−375	−123
投资现金流	−167	−145	−1 297	−327	77	−2 365	683
融资现金流	178	1 314	1 067	1 430	86	5 665	−160

表 4-2　瑞幸咖啡利润率

	2018Q1	2018Q2	2018Q3	2018Q4	2019Q1	2019Q2	2019Q3
收入/百万元	13	122	241	465	479	909	1 542
运营利润率	−966%	−283%	−202%	−138%	−110%	−76%	−38%
税前利润率	−1 047%	−2 745%	−201%	−143%	−115%	−75%	−35%

从历史上的财务报表看,瑞幸咖啡没有一个季度产生过正向的经营现金流,而且,投资现金流在大部分情况下也是巨额的负数。公司几乎完全依靠外部融资去填补窟窿,2018年至2019年三季度的融资额大约95亿元。

瑞幸在2019年一季度之前的运营利润率糟糕到完全没法看。转机出现在2019年二季度和三季度,运营亏损率大幅减少,经营现金净流出也是收窄的。公司在2019年三季度宣布单店已实现运营层面的盈利(运营利润率12.5%)。可见,2019年二、三季度确实出现了一些令人费解的事情,值得深入研究。

事实上,按照公司自己的说法,COO从2019年二季度就开始带头造假了,至少有两个季报是严重有水分的,广大债权人和投资者被欺骗了整整两个季度。也就是说,我们通过对瑞幸咖啡的财务报表进行仔细的阅读和分析,确实可以提前察觉这个巨大的骗局。

所以,企业的财务报表能够传达出企业的基本财务信息,反映债权人、投资人和企业管理者关心的各种问题。对企业财务报表进行分析,能够帮助利益相关方进行正确的融资、投资和经营管理决策。

那么,通过瑞幸咖啡财务报表的数据能发现其具体存在的哪些问题呢?如何来阅读和分析这些会计信息呢?我们将通过本项目内容的学习来解答这些问题。

财务报表中的信息是社会财富分配和资源配置的依据,因此财务报表在现实生活中发挥着很大的作用。对于企业来说,股东应该分多少红利、职工应该拿多少工资、高管应该拿多少奖金、国家应该收多少税收,都取决于报表中的数据;公司是否可以上市、是否应该退市、是否可以再融资、是否可以获得银行贷款,也取决于报表中的数据。因此,财务报表在现代社会经济生活中的重要性是不言而喻的。

会计三大报表体现的精神

资产负债表表达了人类对财富意义的认识。财富是人类善良的结晶,还是人类邪恶的产物?现实中,财富并不简单地是财富,更是人类善良与邪恶较量的结果。会计的使命就是要赋予财富以价值。对于人类有价值的,是善良还是邪恶?答案应该是"善意"。如此,资产是表达善意的能力。所有者权益,成为践行善意的基础。负债,是对善意的承诺。践行善意的基础与对善意的承诺,均来自实现善意的能力,即这两者必须保持动态平衡。所以,资产负债表,表现了一个企业实现善意的能力处于提高还是下降状态。以资产来衡量人类实现善意的能力,则财富越多,人类善意就实现得越充分。

由此假设,任何企业都是基于善而设立运行的。在行善过程中,对社会要有越来越多的凝聚力和贡献,而这完全取决于企业行善的能力。如果一个企业行善能力越来越小,基础就越来越薄弱。我们现在讲的资产、负债、所有者权益,应该就是这样的概念。

损益表,某种意义上是行善能力的实现。实现行善能力,需要一个过程,经历一定时间。损益表只是说明行善能力在本期的实现。

现金流量表,无非表明本期实现行善能力的具体质量。企业行善能力实现,本期实现只是个数量,还要观察本期行善能力实现的质量。所谓行善能力的质量,是说这种行善能力是否具有可持续性。

对会计传统三大报表基本含意做以上解读,会彻底颠覆现有的会计理论。企业既然是行善的实体单位,则会计当然以反映行善能力为目标。以损益表为例,众所周知,损益表的核心指标是利润,既然它是行善能力的实现,那么,利润多是不是意味着行善能力比较强?那么,按目前的会计口径,是不是利润就是善,亏损就是恶?绝对不是!现在会计利润是收入与费用的差额,涉及供应商、客户、员工、股东以及政府方方面面的利益,差额是正数为利润,是负数则为亏损。从现实而言,如果从善恶立场看,有助于企业可持续发展的利润为善,反之为恶。如此,利润与亏损均有善恶之分。利润具有善意,可以定义为"好的利润";反之,利润具有恶意,则为"坏的利润"。企业要追求的,应是好的利润,如果追求坏的利润,对社会与企业都是灾难。一个企业以坏的利润为目标,这个企业的存在就失去了价值。

4.1 阅读会计信息

【任务提示】本分项任务将引领你阅读资产负债表、利润表信息。

【任务先行】财务报表作为所有企业经营活动最基本的也是最重要的信息披露方式,已经成为这个信息化社会最被关注的元素,成为我们每个人生活的一部分。即便你最近赋闲在家,每天只是做饭、看看书,安逸地享受生活,你也不可避免地要接触到与财务相关的数据。更何况在这信息爆炸的时代,在这"投资时代",我们每天都在主动或被动地接触财务分析、财经评论。所以,了解财务基本知识,看懂财务报表已经成为大众生活不可缺少的一部分了。

大家都听说过"庖丁解牛"的典故。说的是有一个名叫庖丁的厨师,因为长时间宰牛并善于探究,对牛的身体结构了如指掌,因而在处理牛的时候游刃有余,其使用的刀也是十几年锋利如故。

其实,财务报表分析与"解牛"有异曲同工之妙。财务报表是复杂的,牛的身体构造无疑也是很复杂的。庖丁解牛,为什么能一刀下去,刀刀到位,轻松简单?因为他掌握了牛的身体构造。牛与牛当然各不相同,但不管是什么牛,它们的身体构造都是一样的。每个企业的财务报表也各不相同,但其基本原理也是一样的。庖丁因为熟悉牛的身体构造,自然懂得在何处下刀。如果能精通财务报表的来龙去脉,摸准其中的规律,就能和庖丁一样,做到目中有牛又无牛,化繁为简,游刃有余,获取有用的信息。

4.1.1 阅读资产负债表

资产负债表是反映企业某一特定日期资产、负债和所有者权益等财务状况的会计报表,它反映企业在某一特定日期所拥有或控制的经济资源、所承担的现时义务和所有者对净资产的要求权。可以把公司资产负债表理解为医生对一个人的健康诊断表,它能帮助我们认识一个公司是否有良好的财务健康状况。它可以揭示一个公司是否强壮,如果强壮,能否持续下去;如果不强壮,造成其虚弱的原因在哪里。资产负债表所提供的资产变现能力和负债状况信息,有助于分析、评价、预测企业的短期债务偿还能力。同时,其所提供的获利能力和资本结构等信息则有助于测算企业的长期债务偿还能力。

具体来说,阅读资产负债表,可以获得以下会计信息:

(1)能够获得企业在特定时点(比如2021年6月30日当天就是一个时点)拥有的资产及其分布状况信息。也就是说,资产负债表表明的是企业在特定时点所拥有的资产总量有多少,资产是什么。同时通过资产负债表能了解到流动资产有多少,固定资产有多少,长期投资有多少,无形资产有多少,等等。

(2)能够表明企业在特定时点所承担的债务、偿还时间及偿还对象。如果是流动负债,就必须在1年内偿还;如果是长期负债,偿还期限就超过1年。因此,从资产负债表可以清楚地知道,在特定时点上企业欠了谁多少钱,该什么时候偿还。

(3)资产负债表能够反映在特定时点投资人所拥有的净资产及其形成的原因。依据复式记账法的平衡公式,资产等于负债加股东权益,也就是说,企业的所有资产,除了用来偿还债务外,剩下的不管多少,都归投资人所有。

恒大集团债务危机

2020年三季度,恒大集团爆发了严重的债务危机。为什么在人们眼里看来,世界500强企业、以不差钱著称的房地产企业恒大也会爆发债务危机呢?那是由于近年来国内监管风向发生重大转变,为了防止地产风险向金融体系蔓延,中国开始管控房地产企业的融资渠道,监管层提出了"三条红线"的要求,即对房地产的负债提出了三个监管要求:一是剔除预收款后的资产负债率不得大于70%;二是净负债率不得大于100%;三是现金短债比小于1。按照监管层的要求,如果房地产企业触及全部三条红线,就不能再新增有息债务;如果碰到两条红线,负债年增速不得超过5%;碰到一条红线,负债年增速不得超过10%。监管层希望通过三条红线的设置,以此降低房企的债务规模,避免房企债务规模膨胀过大,最终危及金融系统甚至整个国家经济的安全。

那么恒大的债务规模到底有多大呢?我们从恒大集团财务报表中可以看到,2019年恒大的负债总额为1.95万亿元,相当于中国GDP的2%,其中有息负债8 000多亿元,涉及155家银行,每天利息支出就高达3亿元,而其账面上的流动资金只有860亿元。恒大踩中了全部三条红线,这就意味着恒大无法再通过"借新还旧"的方式来维持现金流,而且按照监管要求,还必须在2023年6月30日前完成降负债目标。由此,恒大无法继续大规模融资的同时还面临着大量陆续到期债务的偿还压力,开始出现商业汇票不能及时兑付和拖欠工程款等现象,从而引爆了恒大的债务危机。

一、资产负债表质量分析

资产负债表质量分析就是对企业财务状况的质量进行分析,即资产负债表上的数据反映企业真实财务状况的程度。

1. 资产质量分析

资产,就是告诉别人你都有什么:你有厂房,你有机器设备,这都属于固定资产;还有1万元现金,这就是货币资金;仓库里还有价值20万元的服装,这就是库存商品;昨天一个客户买了100件女士服装,还没有给钱,这就是应收账款。

资产负债表的分析1

资产负债表中,资产项目可以分为流动资产和长期资产,并且按照流动性从强到弱列示。

1)流动资产质量分析

(1)货币资金。

通俗地讲,货币资金就是现金,或者流通性与现金类似的现金等价物。

资产负债表中的"货币资金"项目反映企业库存现金、银行存款和其他货币资金的期末余额。企业持有货币资金主要是为了满足经营的需要、预防的需要和投机的需要。企业持有过多的货币资金,会降低企业的获利能力;持有过少的货币资金,不能满足上述需要并且会降低企业的短期偿债能力。货币资金过多和过少,都会对扩大股东财富产生不利的影响。

(2)交易性金融资产。

交易性金融资产是指以公允价值计量且其变动计入当期损益的金融资产,如以赚取差价为目的从二级市场购买的股票、债券、基金等。交易性金融资产是现金的后备来源,因此,该资产越多,企业的支付能力和财务适应能力就越强,但它与货币资金又有所不同。比较而言,该资产的风险要大于货币资金,尤其是在证券市场不完善时期。

【注意】对于非金融机构而言,交易性金融资产只能是微不足道的"副业",而且最好是"辅业",即辅助于现金资产,用于调剂货币资金余缺,在保持流动性的前提下,获取一定的收益,避免资金闲置而给企业带来的机会损失。

(3)应收票据。

反映企业收到的未到收款期的应收票据,包括商业承兑汇票和银行承兑汇票。分析时关注企业持有的票据类型,是商业承兑汇票还是银行承兑汇票,若是后者,则应收票据的质量是可靠的;如果是商业承兑汇票,应关注企业债务人的信用状况,是否存在到期不能偿付的可能。

【注意】在过去,应收票据一般不考虑坏账风险而是按照其原值反映,但其毕竟也是一种商业信用,依然存在着风险,因此根据新准则规定,应收票据也要根据实际情况计提坏账准备,并按照扣除坏账准备后的净额列示。

(4)应收账款。

一般而言,应收账款的数额与企业主营业务收入数额成正相关关系,形成应收账款的直接原因是赊销。如果企业销售货物,全部是应收账款,那么企业迟早会因为没有周转资金而不能开展业务,所以对应收账款质量的判断应从以下几方面着手:

①应收账款账龄:账龄越长,发生坏账的可能性就越大。

②应收账款债务人分布:如果企业客户集中,由此形成的应收账款可能具有较大的风险。如果企业客户分散、众多,由此形成的应收账款风险小,但管理难度和成本都会增加。

③坏账准备的提取比例:观察坏账计提方法是否在不同期间保持一致,计提比率是否恰当,是否有利用坏账调节利润的行为。

【注意】正常的情况是销售增加引起应收账款增加,现金的存量和经营现金流量也会随之增加。如果一个企业应收账款日益增加,而销售和现金日益减少,则企业的营销政策就可能已出现问题,甚至变得比较可疑,有虚构收入操纵利润之嫌疑。

(5)预付账款。

预付账款是指企业按照供货合同规定而预付给供应单位的款项,它也同样属于流动资产。预付账款作为企业的一笔债权,它所对应的通常并不是现金流入,而是为了获得货物或劳务供应,所以其在性质上并不属于货币性资产。预付账款如果较多,通常意味着企业为了稳定货源等而进行了一笔资金垫支。预付账款同样存在债权性风险,也应当根据市场经济环境等考虑计提坏账准备,并按照其价值净额予以列示。

(6)其他应收款。

其他应收款是指除应收票据、应收账款、预付账款、应收利息、应收股利等之外的其他应收或者暂付款项,比如企业与下属部门、职工之间的内部往来项目以及应收的赔款等。本项目按照实际可能收到的相关价值金额反映,也要扣除相应的坏账准备。

【注意】其他应收款金额如果过大,多属不正常现象,需要警惕企业变相的资金拆借行为,此时应当深入了解相应资金的安全性。其他应收款项目在资产负债表中作为一个"杂货铺",如果金额很小,可以忽略不计,但是如果期初和期末金额变化很大,就需要关注。

(7)存货。

存货资产分为原材料、库存商品、低值易耗品、包装物、在产品和产成品等。存货作为一项重要的流动资产,它区别于固定资产等非流动资产的最基本特征在于,企业持有存货的最终目的是出售。存货规模的变动取决于各类存货的规模和变动情况。存货的数量应保持一个适当的水平,持有量过多,会降低存货周转率,降低资金使用效率,以及增加存货储存成本;反之,持有量过少,会使企业面临缺货的危险。

【注意】在阅读存货项目时,除了关注存货的绝对值,更需要关注其质量。比如,项目1中的张阿姨面馆有材料2万元,其中有500元的豆腐,其实都已经变质了,根本不能使用,那么就产生了存货跌价准备。针对不同性质的企业,对存货的关注会不一样。假如是一家房地产公司,在房价一直涨价的情况下,其存货是"货真价实"的;但如果是经营海鲜的公司,那么就要谨慎考虑其超额库存可能意味着企业资产"有名无实"了。

总之,流动资产作为企业资产的重要组成部分,各个项目都反映了企业目前的财务状态,也直接影响企业未来的经营,需要逐一认真对比和考量。

2)非流动资产质量分析

(1)长期股权投资。

长期股权投资是通过投资取得被投资单位的股份。一个企业对其他单位的股权投资,通常是长期持有,以期通过股权投资控制被投资单位,或对被投资单位施加重大影响,或与被投资单位建立密切关系,以分散经营风险。

那么怎么看长期股权投资这个项目呢?

首先,要看其占总资产的比例。假定一个餐厅投资一个服装厂,其长期股权投资占了整个企业资产的90%,我们就可以认为这个企业在"挂羊头卖狗肉"。因为餐厅老板应该直接说自己是服装厂老板,餐厅经营得好不好不重要,服装是大头,服装厂经营得好才是重点。

其次,要看被投资的企业业绩如何,如果被投资方经营状况不佳,会造成投资损失。

【注意】除非是专门做投资的投资公司,对一个有自己主业的企业来说,其长期股权投资占总资产的比例不应该太高。具体到张阿姨面馆,老板想保证面馆正常经营,牛肉必不可少。现在老板通过和附近一家牛肉店老板协商,出资20万元入股他的牛肉店,那么牛肉店老板就不能说谁着急要牛肉就卖给谁,他一定得先备出面馆的牛肉来。这样面馆的经营才有保证。当然,牛肉店老板还答应货款可以月结,每年年底给面馆分红。这都是投资的回报。

(2)固定资产。

固定资产是指企业为生产商品、提供劳务、出租或经营管理而持有的,使用寿命超过一个会计年度的有形资产。固定资产是企业经营规模大小的标志,是企业最重要的生产力要素之一,是企业经济效益和竞争力的源泉。

在资产负债表上,固定资产价值是通过以下项目反映的:"固定资产"项目,反映报告期末固定资产的原值;"累计折旧"项目,反映企业提取的固定资产折旧累计数;"固定资产减值准备"项目,反映企业已提取的固定资产减值准备;"固定资产净值"项目,反映固定资产原值减累计折旧、固定资产减值准备后的余额。

【注意】简单看固定资产净值也不能完全体现企业固定资产的价值,可能有的资产保养得比较好,尚可使用年限要大于预计使用年限,那么这个固定资产是"有实无名",也可能有的资产虽然账面价值很高,却已经过时,是"有名无实"。

(3)无形资产。

无形资产是指企业拥有或者控制的没有实物形态的可辨认非货币性资产,包括专利权、商标权、著作权、土地使用权等。比如著名跨国公司可口可乐总裁曾说,即便可口可乐公司的所有工厂在一夜之间被大火焚毁,只要有可口可乐品牌,就会重造一个可口可乐公司,立即重新恢复生产供应。这就是可口可乐的无形资产。

(4)其他资产。

其他资产是指除流动资产、长期股权投资、固定资产、无形资产等以外的资产,如长期待摊费用等。长期待摊费用是企业已经支出,但摊销期在1年以上的各项费用,包括固定资产大修理支出、租入固定资产改良支出等。如果一个企业这个项目在本期内有大额变化,则需要了解其是否合理。

2. 负债质量分析

所谓负债,就是欠别人的钱。短期借款和长期借款等就是欠银行的钱或者其他债主的钱;应付账款就是欠供应商的钱;应付职工薪酬就是欠员工的钱;应交税费就是欠税务局的钱;应付股利是欠股东的钱;其他应付款就是除上述这些外,其他各种杂项的欠款。

负债可按偿还期限长短分为流动负债和长期负债。

1)流动负债质量分析

流动负债是指在一年内或超过一年的一个营业周期内偿还的债务,一般包括短期借款、应付票据、应付账款、预收账款、应付职工薪酬、应付股利、应交税费等项目。

流动负债具有两个特征:一是偿还期在一年内或超过一年的一个营业周期内;二是到期必须用流动资产或新的流动负债偿还。

具体项目分析如下:

(1)短期借款。

财务分析人员应检查企业短期借款的到期期限。

(2)应付票据。

财务分析人员应关注应付票据是否带息,企业是否发生过延期支付到期票据的情况,以及企业开具的是商业承兑汇票还是银行承兑汇票。

(3)应付账款。

分析人员应关注企业应付账款的发生是否与企业购货之间存在比较稳定的关系,是否存在应付账款急剧增加以及付款期限拖延的情况。

(4)预收账款。

预收账款是指企业因销售商品、提供劳务而预先向客户收取的款项,应在1年内使用产品或劳务来偿还。作为一笔流动负债,它意味着后续的商品或服务支出。企业大量而稳定的预收账款的存在往往意味着后续会计期间内较为稳定的收入来源,这对于以后期间的利润具有一定的保障作用,同时也可能展示出该企业商品或劳务供应的"紧俏性"和优越感,对市场而言不免是一项利好消息。

预收账款的分析应关注其实质,即是否为企业产品的旺销所致,否则应降低其质量。

案例分析

某企业经营的产品属于非紧俏商品,基本属于买方市场,购货单位先付款后提货的可能性比较小。一直以来该企业预收账款也非常少,如果在某期预收账款的余额明显增加,就需要了解该企业是否将销售货款挂在"预收账款",未及时转入"主营业务收入"。

(5)应付职工薪酬。

职工薪酬包括工资、职工福利费、社会保险费、住房公积金、工会经费与职工教育经费、非货币性福利、辞退福利、以现金结算的股份支付等。

【注意】从其定义和范围看,应付职工薪酬体现的是企业使用各种人力资源所付出的全部代价,以及产品成本中人工成本所占的比重,通过该项目分析可以评估企业人力资源的劳动效率,还可以通过该项目不同年度的发生额,对企业生产经营趋势做出评价,甚至可以洞察企业的某些异常动向。

案例分析

截止到2021年末,某企业的年报披露该公司应付职工薪酬余额为4亿元,较年初增加了2亿元。而该企业员工总数为5 000人,这么一算的话,该企业人均工资结余高达8万元,如果每个员工都还有8万元的工资没有发放,那么这家企业的财务问题就不小了。是没有钱可以发,还是借用这个项目来达到其他目的呢?这个项目的年末和年初数的变化,马上就能让读者对其财务报表产生怀疑。

(6)应交税费。

应交税费是指企业在生产经营过程中产生的应向国家缴纳的各种税费,主要包括增值税、消费税、城市维护建设税、教育费附加等。因为税收种类较多,分析人员在分析时应当了解"应交税费"的具体内容,分析其形成原因,观察该项目是否已经包括了企业未来期间应交而未交的所有税费,是否存在实质上已经构成纳税义务,但是企业尚未入账的税费。例如,一些企业已经完成了销售行为,但是拖延开具增值税销售发票,致使增值税销项税额在当期的数额较少,对此,分析人员应当予以关注。应交税费和应付职工薪酬等其他流动负债一样,都是企业"眼下"

需要偿付的义务。

(7)其他应付款。

其他应付款反映企业除短期借款、应付票据、应付账款、预收账款、应付利息、应付股利、应付职工薪酬、应交税费等之外的应付或暂收款项,如应付租入包装物租金、存入保证金等。其他应付款作为一种往来结算款项,财务报告使用者需要警惕企业变相的资金拆借和不合理的资金占用行为。

【注意】其他应付款是财务会计中的一个往来科目,所以通常情况下该科目只核算企业应付其他单位或个人的一些零星款项。虽然不同年度其绝对值变化没有明显的规律,但一般不会太高。

2)长期负债质量分析

长期负债是指偿还期在一年或超过一年的一个营业周期以上的债务。企业的长期负债一般包括长期借款、应付债券、长期应付款等项目。

企业举借长期负债主要是为了融通生产经营所需的长期资金,因为企业的发展仅仅靠自身积累和所有者的投入是远远不够的,长期债务的使用既可以解决企业资金的需求,又可以为企业带来财务杠杆利益,同时还保证了既有股东对企业的控制权。但是长期负债是硬约束,到期后企业要按合同规定还本付息,而且一般支付的金额较大且偿还期限较长,会在一定程度上形成企业的资金压力,所以分析人员应当关注持有长期负债企业的风险状况和未来现金流出量的现值。

企业长期负债的主要项目有长期借款、应付债券、长期应付款。

(1)长期借款。

长期借款是企业从银行或其他金融机构借入的期限在1年以上的款项。财务分析人员应当观察企业长期借款的用途,长期借款的增加是否与企业长期资产的增加相匹配,是否存在将长期借款用于流动资产支出的情况;其次,企业的长期借款的数额是否有较大的波动,波动的原因是什么;再有,应观察企业的盈利能力,因为与短期借款不同,长期借款的本金和利息的支付来自企业盈利,所以盈利能力应与长期借款规模相配比。

(2)应付债券。

企业根据国家的规定,向社会发行债券以筹集资金,会计上称之为应付债券。这其实就相当于企业向社会各界借钱。在资产负债表上,应付债券反映企业为筹集长期资金而发行的债券本金及其应计利息,并作为一项非流动负债予以列示。对于债券的发行,国家规定有严格的限制条件。因此,发行债券本身就是对企业良好绩效和形象的一种"宣传"。与银行借款类似,公司发行债券相对于发行股票而言更体现了一种融资理性,其融资成本较低,便于保障股东权益,可以利用财务杠杆谋取更大福利,而且有助于企业借助债券发行调整和优化资本结构。

(3)长期应付款。

长期应付款是指企业除长期借款和应付债券以外的各种长期应付款项,包括采用补偿贸易方式下引进国外设备应付的价款、融资租入固定资产的租赁费等。

3. 所有者权益质量分析

所有者权益是指企业资产扣除负债后由所有者享有的剩余权益,是资产总额抵减负债总额后的净额,是企业所有者对企业净资产的要求权。所有者权益的确认和计量依赖于资产和负债的确认和计量。我国的所有者权益主要包括四个项目:实收资本(股本)、资本公积、盈余公积和未分配利润。

(1)实收资本(股本)。

实收资本是指所有者在企业注册资本的范围内实际投入的资本,在股份公司中称为股本。所有者可以使用不同形式的资产进行出资,包括货币和非货币资产。实收资本是所有者投入企业的资本,除非发生减资或企业清算,否则将永远留在企业内部。企业的净资产随时间推移而发生的变动很小,甚至数年都不改变,因此核实相关事项比较容易。

分析人员应当关注该项目的两个情况:第一,企业在初始成立时,注册资本是否已经到位,如果没有,应查明原因;第二,企业接受的投资如果是非货币性资产,应分析该资产的公允价值是否与投资双方达成的合同金额相符,是否存在高估资产而导致企业资本亏绌的情况。

(2)资本公积。

资本公积包括的事项比较广泛,如资本溢价、长期股权投资权益法下被投资单位资本公积发生变动、可供出售金融资产的公允价值变动、以权益结算的股份支付、可转债的转换权价值、认股权证等。资本公积是实收资本的准备项目,一方面可以转增资本,另一方面一些事项在日后会直接影响实收资本或股本数额,例如可转债的转换权以及认股权证等。

鉴于资本公积的复杂性,财务分析人员应当仔细分析其构成,看企业是否把一些其他项目混入资本公积之中,造成企业资产负债率的下降。

(3)留存收益。

企业的盈余公积与未分配利润都是来自历年企业经营净利润的留存,通称为留存收益。留存收益能够为企业的再发展提供资金来源,同时可以增加企业的净资产,增强企业的信用能力。对于留存收益的分析应结合企业历年的利润及其分配情况。

【例题4-1】 项目1列举的天成公司2021年12月31日资产负债表如表4-3所示。

表4-3 资产负债表(简表)

编制单位:天成公司　　　　　2021年12月31日　　　　　　　　　　　　单位:万元

资产	年初数	年末数	负债及所有者权益	年初数	年末数
流动资产:			负债:		
货币资金	15.3	20.9	短期借款	25	30
应收账款	25.5	30.5	应付账款	25.045	28
原材料	24	20	应付职工薪酬	1	1.2
库存商品	15	28.5	应交税费	0.6	0.5
流动资产合计	79.8	99.9	长期负债		4.5
非流动资产:			负债合计	51.645	64.2
固定资产	73	63	所有者权益		
无形资产		4.5	实收资本	100	100
非流动资产合计	73	67.5	未分配利润	1.155	3.2
			所有者权益合计	101.155	103.2
资产总计	152.8	167.4	负债及所有者权益总计	152.8	167.4

阅读表4-3我们可以了解到天成公司如下信息:

(1)天成公司拥有的资源价值为167.4万元,这些资源中,以货币形式存在的有20.9万元,客户欠款30.5万元,库存材料价值20万元,库存商品价值28.5万元,设备23万元,房屋40万元,还有一项无形资产4.5万元,可能是专利权或其他,具体可以查会计账簿记录。

(2)天成公司购置这些资产的资金来源有两个渠道:第一,企业的所有者以资本形式投资100万元,还有企业以前盈利中留下来,没有分配给投资者的利润3.2万元。第二,企业通过负债筹措资金64.2万元,这些负债中,长期负债有4.5万元,可以作为长期资金使用,剩下的59.7万元属于流动负债,只能作为短期资金使用,其中应付职工薪酬1.2万元和应交税费0.5万元,是企业欠职工和税务机关的,一般在下月初就得偿还,利用价值不大,而短期借款30万元是企业向银行借入的流动资金贷款,需按借款合同规定日期偿还,应付账款28万元是企业采购材料时应付而未付的货款,企业应按采购合同的规定按期偿还。

(3)根据表4-3所示的资料,还可以对天成公司2021年末的财务状况做进一步分析:①所有者权益占资金来源总额的61.65%(103.2/167.4),而所有者提供的资金是企业可以长期使用、不需偿还的永久性资金,由此可见,天成公司有较强的长期偿债能力,债权人的风险较低。②公司的长期资本包括所有者提供的资金和长期负债所获得的资金,合计107.7万元,与长期资产(房屋、设备和无形资产)合计数67.5万元相比,处于比较理想的状态。③负债中的短期借款、应付账款、应付职工薪酬和应交税费合计59.7万元,需要在短期内偿还,而公司可以用于偿还短期负债的货币资金和应收账款只有51.4万元,存在一定的资金缺口,如果应收账款不能及时收回且产品销售不理想,公司有可能出现短期的偿债危机,财务人员应加强资金的预算管理。

二、资产负债表趋势分析

趋势分析法又称为水平分析法或者横向分析法,它是将两期或者连续数期的财务报表中的相同指标进行比较,可以用绝对数相比较,也可以用相对数做比较,以确定其增减变动的方向、数额和幅度,以说明企业财务状况和经营成果的总量变动趋势的一种分析方法。

资产负债表的分析2

对资产负债表进行趋势分析,一般采用的方法是通过编制资产负债表的水平分析表进行横向比较分析,通过编制资产负债表的垂直分析表来进行纵向比较分析,并就资产结构和资本结构做出具体分析。

【例题4-2】 天成公司2021年水平资产负债表的部分资产如表4-4所示。

表4-4 天成公司2021年水平资产负债表的部分资产

单位:万元

资产项目	2020年	2021年	变动额	变动幅度
货币资金	15.3	20.9	5.6	36.60%
应收账款	25.5	30.5	5	19.61%
存货	39	48.5	9.5	24.36%
固定资产	73	63	−10	−13.70%
无形资产	0	4.5	4.5	—
资产总额	152.8	167.4	14.6	9.55%

从总资产来看,年末比年初增加了14.6万元,增长了9.55%,表明企业占有的经济资源增

加,经营规模扩大。从资产项目看,流动资产有了较大幅度的增加,尤其是货币资金和存货的增幅较大,表明企业资产的流动性增强,资金运营将更顺畅,但也要注意过大的货币资金存量可能会造成资金闲置。应收账款增加的幅度是否合理还应该结合主营业务收入的增长进行分析。存货总额的变化受其构成的影响,应结合利润表等其他资料查明存货大幅度增加的原因。同时无形资产项目增加了4.5万元,表明企业可能购入了某种技术或者专利,这也许将会为企业带来新的利润增长点。

总的来讲,天成公司资产总额有所增长,流动资产是主要因素,流动资产中,货币资金和存货的增加幅度较大,应重点关注。

【例题4-3】 天成公司2021年水平资产负债表的部分权益如表4-5所示。

表4-5 天成公司2021年水平资产负债表的部分权益

单位:万元

权益项目	2020年	2021年	变动额	变动幅度
负债项目:				
短期借款	25	30	5	20.00%
应付账款	25.045	28	2.955	11.80%
应付职工薪酬	1	1.2	0.2	20.00%
应交税费	0.6	0.5	−0.1	−16.67%
长期负债	0	4.5	4.5	—
负债总额	51.645	64.2	12.555	24.31%
所有者权益项目:				
实收资本	100	100	0	0
未分配利润	1.155	3.2	2.045	177.06%
所有者权益总额	101.155	103.2	2.045	2.02%

从权益项目看,年末负债总额比年初增加了12.555万元,增长率为24.31%,年末所有者权益总额比年初数增加了2.045万元,增长率为2.02%。表明企业资产增长的资金大部分是来自于负债的增加,那么企业财务风险年末比年初明显加大。流动负债中短期借款和应付职工薪酬的年末余额比年初余额增长比例较大,增长幅度均为20%,应付账款也有所增长,这就要求企业下一年必须有足够的现金流作为偿付保证。所有者权益总额的增加主要是未分配利润增加所致,未分配利润的涨幅达到了177.06%,说明天成公司的利润有较大幅度增长。

总体上来说,天成公司短期财务风险有所提高,这既可以从负债总额的上升幅度中看出,也可以从流动负债变动幅度上升中推出。同时公司经营能力增强,这不仅可以从总资产及净资产增加中推出,而且也可从未分配利润大幅增加中推出。要想对企业的财务状况做出更准确、客观的判断和评价,还必须做进一步的深入分析。

三、资产负债表结构分析

资产负债表结构就是指资产负债表中各内容要素金额之间的相互关系。资产负债表结构分析就是对这种关系进行分析,从而对企业整体财务状况做出判断。资产负债表结构分析包括两个方面:第一是观察各个项目相对于总体的比例或比重,最常用的方式就是建立共同比资产负债表;第二是观察各个项目之间的比例和结构,例如企业的资产结构、资本结构。

1. 资产结构分析

资产结构是指流动资产、非流动资产各主要项目占总资产的比重。资产结构分析就是通过分析资产负债表中各类资产占总资产的比重,以及各类资产之间的比例关系,反映企业各种经济资源的配置情况。

如:流动资产率＝流动资产额/资产总额,流动资产占资产总额的比例越高,说明企业的资金流动性、可变现能力越强。企业可以用该项指标进行同行业比较,与自己的历史各期进行比较,通过比较找出差异。

【例题 4-4】 天成公司的资产结构如表 4-6 所示。

表 4-6 2021 年天成公司资产结构表

资产项目	年初数	年末数	年初比重	年末比重
流动资产合计	79.8	99.9	52%	60%
非流动资产合计	73	67.5	48%	40%
资产总计	152.8	167.4	100%	100%

从表 4-6 可以看出,天成公司年末流动资产比重比年初增加 8%,表明企业资产的流动性增强,偿还能力、支付能力和应变能力都有所增强。非流动资产比重下降意味着企业长期资产周转较快,变现能力强,企业经营比较稳定。

无论是流动资产构成比重还是非流动资产构成比重,在不同的行业是不同的。例如,在制造行业非流动资产的比重必然很高,而在商品流通行业流动资产的构成比重会占企业资产总额的 70% 左右。所以评价一个企业资产构成是否合理,主要结合企业的经营领域、经营规模、市场环境及企业所处的市场地位等因素,参照行业的平均水平或先进水平确定。

2. 资本结构分析

资本结构通常是指企业的全部资金来源中负债和所有者权益所占的比重大小,其实质是债务资本在资本结构中安排多大的比例。

进行资本结构分析,对于债权人来说,可以判断企业债权的保障程度,评价企业的偿债能力,从而为决策提供依据。对于投资者来说,可以判断其投资所承担的财务风险的大小,以及负债对投资报酬的影响,从而为投资决策服务。对于经营者来说,可以评价企业偿债能力的高低和承担风险能力的大小,发现企业理财中存在的问题,采取措施调整资本结构,实现资本结构最优化。

【例题 4-5】 天成公司的资本结构如表 4-7 所示。

表 4-7 2021 年天成公司资本结构表

资本项目	年初数	年末数	年初比重	年末比重
负债资本合计	51.6	64.2	33.80%	38.35%
自有资本合计	101.2	103.2	66.20%	61.65%
资本总计	152.8	167.4	100.00%	100.00%

从表 4-7 可以看出,天成公司的负债资本所占比重低于自有资本,但年末较年初有所增加,而企业自有资本比重在下降,其主要原因是资本总额在增加,因为自有资本各项目比年初有所

增长,表明企业资本结构较合理,自有资本对债务资本的保证程度较高,具有一定的规避财务风险的能力。但同时也要注意,负债项目的集中增长势必会引起企业下一年度现金流出量的增加,企业应对现金保障程度做出分析。

任何企业都应该保持合理的资本结构。过高的负债率会使企业陷入债务危机,增大破产风险;过低的负债率影响企业的价值提升。只有把握合理的负债比率,不断地优化企业的资本结构,才能规避财务风险,同时降低综合资本成本。

编好人生的第二张资产负债表

人的一生有两张资产负债表,一张用于衡量物质财富,一张用于衡量精神财富。衡量物质财富的资产负债表中,资产减去负债剩余的属于你自己的权益,代表着你将多少社会财富据为己有;而衡量精神财富的资产负债表中,负债就是你获得多少的帮助,承载了多少情义,资产则是你给予他人多少帮助,付出了多少情义,资产减去负债,留下的是你对社会的净贡献。

人生的第二张资产负债表,从我们出生的那一天就开始编制,周而复始,涵盖了我们的一生。人生的第二张资产负债表,其核算基础可以是不对称的,资产(给予他人的帮助和情义)的核算以权责发生制为基础,不求一时一事,但求持之以恒;负债(接受他人的帮助和情义)是以收付实现制为基础的,哪怕是滴水之恩,也应涌泉相报,只争朝夕,事不宜迟。

在人生的第二张资产负债表上,资产和负债对应三个层面的关系:微观层面是与家人之间的相互关系,中观层面是与同学、同事、朋友和单位之间的相互关系,宏观层面是与国家和社会的相互关系。在人生的第二张资产负债表里,爱心和奉献是最重要的资产,贪婪和索取是最重大的负债。爱心大于贪婪,奉献大于索取,这才是我们理应追求的人生价值。对国家对社会的贡献,既要有家国情怀,志存高远,又要从小事着手,从小处做起。人人都有颗公德之心,遵守公序良俗,维护社会秩序,节约资源,保护环境,这是我们每个人应当对社会做出的力所能及的贡献?人人都有颗关爱之心,关心爱护他人,关注弱势群体,帮扶贫困家庭,也是对社会无私的贡献;人人都有颗恻隐之心,对遭受灾难和病痛的群体,表示同情,伸以援手,谁能说这不是对社会的贡献?人人都有颗爱家之心,孝敬父母,夫妻恩爱,子女孝顺,家庭和睦,就是对社会和谐的贡献;人人都有颗协作之心,团结互助,虚心谦让,和睦相处,营造其乐融融的工作氛围,就是对所在单位的贡献。在人生的负债端方面,我们一生的负债,既包括父母的养育之恩,教师的启蒙教育,同事朋友的支持鼓励,也包括党和政府开创太平盛世为我们提供的良好环境,当然也包括大自然赋予我们的青山绿水。特别需要说明的是,在社会分工的环境下,工作没有贵贱之分,没有工人农民和解放军的付出,没有农民工和清洁工的辛劳,哪来我们的生活品质与和平安宁?他们的付出,就是我们的负债。

目前,同学们的第二张资产负债表的净权益是负的,以后你们学有所成,走向社会,开始投入到为国家和民族的振兴、为亲人和他人的幸福而奋斗的伟大事业中去,这是你们人生的转折,角色的转换,相信在这样的转变中,你们的净权益很快就会由负转正。我确信,假以时日,你们每个人都会交出一份无比靓丽的资产负债表。

(节选自厦门国家会计学院黄世忠院长在毕业典礼上的讲话)

4.1.2 阅读利润表

企业经营的目的就是"赚钱",而赚钱的多少早已习惯于用那个被称为"利润"的东西来体现。利润表是企业经济效益的综合体现,它所提供的信息是动态信息。换句话说,利润表给企业做的是一个活生生的"录像"。通过利润表,可以反映企业一定会计期间的收入实现情况、一定会计期间的费用耗费情况和企业生产经营活动的成果。将利润表中的信息与资产负债表中的信息相结合,还可以提供进行财务分析的基本资料,从而表现企业资金周转情况以及企业的盈利能力和水平,便于会计报表使用者判断企业未来的发展趋势,做出经济决策。现实经济生活中,人们对于利润表的重视显然超过了资产负债表。

具体来说,阅读利润表,可以获得以下会计信息:

(1)构成主营业务利润的各项要素。从主营业务收入出发,减去为取得主营业务收入而发生的相关费用、税金后得出主营业务利润。

(2)构成营业利润的各项要素。营业利润在主营业务利润的基础上,加其他业务利润,减销售费用、管理费用、财务费用后得出。

(3)构成利润总额(或亏损总额)的各项要素。利润总额(或亏损总额)在营业利润的基础上加(减)投资收益(损失)、补贴收入、营业外收支后得出。

(4)构成净利润(或净亏损)的各项要素。净利润(或净亏损)在利润总额(或亏损总额)的基础上,减去本期计入损益的所得税费用后得出。

皇家加勒比邮轮营收、利润对比

图 4-1 所示是皇家加勒比邮轮公司 2020 年和 2019 年同期的营业收入和净利润对比,我们可以看到,在 2019 年三季度这个企业还是收入颇丰、经营良好,而 2020 年同期该企业的利润情况则遭遇了滑铁卢似的重创。这是一个典型的旅游业企业在新冠疫情发生前后的利润数据对比。我们从利润表中了解企业经营状况的同时也需要结合社会经济的发展来分析利润表。

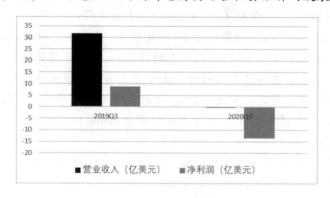

图 4-1 皇家加勒比邮轮营收、利润对比

一、利润表质量分析

利润表质量分析就是对利润形成过程和利润结果的质量进行分析。

1. 营业收入

营业收入分为主营业务收入和其他业务收入。其中主营业务收入是利润形成的主要来源。营业收入是企业创造利润的核心,最具有未来的可持续性,如果企业的利润总额绝大部分来源于营业收入,则企业的利润质量较高。

利润表的
分析1

2. 营业成本

对营业成本的解读有助于观察企业成本控制能力和成本的变动趋势,并且与营业收入进行配比后可得出企业利润的情况。

3. 税金及附加

税金及附加包括消费税、资源税、城市维护建设税和教育费附加等。

4. 销售费用

对于销售费用的质量分析,应当注意其支出数额与本期收入之间是否匹配。

销售费用分析,不应简单看其数额的增减。如果销售费用有较大的增长,应观察增长的内容是什么。企业如果在新地域或新产品上投入较多的销售费用,这些支出不一定在本期就能增加收入,分析人员对此应慎重分析,以判定其对今后期间收入增加的效应。

5. 管理费用

首先,管理费用支出水平与企业规模相关,对管理费用的有效控制可以体现企业管理效率的提高,但有些项目的控制或减少对企业长远发展是不利的,如企业研发费、职工教育费等。

其次,管理费用与企业收入在一定范围和期间内没有很强的相关性,不能仅仅依据营业收入的一定比率来判定管理费用支出效率;另一方面也说明企业提高管理效率的最优途径就是增加收入,使得一定数额的管理费用支持更大的营业规模。

再有,如果财务分析人员能够获得企业内部财务预算,通过与预算数的对比,可以更容易地得到企业管理费用的质量状况。

6. 财务费用

财务费用的发生主要与以下几个业务内容相关:

(1)与企业借款融资相关。

应将财务费用分析与企业资本结构的分析相结合,观察财务费用的变动是源于企业短期借款还是长期借款,同时对于借款费用中应予以资本化的部分是否已经资本化,或者借款费用中应当计入财务费用的企业是否对其进行了资本化。

(2)与企业购销业务中的现金折扣相关。

关注企业应当取得的购货现金折扣是否已经取得,若是存在大量没有取得的现金折扣,应怀疑企业现金流是否紧张。

(3)与企业外币业务汇兑损益相关。

关注汇率对企业业务的影响,观察企业对外币资产和债务的管理能力。

7. 投资净收益

企业对外投资一般基于两个目的:一是利用企业自身闲置的资金取得暂时性收益;二是出于自身战略发展的要求,希望投资控制一些有利于企业长远发展的资源。分析人员应确定企业投资的目的。投资收益不属于企业的主营业务收入,除了投资公司外,企业不应动用正常生产经营的资金进行投资。另外企业投资收益不具有可持续性,即使当期企业获得了金额较大的投资收益,也不能对其评价过高。

8.营业外收支

一般情况下营业外收支金额较小,对企业利润的影响较弱,如果某个期间企业的相关金额较大,分析人员应关注发生的原因。

9.所得税费用

企业当期所得税费用包括:当期应缴纳的部分,即按税法计算的应交所得税;当期发生但是在以后期间缴纳的部分,即递延所得税。

二、利润表趋势分析

利润表的趋势分析也是采用比较利润表进行的,即将连续若干期间的利润表数额或内部结构比率进行列示,用以考察企业经营成果的变化趋势。分析者通过观察和比较相同项目增减变动的金额和幅度,把握企业收入、费用等会计项目的变动趋势。

利润表的分析 2

【例题 4-6】 天成公司比较利润表如表 4-8 所示。

表 4-8 2021 年天成公司比较利润表

单位:万元

项目	本年金额	上年金额	变动幅度
一、营业收入	386	320	20.6%
减:营业成本	206	165	24.8%
税金及附加	35	30	16.7%
销售费用	27	22	22.7%
管理费用	9	7	28.6%
财务费用	12	8	50%
加:投资净收益	54	20	170%
二、营业利润	151	108	39.8%
加:营业外收入	0.3	0.2	50%
减:营业外支出	2.7	1.3	107.7%
三、利润总额	148.6	106.9	39%
减:所得税费用	37.15	26.725	39%
四、净利润	111.45	80.175	39%

根据表 4-8 可做以下分析:

(1)分析企业净利润的变动情况及变动趋势。

净利润是企业经营的最终成果,是衡量一个企业经营效益的主要指标。如天成公司比较利润表 4-8,发现该公司的企业净利润呈上升趋势,总体来看天成公司经营成果较好,尤其是在新冠肺炎疫情的大背景之下。在近两年时间里,由于疫情的影响,市场经济受到了重创,特别是 2020 年的一、二季度,大量的企业处于停工停产的状态,企业的收入和利润受到了极大的影响,很多中小型企业净利润急剧减少,面临亏损甚至破产的风险。在这种情况下天成公司的净利润能够稳中有升,跟其所处的行业也有很大关系。在疫情情况下,医疗行业的企业,例如生产口罩、防护服等产品的企业由于市场的大量需求利润大增,而另外一些行业,例如旅游业、航空业等则在疫情中艰难求生,自然利润会大幅缩减。所以,在分析企业净利润变动情况的时候,我们要结合市场经济大环境以及企业自身所处的行业等相关方面进行分析。

(2)分析利润总额的主要来源。

利润总额是企业在一定期间经营活动的税前成果,代表企业综合盈利能力。如从天成公司比较利润表中可看出,利润的主要来源之一营业利润增长幅度为39.8%,营业外收入增长了50%,营业外支出增长了107.7%,最终使利润总额增长了39%。由于营业利润具有可持续性,说明利润的质量较好,但也要注意分析营业外支出大幅度增长的原因。

(3)分析营业利润的来源。

营业利润是企业在生产经营活动中实现的经营性利润。营业利润高,说明企业主营业务在行业中的地位高,企业的可持续发展能力强。如天成公司,营业利润随着营业收入的增长而在逐步增长。同时营业成本、税金及附加、销售费用、管理费用和财务费用等项目均有一定程度的增加,其中财务费用涨幅最大,为50%。

(4)最后分析一些变化异常的项目,如:

①销售费用随销售的增加而上升,应当关注企业用于销售的销售费用的主要构成,其中是否存在可以控制或降低的空间。

②企业管理费用出现较大幅度的增长,具体原因需要借助于其他资料进一步分析。

③企业财务费用较之上年有较大增加,需要进一步查明原因。

④投资收益有大幅度的提高,需进一步查明原因。

> 为什么有的企业要虚增利润,而有的却要瞒报利润呢?

编好人生的第二张利润表

人生的第二张利润表,与人生的第二张资产负债表相互衔接,一脉相承,用于反映每个人在一定时期内对社会的奉献和向社会的索取。人生第二张利润表在不同时期的叠加,从社会的角度映射出我们人生经历的高度和厚重。

编好人生的第二张利润表,应当秉承资产负债观,摒弃收入费用观。从资产负债观的角度看,收入是资产的增加或负债的减少,费用是资产的减少或负债的增加。在阐述人生的第二张资产负债表时,我把资产定义为对社会的奉献,把负债定义为向社会的索取。因此,在人生的第二张利润表中,收入是对社会奉献的增加或向社会索取的减少,费用是向社会索取的增加或对社会奉献的减少。可见,人生第二张利润表的收入和费用,其含义与会计利润表上的含义迥然不同。我们获得的金钱、地位和荣誉,不应视作人生利润表的收入,而应看成我们向社会的索取或社会对我们的馈赠,理应计入人生利润表的费用。

编好人生的第二张利润表,应当树立正确的权利观和责任观。与会计不同,行使人生的权利是负债和费用,履行人生的责任才是资产和收入。唯有从这个角度理解,我们才不会把自己的权利视为理所当然,才不会把自己的责任高高挂起。

编好人生的第二张利润表,应当关注研究开发支出的会计处理问题。研究开发支出包括提升服务社会能力、陶冶人生情操、培养向善从善等方面的投入,形成的是一颗责任心和爱心,这是永远不会贬值的恒产。同学们,你们从小学到现在的学习期间接受家庭和政府的财务资助,父母和老师为你们的教育和成长付出的心血,应当借记"无形资产",贷记"对社会的责任"。毕业之后,当你们履行对社会的责任、对家庭和社会做出奉献时,应当借记"对社会的责任",贷记"人生收入"。从这些会计分录可以看出,教育投入的商业模式是十分高尚的,家庭、老师和政府为你们获得良好教育呕心沥血,殚精竭虑,不求自身的财务回报,期望换取的是你们对社会责任的履行,是你们对社会的奉献,是你们的成长成才。

编好人生的第二张利润表,还应当注重对营业外收支的分析。营业外收入是超越自己的义务对社会的额外奉献,如义务献血、慈善捐赠、关心弱者、见义勇为、环境保护等。营业外支出是超越自己的权利向社会的额外索取,如挥霍无度、浪费资源、贪污受贿、德不配位、沽名钓誉等。人生第二张利润表上的营业外收支,折射出的是情怀的大小,是境界的高低。

(节选自厦门国家会计学院黄世忠院长在毕业典礼上的讲话)

4.2 分析会计信息

【任务提示】本分项任务将引领你学会根据财务报表分析企业的偿债能力、盈利能力和营运能力。

【任务先行】偿债能力是现代企业综合财务能力的重要组成部分,是企业经济效益持续增长的稳健性保证;盈利能力是企业持续经营和发展的保障;营运能力反映资金的利用效率,表明企业管理人员经营管理、运用资金的能力。因此,对于偿债能力、盈利能力、营运能力的分析是企业财务分析的主要内容。

4.2.1 分析企业偿债能力

偿债能力主要用来衡量企业偿还到期债务的能力,分为短期偿债能力和长期偿债能力。

一、短期偿债能力分析

短期偿债能力是指企业流动资产对流动负债及时足额偿还的保证程度,是衡量企业当前的财务能力,特别是流动资产变现能力的重要标志。其衡量指标主要有流动比率、速动比率、现金比率等。

1. 流动比率

流动比率是指企业的流动资产与流动负债的比例关系,显示短期债权人安全程度的大小,其计算公式如下:

$$流动比率 = 流动资产 \div 流动负债$$

例如,根据表4-3:

天成公司2021年的流动比率 $= 99.9 \div (64.2 - 4.5) = 1.67$

一般来说,一个企业的流动比率越高,意味着短期偿债能力越强;如果流动比率低,则意味着短期偿债能力较低。国际上一般认为流动比率保持在2左右较为适当。它表明企业财务状况稳定可靠,除了满足日常生产经营的流动资金需要外,还有足够的财力偿付到期短期债务。但是流动比率也不可以过高,过高则意味着流动资产过多,形成积压、闲置、浪费,资金不能合理有效地利用,影响获利能力。相反,过低的流动比率,则意味着偿债能力不强,周转资金缺乏,甚至无法应付正常经营的需要。

【例题4-7】 假设根据天成公司2017—2021年的流动资产总额和流动负债总数计算各年度流动比率,如表4-9所示。为了进行横向分析,还计算了同行业光大公司的流动比率以及行业平均值,并将结果以图4-2表示。

表4-9 天成公司流动比率分析

年度	2017	2018	2019	2020	2021
天成公司	2.66	2.17	1.99	1.55	1.67
光大公司	1.40	1.28	1.32	1.36	1.34
行业平均值	1.22	1.28	1.17	1.18	1.11

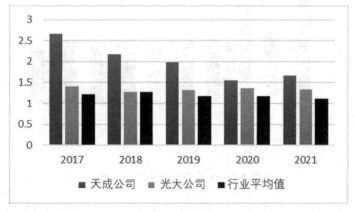

图4-2 天成公司流动比率分析

从表4-9和图4-2可以看出,天成公司流动比率在2017—2021年间总体上呈逐渐下降趋势,光大公司与行业平均值在各个年度变化不大,但天成公司的流动比率在各个年度均高于光大公司与行业平均值,反映目前状况下天成公司的短期偿债能力处于较高水平,但必须关注公司短期偿债能力下滑的趋势。

2.速动比率

速动比率是指一个企业速动资产与流动负债的比例关系。速动资产是指那些可以迅速用于支付流动负债的流动资产。速动资产一般包括库存现金、银行存款、交易性金融资产和应收款项。速动比率的计算公式如下:

速动比率=(流动资产-存货-预付账款)÷流动负债

例如,根据表4-3:

天成公司2021年的速动比率=(99.9-20-28.5)÷(64.2-4.5)=0.86

速动比率是反映企业短期偿债能力的重要指标之一,一般认为速动比率维持在1以上是比较理想的。速动比率高,表示流动负债的偿债能力强,但过高的速动比率也会造成资金的闲置和不合理使用,影响企业的获利能力。相反,速动比率低又表明缺乏速动资产,支付能力不强,投资者和债权人的风险大。但是,由于企业行业不同,以及企业的经营特点不同,速动比率会有较大差异,进行财务报表分析时应注意速动比率与不同行业之间的关系。

【例题 4-8】 假设根据天成公司 2017—2021 年的速动资产总额和流动负债总数计算各年度速动比率,如表 4-10 所示。为了进行横向分析,还计算了同行业光大公司的速动比率以及行业平均值,并将结果以图 4-3 表示。

表 4-10 天成公司速动比率分析

年度	2017	2018	2019	2020	2021
天成公司	1.39	1.26	0.94	0.79	0.86
光大公司	0.70	0.77	0.73	0.74	0.76
行业平均值	0.90	0.83	0.69	0.70	0.66

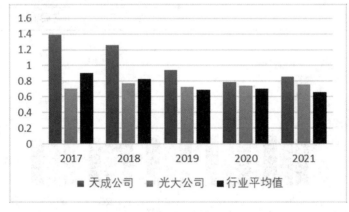

图 4-3 天成公司速动比率分析

从表 4-10 和图 4-3 可知,天成公司的速动比率在 2017—2021 年间有较大的波动,而光大公司与行业平均水平则基本上比较稳定,需要关注天成公司速动比率波动的原因。从横向比较来看,天成公司的速动比率比光大公司和行业平均值都要高,反映天成公司具有较强的短期偿债能力。

3. 现金比率

现金比率也称现金流动负债比率,是指一定时期内企业现金类资产与流动负债的比值。现金类资产指库存现金、银行存款和现金等价物。现金等价物一般为交易性金融资产和应收票据。其计算公式如下:

现金比率=(现金+银行存款+现金等价物)÷流动负债

例如,根据表 4-3:

天成公司 2021 年的现金比率 = 20.9÷59.7 = 0.35

在企业的流动资产中,现金类资产的流动性最强,可以直接用于偿还流动负债。因此,现金比率表明企业随时支付流动负债能力的大小,也就是随时即刻偿债能力。现金比率的高低更为准确地反映出直接偿债能力的大小。现金比率越高,表明企业的直接偿付能力越强,信用也就越可靠。同样,现金比率并非越高越好,现金是企业收益率最低的资产,该比率过高将影响企业的盈利能力。

【例题 4-9】 假设根据天成公司 2017—2021 年的货币资金、短期投资净额和流动负债总额数据计算各年度现金比率,如表 4-11 所示。为了进行横向分析,还计算了同行业光大公司的现金比率以及行业平均水平,并将结果以图 4-4 表示。

表 4-11 天成公司现金比率分析

年度	2017	2018	2019	2020	2021
天成公司	0.37	0.26	0.41	0.30	0.35
光大公司	0.28	0.21	0.14	0.11	0.11
行业平均值	0.33	0.29	0.27	0.23	0.20

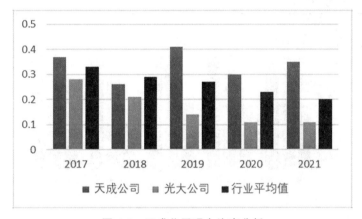

图 4-4 天成公司现金比率分析

从表 4-11 和图 4-4 可知,天成公司的现金比率在各个年度也不是很稳定,而光大公司与行业平均水平则保持逐年下降的趋势,天成公司的现金比率同样在各个年度基本高于光大公司和行业平均水平,反映天成公司现金类资产对短期债务的保障能力较强,当然也有可能是天成公司未能充分利用货币资金,安排了过多的现金类资产。

二、长期偿债能力分析

长期偿债能力是指企业偿还长期负债的能力。企业长期偿债能力的衡量指标主要有资产负债比率、产权比率、所有者权益比率、长期负债比率、利息保障倍数等。

1. 资产负债比率

资产负债比率是指负债总额与资产总额之间的比例关系,又称负债比率。它是衡量企业长期偿债能力的指标之一。资产负债比率表明企业的全部资金来源中有多少是由债权人提供的。站在债权人角度可以说明债权的保证程度;站在所有者角度可说明自身承担风险的程度;站在企业的角度既可以反映企业的实力,也能反映其偿债风险。其计算公式如下:

$$资产负债比率=负债总额÷资产总额$$

例如,根据表 4-3:

$$天成公司 2021 年的资产负债比率=64.2÷167.4=0.38$$

资产负债比率是从总体上反映企业偿债能力的指标。资产负债比率越低,则股东或所有者权益所占的比例就越大,说明企业的实力越强,债权的保证程度越高;资产负债比率越高,则股东或所有者权益所占比例就越小,说明企业的经济实力越弱,偿债风险越高,债权的保证程度相应越低,债权人的安全性越差,企业的潜在投资人越少。

【例题 4-10】 根据天成公司 2017—2021 年的资产总额和负债总额数据可计算各年度资产负债比率,如表 4-12 所示。为了进行横向分析,还计算了同行业光大公司的资产负债比率以及行业平均水平,并将结果以图 4-5 表示。

表 4-12 天成公司资产负债比率分析

年度	2017	2018	2019	2020	2021
天成公司	0.31	0.38	0.39	0.34	0.38
光大公司	0.55	0.66	0.64	0.62	0.64
行业平均值	0.58	0.63	0.64	0.63	0.64

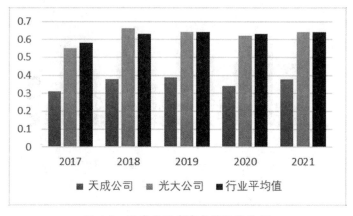

图 4-5 天成公司资产负债比率分析

从表 4-12 和图 4-5 可知,天成公司的资产负债比率总体比较稳定,通过与光大公司和行业平均水平的比较可以发现,天成公司的资产负债比率要显著低于光大公司和行业平均水平,反映天成公司具有较强的长期偿债能力。当然,另外一方面也说明天成公司可能未能充分利用负债经营带来的财务杠杆。

2. 所有者权益比率

所有者权益比率又称作股权比率,是企业所有者权益总额与资产总额之比,表明主权资本在全部资产中所占的份额。其计算公式如下:

$$所有者权益比率=所有者权益总额÷资产总额=1-资产负债比率$$

例如,根据表 4-3:

天成公司 2021 年的所有者权益比率 $=103.2÷167.4=0.62$

所有者权益比率可以表明在企业的全部资金来源中,有多少是由股东提供的,揭示了股东对企业资产的净权益。所有者权益比率与资产负债比率之和应该等于 1。因此,这两个比率是从不同的侧面反映企业的长期资金来源的。所有者权益比率越大,资产负债比率就越小,企业的财务风险就越小,反之则反。

【例题 4-11】 根据天成公司 2017—2021 年的资产总额和所有者权益总额数据可计算各年

度股权比率,如表 4-13 所示。为了进行横向分析还计算了同行业光大公司的股权比率以及行业平均水平,并将结果以图 4-6 表示。

表 4-13　天成公司股权比率分析

年度	2017	2018	2019	2020	2021
天成公司	0.69	0.62	0.61	0.66	0.62
光大公司	0.45	0.34	0.36	0.38	0.36
行业平均值	0.42	0.34	0.36	0.37	0.36

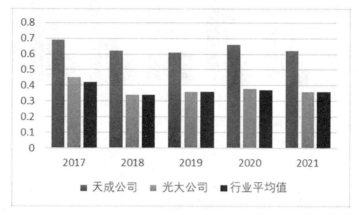

图 4-6　天成公司股权比率分析

由于股权比率与资产负债比率存在固定的数量关系,股权比率的分析结果与资产负债比率表现的结果一致,不再进行详细分析。

3. 产权比率

产权比率也是衡量长期偿债能力的指标之一。这个指标是负债总额与股东权益总额之比率,也称为负债与所有者权益比率。其计算公式如下:

产权比率＝负债总额÷所有者权益总额

例如,根据表 4-3:

天成公司 2021 年的产权比率＝64.2÷103.2＝0.62

产权比率实际上也是资产负债比率的另一种表现形式,只不过其表达更为直接、明显,更侧重于揭示企业财务结构的稳健程度,以及所有者权益对偿债风险的承受能力。产权比率越低,表明企业的长期偿债能力越强,债权人承担的风险越小。当这一比率过低时,所有者权益比重过大,意味着企业有可能失去充分发挥负债的财务杠杆作用的大好时机;当该指标过高时,表明企业过度运用财务杠杆,增加了企业财务风险。

【例题 4-12】　根据天成公司 2017—2021 年的负债总额和所有者权益总额数据可计算各年度产权比率,如表 4-14 所示。为了进行横向分析,还计算了同行业光大公司的产权比率以及行业平均水平,并将结果以图 4-7 表示。

表 4-14　天成公司产权比率分析

年度	2017	2018	2019	2020	2021
天成公司	0.45	0.62	0.63	0.51	0.62

续表

年度	2017	2018	2019	2020	2021
光大公司	1.22	1.93	1.79	1.63	1.81
行业平均值	1.38	1.70	1.74	1.68	1.76

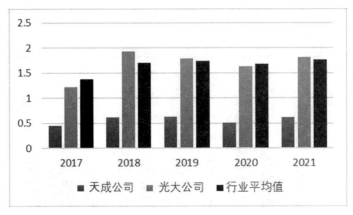

图 4-7 天成公司产权比率分析

由于产权比率与股权比率存在固定的数量关系,产权比率的分析结果同股权比率的结果一致,不再进行详细分析。

4. 利息保障倍数

利息保障倍数是指一个企业每期获得的收益与所支付的固定利息费用之间的倍数关系,即从所借债务中获得的收益是所需支付债务利息费用的倍数。计算公式如下:

$$利息保障倍数 = 息税前利润 \div 利息费用$$

其中:

$$息税前利润 = 净利润 + 所得税费用 + 利息费用$$

例如,根据表 4-8:

天成公司 2021 年的利息保障倍数 $= (148.6 + 12) \div 12 = 13.38$

在计算中不能用税后净利润,因为企业的利息费用是在所得税前列支的,而所得税是在减去利息费用后的利润中支付的,所得税的多少对利息费用的支付不会产生影响。另外,指标的分子必须包括利息费用,因为利息费用也是经营资本获取的收益,这部分收益只是付给企业债权人。

利息保障倍数反映的是营业收益能够偿付利息的倍数,是衡量企业长期偿债能力的一个重要指标。利息保障倍数越高,说明息税前利润相对于利息越多,则债权人的利息收入就越有保障。相反,利息保障倍数越低,说明企业负债太多或盈利能力不强,对债权人保障越小,从而影响长期偿债能力和重新借债能力。

正确评价企业的长期偿债能力,分析该指标的高与低,应将本年度利息保障倍数同该企业以往年度,以及同一行业的其他企业和该行业平均指标进行对比。此外,每个企业经营的好坏、信用的高低不同,对利息保障倍数的要求也就不同。

【例题 4-13】 根据天成公司 2017—2021 年的息税前利润和财务费用总额数据(由于无法获取公司资本化利息金额数据,我们近似地以财务费用金额作为利息支出金额)可计算各年度利息保障倍数,如表 4-15 所示。为了进行横向分析,还计算了同行业光大公司的利息保障倍数以及行业平均水平,并将结果以图 4-8 表示。

表 4-15　天成公司利息保障倍数分析

年度	2017	2018	2019	2020	2021
天成公司	13.58	4.76	−168.10	14.36	13.38
光大公司	2.26	5.88	22.66	7.75	10.03
行业平均值	1.30	3.94	1.41	1.44	2.79

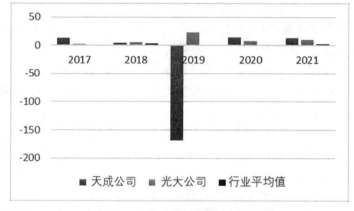

图 4-8　天成公司利息保障倍数分析

从表 4-15 和图 4-8 可以看出,天成公司在 2019 年的利息保障倍数非常低,其原因在于 2019 年计提了巨额坏账准备,导致当年出现了 36.81 万元的巨额亏损,从而导致利息保障倍数出现了异常状况。除了 2019 年的这一异常值外,天成公司的利息保障倍数一直处于较高水平,明显高于行业平均水平。

从哪些方面可以提高企业的长期偿债能力呢?

4.2.2　分析企业盈利能力

盈利能力是指企业赚取利润的能力,通常表现为企业在一定期间内收益数额的大小及收益数额的构成。从企业的角度看,盈利能力可以用两种方法评价:一种是利润和销售收入的比例关系,即销售盈利能力;一种是利润和资产的比例关系,即资产盈利能力。

一、销售毛利率

企业的收入包括主营业务收入、其他业务收入、投资收益和营业外收入等,不同的收入定义有其不同的来源。而主营业务收入和其他业务收入作为企业生存和发展的基础,其利润水平直接体现了企业的盈利能力,所以财务分析中引入"毛利"的概念。毛利就是主营业务利润加其他业务利润。所以销售毛利就是企业销售收入扣除销售成本之后的差额,它在一定程度上反映企业生产环节的效率高低。

销售毛利率是指销售毛利与销售收入的比例关系,反映了每百元销售收入能为企业带来多少毛利。其计算公式如下:

$$销售毛利率=(销售毛利÷销售收入)×100\%$$

例如,根据表4-8:

天成公司2021年的销售毛利率$=(386-206)÷386×100\%=46.63\%$

销售毛利对企业非常重要,因为毛利是企业利润的起点,也是企业向利益相关的各方分配现金流的起点,较高的销售毛利率预示着企业有更多的机会获取较多利润。销售毛利率是销售净利率的基础,没有足够高的毛利率便不能盈利。销售毛利率越高,说明企业销售成本在销售收入净额中所占的比重越小,在期间费用和其他业务利润一定的情况下,营业利润就越高。销售毛利率还与企业的竞争力和企业所处的行业有关。

【例题4-14】 根据天成公司2017—2021年的主营业务收入净额和主营业务成本数据,可计算各年度销售毛利率,如表4-16所示。为了进行横向分析还计算了同行业光大公司的销售毛利率以及行业平均水平,并将结果以图4-9表示。

表4-16 天成公司销售毛利率分析

年度	2017	2018	2019	2020	2021
天成公司	44.89%	44.51%	44.32%	48.44%	46.63%
光大公司	45.16%	44.71%	44.75%	46.45%	45.86%
行业平均值	50.91%	47.98%	46.74%	46.27%	45.03%

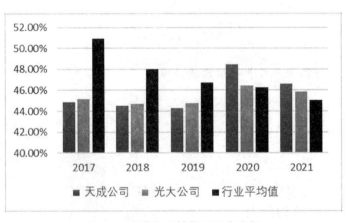

图4-9 天成公司销售毛利率分析

从表4-16和图4-9反映的计算结果可以看出,天成公司所处行业的销售毛利率呈现逐年下降的趋势,这与该行业的竞争日趋激烈息息相关。天成公司的销售毛利率受其产品结构调整的影响较大,在2020年相对以前年度有了较大幅度的提高,光大公司的销售毛利率则变化不大,两者相比较,反映2020年以前天成公司销售商品为企业贡献的利润份额要低于光大公司,但是2020年之后天成公司就反超了光大公司。

二、销售净利率

销售净利率是指企业实现的净利润与销售收入的对比关系,反映了实现百元销售收入所给企业带来利润的多少,用以衡量企业在一定时期销售收入获取利润的能力。其计算公式如下:

$$销售净利率=(净利润÷销售收入)×100\%$$

例如,根据表 4-8:

$$天成公司2021年的销售净利率=111.45÷386=28.87\%$$

销售净利率低,表明企业经营者未能创造足够多的销售收入或未能控制好成本费用,或者两方面兼而有之。该指标数值越高越好,数值越高表明企业盈利能力越强。但是,销售净利率指标并不能全面反映企业的盈利能力,因为较高的销售净利率也可能是依靠较大的资产或资本的投入来维持,因此还必须分析企业运用资源的效率和投资报酬率,才能真正判断企业的盈利水平的高低。

【例题 4-15】 根据天成公司2017—2021年的主营业务收入净额和净利润数据,可计算各年度销售净利率,如表4-17所示。为了进行横向分析,还计算了同行业光大公司的销售净利率以及行业平均水平,并将结果以图4-10表示。

表 4-17 天成公司销售净利率分析

年度	2017	2018	2019	2020	2021
天成公司	14.40%	18.46%	−31.90%	25.05%	28.87%
光大公司	14.44%	17.79%	20.05%	20.63%	20.81%
行业平均值	14.41%	16.80%	18.7%	20.95%	20.93%

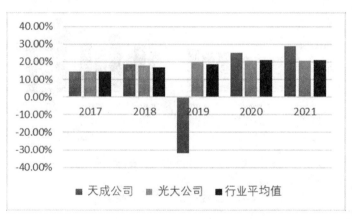

图 4-10 天成公司销售净利率分析

从表4-17和图4-10反映的计算结果可以看出,天成公司2019年由于出现巨额亏损导致销售净利润非常低,但在2020年和2021年显著高于光大公司与同行业平均水平,在这两年销售毛利率与光大公司和同行业平均水平基本相近的情况下,说明天成公司对其他各项费用的控制水平有了较大幅度的提高。

三、总资产收益率

总资产收益率也称总资产报酬率,是企业净利润总额与全部资产平均额的比率,它是反映企业资产综合利用效果的指标,也是衡量企业利用债权人和所有者权益总额所取得盈利的重要指标。其计算公式如下：

$$总资产报酬率=(净利润总额÷平均资产总额)×100\%$$

$$平均资产总额=(期初资产总额+期末资产总额)÷2$$

例如，根据表4-3、表4-8：

天成公司2021年的平均资产总额=(152.8+167.4)÷2万元=160.1万元

总资产报酬率=111.45÷160.1×100%=69.61%

一般来说，该指标越大说明企业资产运作能力越强，资产周转速度越快，资产的盈利水平越高。但如果总资产报酬率太高，那么可能企业存在一定的财务风险。分析中还应注意，总资产收益率还会受到企业经营规模等经营措施的影响，企业经营范围的扩大和投资的增加都会引起总资产报酬率的改变。

【例题4-16】 根据天成公司2017—2021年的资产总额和净利润数据，可计算各年度总资产收益率，如表4-18所示。为了进行横向分析，还计算了同行业光大公司的总资产收益率以及行业平均水平，并将结果以图4-11表示。

表4-18 天成公司总资产收益率分析

年度	2017	2018	2019	2020	2021
天成公司	30.97%	35.03%	-19.89%	49.81%	69.61%
光大公司	30.50%	36.21%	41.46%	38.77%	41.08%
行业平均值	30.92%	37.77%	40.76%	42.47%	44.45%

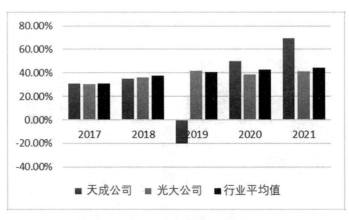

图4-11 天成公司总资产收益率分析

从表4-18和图4-11反映的计算结果可以看出，尽管天成公司资产总额没有太大的变动，但由于净利润在各年间波动幅度较大，导致总资产收益率呈现上下波动的特点，此外从光大公司和行业平均水平的波动趋势也可以反映出这一现象。可见，天成公司近几年的总资产收益率的波动可能与整个行业背景密切相关。此外，天成公司2019年总资产收益率出现了较大的负值，其原因主要是当年度计提了巨额坏账准备。2020年和2021年总资产收益率逐年提高，反映公司盈利能力经历过2019年的巨幅波动后，逐年增强。

四、净资产收益率

净资产收益率也称权益净率或自有资金收益率。它是企业一定时期净利润与平均净资产

的比率。净资产收益率是反映自由资金投资收益水平的指标,是企业获利能力指标的核心。其计算公式如下:

$$净资产收益率=(净利润÷平均净资产)×100\%$$

其中:

$$平均净资产=(所有者权益年初数+所有者权益年末数)÷2$$

例如,根据表4-3、表4-8:

天成公司2021年的平均净资产=(101.155+103.2)÷2万元=102.18万元

净资产收益率=111.45÷102.18×100%=109.07%

该指标侧重于从所有者权益的角度来考察和分析企业获取净利润的能力,是净资产获得报酬的能力。一般来说,该比率越高,说明所有者投入的回报水平将越高,且企业的获利能力越强。

【例题4-17】 根据天成公司2017—2021年的净资产和净利润数据,可计算各年度净资产收益率,如表4-19所示。为了进行横向分析,还计算了同行业光大公司的净资产收益率以及行业平均水平,并将结果以图4-12表示。

表4-19 天成公司净资产收益率分析

年度	2017	2018	2019	2020	2021
天成公司	35.37%	41.58%	-32.59%	42.96%	109.07%
光大公司	41.22%	53.37%	74.51%	72.25%	99.15%
行业平均值	41.49%	54.80%	52.22%	83.22%	109.70%

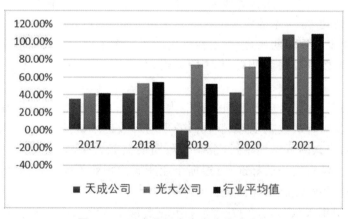

图4-12 天成公司净资产收益率分析

从表4-19和图4-12反映的计算结果可以看出,天成公司所处行业整体净资产收益率处于较低的水平,并且各个年度间波动较大。天成公司更是在2019年净资产收益率为-32.59%,出现了巨额亏损,虽然随后两年逐年提高,但仍然低于行业平均水平。

4.2.3 分析企业营运能力

营运能力是指企业充分运用资源创造财富的能力,体现企业的经营绩效。

分析营运能力,主要是通过销售收入(或销售成本)与企业各项资产的比例关系,分析各项资产的周转速度,了解各项资产对收入或财务目标的贡献程度。因此,营运能力分析也称资产管理比率分析。一般来说,企业取得的销售收入越多,所需投入的资产价值也就越大。如果企业投入的资产价值大、收入少、利润低,则说明企业资产投入的构成不合理,经济资源没有得到有效合理的配置和使用。营运能力分析的比率指标主要有总资产周转率、应收账款周转率、存货周转率等。

周转率有两种表现形式:一是资产在一定时期内周转的次数;二是周转一次所需要的时间(天数)。通过周转率指标,可以分别揭示企业资产管理效率的高低、销售能力的强弱、信用状况的好坏及管理工作绩效的优劣等。

周转率(周转次数)=周转额÷资产平均余额

周转期(周转天数)=计算期天数÷周转次数

一、应收账款周转率

应收账款周转率是企业一定时期内的赊销净收入与应收账款平均净余额的比率。它反映了应收账款的变现能力。计算公式如下:

应收账款周转率=营业收入÷应收账款平均余额

应收账款平均余额=(期初应收账款+期末应收账款)÷2

例如,根据表4-3、表4-8:

天成公司2021年的应收账款平均余额=(25.5+30.5)÷2万元=28万元

应收账款周转率=386÷28次=13.79次

应收账款周转情况也可以用应收账款周转天数来反映:

应收账款周转天数=360÷应收账款周转率

天成公司2021年的应收账款周转天数=360÷13.79天=26.11天

通俗地说,应收账款周转期就是,小王在面馆吃了一碗牛肉面但没有立马付钱,如果小王两天就把钱还上了,那么应收账款周转期就是2天,如果他赖了两个月才给,那么周转期就是60天。

一般来说,赊销期限越长,应收款项变现能力就越差;反之赊销期限越短,应收款项变现能力就越强。应收账款周转次数越多,账款收回的平均日数越小,说明应收账款的变现能力越强、赊销期限越短,收回账款的可靠性越强,企业的短期偿债能力也越强。应收账款周转天数究竟多少天才合理呢?并没有统一的标准,可根据企业所属的行业不同、销售和信用方针不同而异,有时还视宏观经济形势和金融情况而定。

【例题4-18】 根据天成公司2017—2021年的主营业务收入净额和应收账款数据,可计算各年度应收账款周转率和应收账款周转天数,如表4-20所示。为了进行横向分析,还计算了同行业光大公司的这两个比率以及行业平均水平,并将结果以图4-13和图4-14表示。

表4-20 天成公司应收账款周转率和应收账款周转天数分析

年度	2017	2018	2019	2020	2021
应收账款周转率/次					
天成公司	3.54	3.07	3.22	5.72	13.79
光大公司	19.89	41.77	29.48	18.34	15.54

续表

年度	2017	2018	2019	2020	2021
行业平均值	6.04	7.32	7.36	10.66	12.19
应收账款周转天数/天					
天成公司	101.69	117.24	111.78	62.93	26.11
光大公司	18.10	8.62	12.21	19.63	23.16
行业平均值	59.60	49.17	48.90	33.77	29.52

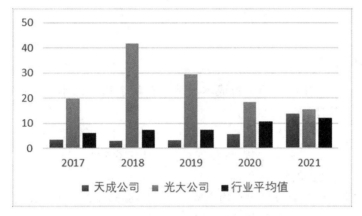

图 4-13 天成公司应收账款周转率分析

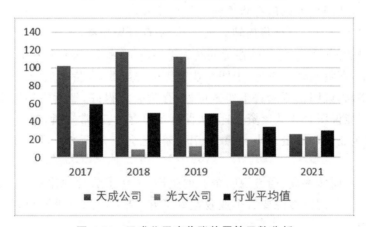

图 4-14 天成公司应收账款周转天数分析

从表 4-20 和图 4-13、图 4-14 可以看出，天成公司在应收账款方面的管理存在一定的缺陷，虽然我们可以观测到天成公司的应收账款周转率整体呈上升趋势，应收账款周转天数呈下降趋势，但从表格中的数据和图中所表示的趋势明显可以看出，天成公司应收账款管理效率的拐点出现在 2020 年，那么是否代表着天成公司的应收账款管理效率真的是有大幅度提升呢？我们在前文曾经提到公司在 2019 年出现巨额亏损，其中导致巨额亏损的原因是公司对应收账款计提了坏账准备，当然这也会导致应收账款所占用金额的大幅降低，自然应收账款周转率会提高，而应收账款周转天数会下降。从天成公司与光大公司及行业平均水平的横向比较可以看出，天成公司的应收账款管理效率大大低于光大公司，也低于行业平均水平，要查明真正原因，可能还必须对天成公司的特殊营销策略进行详细的分析。

你知道提高应收账款周转率,除了提高了企业的短期偿债能力以外,对企业还有什么其他的好处吗?

二、存货周转率

存货周转率是企业一定时期内销售成本与平均存货余额的比率。它可以反映企业存货变现能力和销货能力。其计算公式如下:

$$存货周转率 = 主营业务成本 \div 平均存货$$

$$平均存货 = (年初存货 + 年末存货) \div 2$$

例如,根据表4-3、表4-8:

天成公司2021年的存货平均余额 $= (39 + 48.5) \div 2$ 万元 $= 43.75$ 万元

存货周转率 $= 206 \div 43.75$ 次 $= 4.71$ 次

同理,存货周转情况也可以用存货周转天数来反映:

$$存货周转天数 = 360 \div 存货周转率$$

天成公司2021年的存货周转天数 $= 360 \div 4.71$ 天 $= 76.46$ 天

在一般情况下,存货周转率越低,说明企业销售能力越低,存货大量积压,占用资金多,管理不力。存货周转率高,说明企业销售工作做得好,存货管理得好,经营占用资金少。但是,如果存货周转率过高可能说明企业缺乏资金,无法保持足够存货,经常缺货,这会影响到企业的正常生产经营;或者是企业采购批量太小,次数过于频繁,这会使企业丧失可能获得的批量折扣,增加了采购成本。

一个企业的存货周转率高,通常说明企业的生产、销售形势比原来好了。因为生产出的东西能够立刻卖出去。我们常常说要看企业效益好不好,从工厂门口排队拉货的车就能看出来,说的就是这个道理。

【例题4-19】 根据天成公司2017—2021年的主营业务成本和存货净额数据,可计算各年度存货周转率和存货周转天数,如表4-21所示。为了进行横向分析,还计算了同行业光大公司的这两个比率以及行业平均水平,并将结果以图4-15和图4-16表示。

表4-21 天成公司存货周转率和存货周转天数分析

年度	2017	2018	2019	2020	2021
	存货周转率/次				
天成公司	1.63	1.70	1.52	2.34	4.71
光大公司	2.52	3.80	3.37	2.75	5.03

续表

年度	2017	2018	2019	2020	2021
行业平均值	3.41	3.72	3.35	4.43	4.92
存货周转天数/天					
天成公司	220.73	211.52	237.02	153.76	76.46
光大公司	142.59	94.74	106.67	131.01	71.57
行业平均值	105.44	96.82	107.56	81.30	73.17

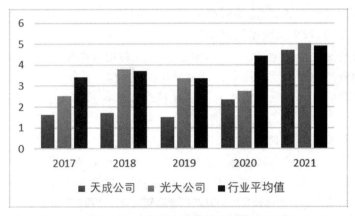

图 4-15　天成公司存货周转率分析

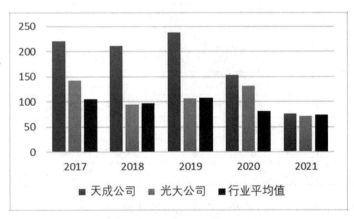

图 4-16　天成公司存货周转天数分析

从表 4-21 和图 4-15、图 4-16 可以看出，天成公司的存货管理效率也不容乐观，虽然公司的存货周转率呈上升趋势，存货周转天数呈下降趋势，但各年度的周转率均低于光大公司和行业平均水平。

三、流动资产周转率

流动资产周转率是反映企业的流动资产周转速度和综合利用效率的指标，是指企业年产品销售收入净额与流动资产平均占有额的比率，即企业的流动资产在一定时期内（通常为 1 年）周转的次数。其计算公式如下：

$$流动资产周转率＝主营业务收入÷平均流动资产总额$$

其中：

$$平均流动资产总额=(期初流动资产+期末流动资产)\div 2$$

例如，根据表4-3、表4-8：

天成公司2021年的平均流动资产总额=(79.8+99.9)÷2万元=89.85万元

流动资产周转率=386÷89.85次=4.30次

同理，流动资产周转情况也可以用流动资产周转天数来反映：

$$流动资产周转天数=360\div 流动资产周转率$$

天成公司2021年的流动资产周转天数=360÷4.30天=83.80天

企业的流动资产周转率越高，流动资产周转速度越快，周转次数越多，表明企业以一定的流动资产完成的周转额越高，企业流动资产的经营利用效果越好，企业的经营效率越高，进而使企业的偿债能力和盈利能力得到增强。反之，则表明企业利用流动资产进行经营活动的能力差，效率低。由于流动资产的多少反映企业短期偿债能力的强弱，企业应有一个较稳定的流动资产数额，在此基础上提高使用效率，但应注意不能单纯地以大幅度降低流动资产为代价去追求高周转率。

【例题4-20】 根据天成公司2017—2021年的主营业务收入和流动资产数据，可计算各年度流动资产周转率和流动资产周转天数，如表4-22所示。为了进行横向分析，还计算了同行业光大公司的这两个比率以及行业平均水平，并将结果以图4-17和图4-18表示。

表4-22 天成公司流动资产周转率和流动资产周转天数分析

年度	2017	2018	2019	2020	2021
流动资产周转率/次					
天成公司	0.85	0.86	0.78	2.24	4.30
光大公司	1.50	1.90	1.64	1.45	1.56
行业平均值	1.15	1.25	1.23	1.45	1.91
流动资产周转天数/天					
天成公司	423.53	417.70	459.40	160.71	83.80
光大公司	240.00	189.28	219.09	248.11	230.76
行业平均值	313.04	287.50	292.81	248.61	188.48

从表4-22和图4-17、4-18可以看出，天成公司的流动资产周转率在2019年以前要显著低于光大公司和行业平均水平，但2019年以后公司的流动资产周转率大幅提高，周转天数显著下降，在分析时还要注意该公司2019年计提了巨额的应收账款坏账准备，导致应收账款和流动资产占用的资金从报表上看大幅度下降。

四、固定资产周转率

固定资产周转率是反映企业的固定资产周转快慢的指标，它等于主营业务收入与固定资产平均余额之比。其计算公式如下：

$$固定资产周转率=主营业务收入\div 固定资产平均余额$$

$$固定资产平均余额=(期初固定资产+期末固定资产)\div 2$$

其中，余额指的是固定资产净值，即固定资产原价扣减累计折旧后的金额。

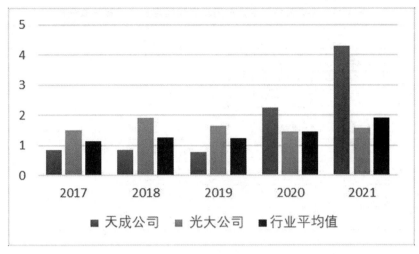

图 4-17 天成公司流动资产周转率分析

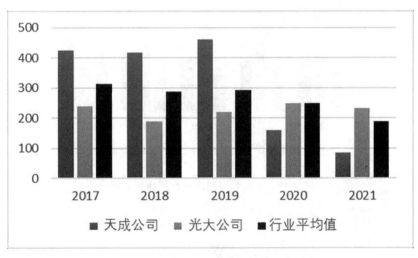

图 4-18 天成公司流动资产周转天数分析

例如，根据表 4-3、表 4-8：

天成公司 2021 年的固定资产平均余额＝(73＋63)÷2 万元＝68 万元

固定资产周转率＝386÷68 次＝5.68 次

同理，固定资产周转情况也可以用固定资产周转天数来反映：

固定资产周转天数＝360÷固定资产周转率

天成公司 2021 年的固定资产周转天数＝360÷5.68 天＝63.42 天

一般来说，固定资产周转率高，固定资产周转天数短，说明固定资产周转快，利用充分；反之，说明固定资产周转慢，利用不充分。当然，如果固定资产周转过快，则需要结合企业具体情况分析原因，看看生产能力是否已饱和，是否需要增加或更新设备，等等。

【例题 4-21】 根据天成公司 2017—2021 年的主营业务收入和固定资产数据，可计算各年度固定资产周转率和固定资产周转天数，如表 4-23 所示。为了进行横向分析，还计算了同行业光大公司的这两个比率以及行业平均水平，并将结果以图 4-19 和图 4-20 表示。

表 4-23 天成公司固定资产周转率和固定资产周转天数分析

年度	2017	2018	2019	2020	2021
固定资产周转率/次					
天成公司	4.52	4.60	3.58	5.07	5.68
光大公司	5.56	9.42	9.81	8.53	9.61
行业平均值	4.49	4.83	4.97	5.62	6.96
固定资产周转天数/天					
天成公司	79.65	78.19	100.67	71.02	63.42
光大公司	64.75	38.21	36.70	42.23	37.46
行业平均值	80.18	74.51	72.39	64.04	51.74

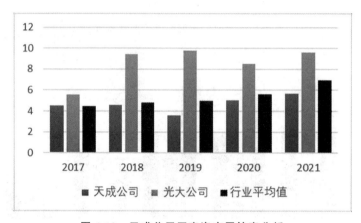

图 4-19 天成公司固定资产周转率分析

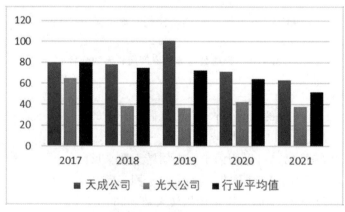

图 4-20 天成公司固定资产周转天数分析

从表 4-23 和图 4-19、图 4-20 可以看出，天成公司的固定资产周转率与行业平均水平接近，但远远低于光大公司的水平，反映光大公司的固定资产使用效率较高。从纵向趋势来看，天成公司的固定资产周转率在 2019 年达到最低点，其主要原因是该年度主营业务收入下降，2019 年以后固定资产周转率有所提高，固定资产周转天数有所下降。

五、总资产周转率

总资产周转率是指企业主营业务收入净额与资产总额的比率,即企业的总资产在一定时期内(通常为1年)的周转次数。总资产周转率是反映企业的总资产在一定时期内创造了多少主营业务收入的指标,反映资产利用的效率。其计算公式如下:

$$总资产周转率 = 营业收入 \div 平均资产总额$$

其中:

$$平均资产总额 = (期初资产总额 + 期末资产总额) \div 2$$

例如,根据表4-3、表4-8:

天成公司2021年的平均资产总额=(152.8+167.4)÷2万元=160.1万元

总资产周转率=386÷160.1次=2.41次

同理,总资产周转率情况也可以用总资产周转天数来反映:

$$总资产周转天数 = 360 \div 总资产周转率$$

天成公司2021年的总资产周转天数=360÷2.41天=149.32天

企业的总资产周转率反映总资产的周转速度。总资产周转率越高,表明总资产周转速度越快,企业的销售能力越强,企业利用全部资产进行经营的效率越高,进而使企业的偿债能力和盈利能力得到增强。反之,则表明企业利用全部资产进行经营活动的能力差,效率低,最终还将影响企业的盈利能力。应当注意该指标的特殊情况:如果企业的总资产周转率突然上升,而销售收入与以往持平,则有可能是企业本期报废了大量的固定资产造成的。那么,这时的总资产周转率就不具有可比性,并不说明资产利用率提高;同样,异常的供应问题或者停工也是影响资产使用效率的原因,需要对此进行特殊揭示。

【例题4-22】 根据天成公司2017—2021年的主营业务收入和总资产数据,可计算各年度总资产周转率和总资产周转天数,如表4-24所示。为了进行横向分析,还计算了同行业光大公司的这两个比率以及行业平均水平,并将结果以图4-21和图4-22表示。

表4-24 天成公司总资产周转率和总资产周转天数分析

年度	2017	2018	2019	2020	2021
总资产周转率/次					
天成公司	0.69	0.71	0.62	0.96	2.41
光大公司	1.13	1.54	1.39	1.22	1.33
行业平均值	0.76	0.86	0.80	1.06	1.31
总资产周转天数/天					
天成公司	521.74	509.88	577.40	376.14	149.32
光大公司	318.58	233.93	259.11	294.11	271.26
行业平均值	473.68	418.97	451.84	339.84	275.70

从表4-24和图4-21、图4-22可以看出,天成公司的资产效率低于光大公司与同行业平均水平,但在2019年后不断提高,并于2021年出现明显增幅,赶超了光大公司与同行业平均水平。

需要说明的是,对流动资产、固定资产和总资产来说,主营业务收入并不能很好地代表其周

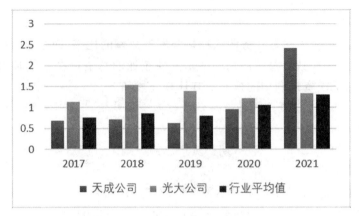

图 4-21　天成公司总资产周转率分析

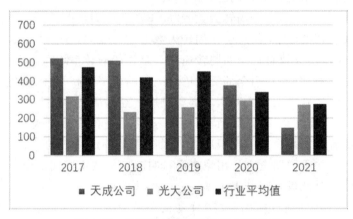

图 4-22　天成公司总资产周转天数分析

转额,但由于它们的周转额很难在相关数据中找到,加上主营业务收入是代表企业营业规模的一个很好的指标,因此仍然仿照应收账款周转率和应收账款周转天数的计算公式分别计算流动资产、固定资产和总资产的周转率和周转天数。这样计算出的流动资产、固定资产和总资产的周转率和周转天数并非没有意义,它们仍然能够反映各自的周转速度和利用状况,仍然可以为分析企业的营运能力提供很好的依据。

通过学习,我们能够了解到企业的会计信息就像是一个"接口",将复杂的企业经营和各个会计信息使用者连接起来。阅读和分析企业的会计信息,可以让我们了解公司的财务状况,对公司的偿债能力、资本结构是否合理、流动资金充足性等做出判断;也可以让我们了解分析公司的盈利能力、盈利状况、经营效率,对公司在行业中的竞争地位、持续发展能力做出判断。

通用"接口"软技能

2022年中国自己的天宫空间站在地球上空飘过时,三位航天员在空间站度过了农历新年,你了解他们多少?

翟志刚,55岁,有一个20多岁的儿子;王亚平,41岁,有个6岁的女儿;叶光富,41岁,有个14岁的儿子。

想想看,要选拔上空间站的人,国家的储备资源一定相当多。但最后从14亿人里挑出3个四五十岁的人,说明什么?他们除了我们能想象的身体素质好、行动敏捷这些优势之外,一定有一个优点——他们一定是优秀的连接者。因为他们要长时间地待在密闭空间内,彼此组成一个团队,密切合作;还要跟地面上各个门类的专家一起合作,完成各种各样的科研项目。这肯定要求他们心理稳定,善于合作,能够进行非常复杂的协调沟通。他们是我们发射到太空的"接口"。

这是什么?这就是软技能。那怎么积累软技能呢?软技能是所有职业都需要的通用能力。它对我们提出了一个要求,要求我们变成"接口",能和其他人、和组织更紧密地联系起来。就像每一片拼插积木,它既是有功能的个体,又是一个"接口",向其他个体释放邀请信号。

如果你是投资者,通过报表分析,你会选择一个怎么样的企业进行投资呢?

项目 4 小结

本项目任务在前面各项目任务的基础上,完成对主要财务报表的解读和分析,达成我们经济、管理类专业的读者学习会计基础知识并能初步应用的目标。

阅读资产负债表,主要是要读懂资产和权益的总量及其变动情况、资产结构及其合理性、资本结构及其稳定性。通过资产负债表,可以分析企业的偿债能力。

阅读利润表,主要是要读懂利润项目、利润的形成、利润的结构变动情况。通过利润表,可以分析企业的盈利能力。

企业的营运能力是指充分运用资源创造财富的能力,体现企业的经营绩效。可以根据资产负债表和利润表分析。

◆核心技能

资产负债表和利润表的阅读与分析。

◆课堂讨论

1.如何理解负债对于企业是一把双刃剑?

2.分析资产周转率时为什么要选用平均资产余额?

课后自测

一、单项选择题(下列每小题备选答案中,只有一个符合题意的正确答案,请将选定的答案编号,用英文大写字母填入括号内。)

1.利润表反映企业的(　　)。

A.财务状况　　　　　B.经营成果　　　　　C.财务状况变动　　　　　D.现金流动

2. 下列哪些项目不属于流动负债项目( )。
   A. 短期借款　　　　B. 预收账款　　　　C. 应付股利　　　　D. 应收账款

3. 为了了解企业财务状况的发展趋势,应当使用的方法是( )。
   A. 比较分析法　　　B. 比率分析法　　　C. 差异分析法　　　D. 趋势分析法

4. 企业的长期偿债能力主要取决于( )。
   A. 资产的短期流动性　　　　　　　　　B. 获利能力
   C. 资产的多少　　　　　　　　　　　　D. 债务的多少

5. 某企业的流动资产为 230 000 元,长期资产为 4 300 000 元,流动负债为 105 000 元,长期负债为 830 000 元,则资产负债率为( )。
   A. 19%　　　　　　B. 18%　　　　　　C. 45%　　　　　　D. 21%

6. 某公司 2021 年的主营业务收入为 60 111 万元,其年初资产总额为 6 810 万元,年末资产总额为 8 600 万元,该公司总资产周转率及周转天数分别为( )。
   A. 8.83 次　40.77 天　　　　　　　　B. 6.99 次　51.5 天
   C. 8.83 次　51.5 天　　　　　　　　　D. 7.8 次　46.15 天

7. 某公司 2021 年实现利润情况如下:主营业务利润 3 000 万元,其他业务利润 68 万元,资产减值准备 56 万元,营业费用 280 万元,管理费用 320 万元,主营业务收入实现 4 800 万元,则营业利润率为( )。
   A. 62.5%　　　　　B. 64.2%　　　　　C. 51.4%　　　　　D. 50.25%

8. 销售毛利率指标具有明显的行业特点。一般来说,( )毛利率水平比较低。
   A. 重工业企业　　　B. 轻工业企业　　　C. 商品零售行业　　D. 服务行业

二、多项选择题(下列每小题备选答案中,有两个或以上符合题意的正确答案,请将选定的答案编号,用英文大写字母填入括号内。)

1. 下列关于财务报表分析的表述中,正确的是( )。
   A. 以企业的基本活动为对象
   B. 以财务报表为主要信息来源
   C. 以分析和综合为主要方法
   D. 以了解过去、评价现在和预测未来为结果
   E. 以帮助报表人改善管理为目的

2. 财务报表分析的主体包括( )。
   A. 债权人　　　　　B. 投资人　　　　　C. 经理人员
   D. 政府机构有关人员　　　　E. 企业职工、工会、审计师和财务分析师等其他人士

3. 资产负债表中的"货币资金"项目反映企业的( )的期末余额。
   A. 库存现金　　　　B. 银行存款　　　　C. 其他货币资金
   D. 原材料　　　　　E. 包装物

4. 应收账款较大幅度增长的原因可以是( )。
   A. 销售增加引起应收账款的自然增长　　　　　　B. 客户故意拖延付款
   C. 企业为扩大销售适当放宽信用标准　　　　　　D. 提取的坏账准备增加
   E. 企业为扩大销售适当缩减信用标准

5. 下列指标中反映短期偿债能力强弱的是( )。

A. 流动比率 B. 速动比率 C. 现金比率
D. 资产负债率 E. 产权比率

6. 影响应收账款周转率下降的原因是（　　）。
A. 赊销的比率 B. 客户故意拖延 C. 企业的收账政策
D. 客户财务困难 E. 企业的信用政策

7. （　　）因素影响总资产收益率。
A. 税后利润 B. 所得税 C. 利息
D. 资产平均占用额 E. 息税前利润额

8. 在计算速动比率时要把存货从流动资产中剔除，是因为（　　）。
A. 存货估价成本与合理市价相差悬殊
B. 存货中可能含有已损失报废但还没有做处理的不能变现的存货
C. 存货种类繁多，难以综合计算其价值
D. 存货的变现速度慢
E. 部分存货可能已抵押给某债权人

三、判断题（请在每小题后面的括号内填入判断结果，正确的用"√"，错误的用"×"。）

1. 长期偿债能力是指企业用流动资产偿还流动负债的现金保障程度。（　　）
2. 流动资产的质量是指其"流动性"，即转换成现金的能力。（　　）
3. 只有债权人才关心短期偿债能力。（　　）
4. 营业外收益具有经常性和稳定性，可以代表公司真正的收益能力。（　　）
5. 总资产周转率的计算公式中，总资产选用年末数。（　　）
6. 存货周转越快越好。（　　）
7. 总资产收益率是反映企业资产综合利用效果的指标。（　　）
8. 分析利润形成的原因时，应特别关注报表粉饰的问题。（　　）

四、实务题

1. 某企业某年末资产负债表（简表）如表4-25所示。补充资料：①年初速动比率0.76，年初流动比率1.875；②该企业所在行业的平均流动比率为2；③该企业年初存货主要为原材料、半成品，年末存货主要为产成品。

表4-25　某企业资产负债表

单位：万元

资产	年初数	年末数	负债与所有者权益	年初数	年末数
货币资金	1 000	960	短期借款	2 200	3 000
应收账款	?	2 610	应付账款	1 100	1 000
存货	?	4 650	预收账款	700	400
待摊费用	0	60	长期借款	4 200	4 200
固定资产	6 500	6 500	所有者权益	5 800	6 180
总计	14 000	14 780	总计	14 000	14 780

要求：

(1) 根据所给资料计算该企业年初应收账款、存货项目的金额。

(2)计算该企业年末流动比率和速动比率。

(3)分析该企业流动资产的质量,并对企业的短期偿债能力做出评价。

2.某企业连续三年的资产负债表中相关资产项目的数额如表4-26所示。

表4-26 某企业资产项目数额

单位:万元

项目	2019年末	2020年末	2021年末
流动资产	2 200	2 680	2 680
其中:应收账款	944	1 028	1 140
存货	1 060	928	1 070
固定资产	3 800	3 340	3 500
资产总额	8 800	8 060	8 920

已知2021年主营业务收入额为10 465万元,比2020年增长了15%,其主营业务成本为8 176万元,比2020年增长了12%。试计算并分析:

(1)该企业2020年和2021年的应收账款周转率、存货周转率、流动资产周转率、固定资产周转率、总资产周转率。

(2)对该企业的资产运用效率进行评价。

案例分析

月亮公司和星星公司所处行业相同,而且两者都是最近成立的,因此可以认为它们记录的资产成本接近于现行市价。两家公司2021年7月31日的资产负债表如表4-27和表4-28所示。

表4-27 月亮公司资产负债表

2021年7月31日   单位:元

资产		负债及所有者权益	
库存现金	18 000	应付票据(60天到期)	12 400
应收账款	26 000	应付账款	9 600
土地	37 200	股本	60 000
建筑物	38 000	留存利润	38 400
办公设备	1 200		
合计	120 400	合计	120 400

表4-28 星星公司资产负债表

2021年7月31日   单位:元

资产		负债及所有者权益	
库存现金	4 800	应付票据(60天到期)	22 400
应收账款	9 600	应付账款	43 200
土地	96 000	股本	72 000

续表

资产		负债及所有者权益	
建筑物	60 000	留存利润	44 800
办公设备	12 000		
合计	182 400	合计	182 400

要求：

1. 假设你是一位银行信贷员，每家公司都向你申请一笔 90 天期的贷款，金额为 100 000 元。你认为哪家公司前景更好？请充分说明你的结论。

2. 假设你是一位投资者，正在考虑购买两家公司或其中一家的全部股票。你愿意为哪家公司支付更高的价格？你是否看出任何迹象表明购买某家公司的股票后马上将面临财务危机？请充分解释你的决策。（无论对于哪项决策，更多的信息总是有用的，但你只能依据给出的信息做出你的决策。）

实训操作

实训 1

一、实训目的

通过本实训，读懂资产负债表，分析偿债能力。

二、实训资料

光大公司 2021 年末与 2020 年末的资产负债表如表 4-29 所示。

表 4-29　光大公司资产负债表

单位：元

资产	2021 年末	2020 年末	负债和所有者权益	2021 年末	2020 年末
货币资金	93 290	85 732	短期借款	70 000	86 000
交易性金融资产	8 200	7 600	应付账款	36 400	46 500
应收票据	5 900	6 590	应付职工薪酬	12 600	15 400
应收账款	16 500	16 800	应交税费	4 600	8 462
预付账款	13 400	17 000	流动负债合计	123 600	156 362
存货	130 550	122 381	长期借款	150 000	100 000
其他流动资产	32 179	25 202	负债合计	273 600	256 362
流动资产合计	300 019	281 305	实收资本	500 000	500 000
长期投资	5 000	3 437	资本公积	28 963	26 481
固定资产净额	533 950	541 900	盈余公积	16 894	15 874
无形资产及其他	68 600	67 220	未分配利润	88 112	95 145
非流动资产合计	607 550	612 557	所有者权益合计	633 969	637 500
资产总计	907 569	893 862	负债和所有者权益总计	907 569	893 862

三、实训要求

学时要求:1学时。

1.阅读光大公司资产负债表,分析资产结构:

(1)资产构成基本情况。

2021年末资产总额为_____元,其中流动资产为_____元,其中:存货_____元、应收账款为_____元、货币资金_____元,分别占公司流动资产合计的_____%、_____%、_____%。非流动资产为_____元,其中固定资产_____元,占非流动资产的_____%。

从公司的资产构成情况来看,公司流动资产所占比例为_____%,固定资产所占比例为_____%。

(2)资产的增减变化情况。

2021年总资产为_____元,与2020年的_____元相比,增长率为_____%。2021年总资产中流动资产所占比例为_____%,与2020年的_____%相比,增长率为_____%。

(3)使资产总额增加的主要因素有:_____。

2.阅读光大公司资产负债表,分析资本结构:

(1)资本构成情况。

2021年负债总额为_____元,所有者权益为_____元,资产负债率为_____%。在负债总额中,流动负债为_____元,占负债和所有者权益总额的_____%;短期借款为_____元,长期借款为_____元。

(2)负债的增减变动情况。

2021年负债总额为_____元,与2020年的_____元相比,增长率为_____%。公司负债规模_____,负债压力_____。

(3)负债增加的原因是:_____。

(4)权益的变化情况。

2021年所有者权益为_____元,与2020年的_____元相比,增长率为_____%。

(5)使所有者权益减少的主要因素是:_____。

3.阅读光大公司资产负债表,分析光大公司的偿债能力,填写表4-30。

表4-30 偿债能力指标

指标名称	年份	
	2021年	2020年
流动比率		
速动比率		
利息保障倍数		
资产负债率		

从指标来看,光大公司的偿债能力_____。

实训 2

一、实训目的
通过本实训，读懂利润表，分析盈利能力。

二、实训资料
光大公司 2021 年度与 2020 年度的利润表如表 4-31 所示。

表 4-31 光大公司利润表

单位：元

项目	2021 年	2020 年
一、主营业务收入	1 296 900	1 153 450
减：主营业务成本	1 070 955	968 091
税金及附加	14 396	6 805
二、主营业务利润	211 549	178 554
加：其他业务利润	−5 318	−2 192
减：存货跌价损失	2 095	
销售费用	2 723	1 961
管理费用	124 502	108 309
财务费用	−24 122	105 541
三、营业利润	101 033	−39 449
加：投资净收益	23 604	68 976
营业外收入	80	
减：营业外支出	3 113	1 961
四、利润总额	121 604	27 566
减：所得税	23 344	4 268
五、净利润	98 260	23 298

三、实训要求
学时要求：1 学时。

1. 阅读光大公司利润表，分析利润：

2021 年光大公司实现利润_____元，与 2020 年的_____元相比，增长率为_____%。

2021 年营业利润_____元，与 2020 年的_____元相比，增长率为_____%。

使营业利润增加的主要因素有：_____。

使利润总额增加的主要因素有：_____。

2021 年实现投资收益_____元，与 2020 年的_____元相比，增长率为_____%。

2021 年营业外利润_____元，与 2020 年的_____元相比，增长率为_____%。

2021 年主营业务收入_____元，与 2020 年的_____元相比，增长率为_____%。主营业务成本为_____元，与 2020 年的_____元相比，增加_____%。主营业务收入增长幅度_____（大于/小于）主营业务成本增长幅度，表明主营业务盈利能力_____。

2.阅读利润表,分析盈利能力,填写表 4-32。

光大公司 2021 年的营业利润率为_____%,总资产报酬率为_____%,净资产报酬率为_____%,成本费用利润率为_____%。

表 4-32　盈利能力指标

指标名称	年份	
	2021 年	2020 年
营业利润率		
成本费用利润率		
总资产报酬率		
净资产报酬率		

从指标来看,光大公司的盈利能力_____。

实训 3

一、实训目的

通过本实训,分析企业营运能力。

二、实训资料

实训 1 的资产负债表;实训 2 的利润表。

三、实训要求

学时要求:1 学时。

填写表 4-33。

表 4-33　营运能力指标

指标名称	年份	
	2021 年	2020 年
存货周转天数		
应收账款周转天数		
营业周期		
总资产周转天数		
固定资产周转天数		
流动资产周转天数		
现金周转天数		

注:营业周期＝应收账款周转天数＋存货周转天数

从指标来看,光大公司的营运能力_____。

项目5
解锁管理会计信息

KUAIJI JICHU ZHISHI YU YINGYONG

知识目标

1. 熟悉管理会计的基本概念及发展。
2. 熟悉管理会计的成本性态分类,理解固定成本和变动成本。
3. 掌握本量利分析的方法,厘清保本点销售额和保本点销售量的计算过程。
4. 理解全面预算的基本方法。

能力目标

1. 通过本项目的学习,能够掌握管理会计中最基本的方法,能够使用管理会计的基本知识去完成各项任务。
2. 作为一名在校大学生,如果将来去自主创业,在学习完本项目的内容后,能够运用管理会计的知识去规划创新创业项目,完成财务设计方案。

素养目标

1. 培养学生会计责任意识和双创教育理念;
2. 加强学生风险意识和安全防护教育;
3. 树立全面预算管理观念,培养学生谨慎细致、耐心的工作态度。

项目任务

5.1 初识管理会计
5.2 分析成本性态
5.3 解析本量利原理
5.4 编制预算

案例导入

财务会计还是管理会计?

许小东是某职业学院的一名应届毕业生。在校学习期间,他认真学习专业知识,并计划毕业后自主创业。他很想开一家奶茶店,在这之前也做了一些调查,考虑店面、选址、装修等。有经验的店主建议小东再多学一些财务方面的知识,以便管理企业。小东说:"我以前在学校里学过财务会计的基础知识,掌握得还不错。"该店主说:"这还不够,经营一家店光会算能赚多少还不行,还需要知道如何能赚更多。所以你还得学习管理会计。"小东很惊讶,之前听闻过管理会计,以为跟财务会计是一回事,其实是不同的哪!

我们从这个案例中得到了什么启示?对于企业来说,财务会计和管理会计哪个更重要?

显然要经营好一家企业,需要很多方面的知识,我们之前学习的财务会计知识能够帮助我们核算数据,分析财务数据,以此来反映企业的状况以及问题,但我们能否在问题出现之前就进行预测和提前控制呢?有这样一个故事,有个客人到某人家里做客,看见主人家的灶上烟囱是直的,旁边又有很多木材。客人说,烟囱要改曲,木材要移去,否则将来可能会有火灾。主人表示无所谓,不改动。不久主人家里果然失火,邻居们赶紧来救火,最后火被扑灭了,主人就宴请四邻来感谢他们救火,但并没有请当初建议他将木材移走、烟囱改曲的人。有人对主人说:"如果当初听了那位先生的话,今天也不用准备筵席,而且没有火灾的损失。现在论功行赏,原先给你建议的人没有被感恩,而救火的人却是座上客,真是很奇怪的事呢!"主人顿时省悟,赶紧去邀请当初给出建议的客人来吃酒。从这个故事中我们得到了什么启示?俗话说,"防患于未然,预防重于治疗",企业若是能够在经营管理中,运用得当的方法提前预知可能存在的状况以及及时发现出现的问题,那就不会出现需要"救火"的事情,企业可以减少很多损失,经营管理也会顺畅。管理会计就可以做到这些。财务会计与管理会计主要的区别在于哪里?

在之前的学习中,我们已经提到了会计在社会经济的发展过程中出现了两个分支:财务会计和管理会计。财务会计侧重于事后的核算,是对外提供会计信息的;而管理会计则偏向于对内,对财务会计信息做价值评价。因此,简单来说,财务会计是帮助企业"数钱",而管理会计是帮助企业"赚钱"。财务会计的目的是通过财务报表来反映企业的资产和负债的构成、利润的情况以及现金流进和流出的情况,而管理会计的目的是分析企业能否赚钱的原因、预测企业的经济前景、规划企业的经营模式以及衡量和控制经营的风险。如图5-1使用"5W1H"说明管理会计的主要内容。

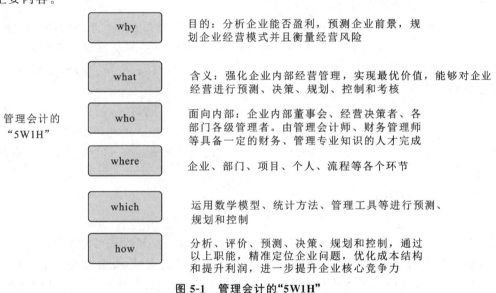

图 5-1 管理会计的"5W1H"

5.1 初识管理会计

【任务提示】本分项任务将引领你熟悉管理会计的基本概念及未来发展情况。

【任务先行】管理会计自产生后,已经经历了一个多世纪的时间。管理会计经历了从无到有、从小到大、从简单到复杂、从单一到系统的发展过程。在本分项任务中,我们将学习到管理会计的基本概念、它与财务会计有什么区别以及管理会计的发展趋势。

5.1.1 管理会计是什么

一、管理会计的定义

管理会计是现代企业管理中最为重要的管理控制方法和手段,为国内外企事业单位的战略规划、经营决策、管理效能、业务水平的提升,发挥了巨大的作用。不过,关于管理会计是什么,在学术界和业界内仍存在比较大的认识差异,甚至有很多企业的财务经理认为管理会计就是传统财务会计。在国外,关于管理会计的认知主要有三种观点:第一,管理会计是一门基于信息的学科,需要把信息作为所有决策的基础。这就是强调管理会计以高质量的决策为中心,将最相关的信息与分析放在最要紧的位置上。第二,管理会计向管理当局提供用于内部计划、评价、控制以及确保企业资源的合理利用和经营责任的履行所需的财务信息。当然也包括向股东、债权人等提供财报。这就是主要强调为企业管理层而服务,也为外部提供服务。第三,管理会计是对管理当局提供所需信息的那一部分会计工作,包括制定政策、进行计划和控制、保护财产安全、向外部反映财务状况等。这把管理会计的范围延伸到了会计的各个部分。有人说过这么一句话:"管理会计是包罗万象的。"

在本书中,我们的定义是:管理会计,又称微观管理会计,是指在当代市场经济条件下,以强化企业内部经营管理、实现最佳经济效益为最终目的,以现代企业经营活动及其价值表现为对象,通过对财务等信息的深加工和再利用,实现对经济过程的预测、决策、规划、控制、责任考核评价等职能的一个会计分支。

管理会计的工作主体是现代企业,如果把管理会计比作一把钥匙,把企业碰到的问题比作锁,那么管理会计的目的就是用这把钥匙去打开一个个难开的锁。因此,管理会计的主体内容,集中地体现了预测经营前景、参与经济决策、规划经营目标、控制经济过程、考核评价责任业绩等内在功能。

二、管理会计的职能

1. 预测经济前景

预测是指采用科学的方法预计、推测客观事物未来发展的必然性或可能性的行为。管理会计发挥预测经济前景的职能,就是按照企业未来的目标和经营方针,充分考虑经济规律的作用和经济条件的约束,有目的地预计和推测未来企业销售、利润、成本及资金的变动趋势和水平,为企业经营决策提供第一手信息和数据。

小故事

扁鹊看病

扁鹊看病的故事,想必大家都很熟悉。魏文王问名医扁鹊说:"你们家兄弟三人,都精于医术,到底哪一位最好呢?"扁鹊答:"长兄最好,中兄次之,我最差。"文王再问:"那么为什么你最出名呢?"扁鹊答:"长兄治病,是治病于病情发作之前,由于一般人不知道他事先能铲除病因,所以他的名气无法传出去;中兄治病,是治病于病情初起时,一般人以为他只能治轻微的小病,所以他的名气只传于乡里;而我是治病于病情严重之时,一般人都看到我在经脉上穿针管放血、在皮肤上敷药等大手术,所以以为我的医术高明,名气因此响遍全国。"这个故事告诉我们一个道理,事后控制不如事中控制,事中控制不如事前控制,等到错误的决策造成了重大的损失才寻求弥补,这时其实已经来不及了。

2. 参与经济决策

决策是在充分考虑各种可能的前提下,按照客观规律的要求,对企业未来的方向、目标、原则和方法做出决定的过程。决策既是企业经营管理的核心,也是各级管理人员的主要工作。决策工作应当贯穿企业管理的各个方面和整个过程的始终,企业的重大决策也应有会计部门的参加。管理会计参与经济决策的职能主要体现在,根据企业决策目标搜集、整理有关信息资料,选择科学的方法计算有关长短期决策方案的评价指标,并做出正确的财务评价,最终筛选出最优的行动方案。

3. 规划经营目标

管理会计的规划职能是通过编制各种计划和预算实现的。它要求在最终决策方案的基础上,将事先确定的有关经济目标分解落实到各有关预算中去,从而合理有效地组织协调供、产、销及人、财、物之间的关系,并为控制和责任考核创造条件。

4. 控制经济过程

控制经济过程是管理会计的重要职能之一。这一职能的发挥要求将对经济过程的事前控制与事中控制有机地结合起来,即事前确定科学可行的各种标准,并根据执行过程中实际与计划发生的偏差进行原因分析,以便及时采取措施进行调整,改进工作,确保经济活动的正常开展。

5. 考核业绩

管理会计能够履行考核评价企业经营效果的职能,通过建立责任会计制度来实现这个功能。也就是在各个部门及每个人明确各自责任的前提下,分层评价指标的完成情况,为奖惩制度的实施和以后工作的改进提供方法和措施。

TH商场采用平衡计分卡的案例

TH商场是一家中外合资经营的连锁零售企业。截至20×9年底,公司销售规模达七十多亿元。面对国内零售业对外开放,外资企业大举进入,国内竞争对手加快扩张的竞争形势,TH制定了清晰的使命、愿景和战略规划,并在20×4年运用平衡计分卡思想建立了考评体系,用来评估组织绩效,但由于使用不够系统,无法与公司战略挂钩。为确保战略的实现,20×6年聘请博意门帮助全面推进"平衡计分卡"这一战略管理工具,通过建设以平衡计分卡为核心的战略执行体系聚焦战略,推进跨区域发展,并通过战略沟通、分解、协同、评估、回顾等方式,确保公司战略目标有效实现。通过实施平衡计分卡,企业的业绩得到了大幅度提高。财务成果方面,营业收入提高了80%,营业利润提高了106%,公司销售增长幅度高于同行业平均水平。公司总经理评价:平衡计分卡是行之有效的战略管理和绩效管理工具,更是一种兼顾内外、过程与结果、股东与员工、眼前与长远、局部与大局的思想体系。

三、管理会计与财务会计的联系与区别

1. 管理会计与财务会计的联系

(1)管理会计与财务会计同属于现代会计。

从逻辑上看,在管理会计产生之前,也无从谈起现代企业会计;从结构关系看,管理会计与财务会计两者源于同一母体,都属于现代企业会计系统的有机整体。两者相互依存、相互制约、相互补充。

(2)管理会计与财务会计的最终目标相同。

从总的方面看,管理会计和财务会计所处的工作环境相同,都是现代经济条件下的企业;两者都以企业经营活动及其价值表现为对象;它们都必须服从现代企业会计的总体要求,共同为实现企业管理目标服务。因此,管理会计与财务会计最后的目标是相同的。

2. 管理会计与财务会计的区别

(1)工作主体不同。

管理会计的工作主体可分为多个层次,它既可以以整个企业(如投资中心、利润中心)为主体,又可以将企业内部的局部区域或个别部门甚至某一管理环节(如成本中心、费用中心)作为其工作的主体。事实上在多数情况下,管理会计主要以企业内部责任单位为主体,这样可以根据企业内部的不同需求设定主体。

而财务会计的工作主体往往只有一个层次,即主要以整个企业为工作主体,从而能够适应财务会计所特别强调的完整反映、监督整个经济过程的要求。

(2)目的不同。

管理会计的目的是分析企业能否盈利的原因、预测企业的经济前景、规划企业的经营模式以及衡量和控制经营过程中的风险。因此,管理会计报告全面反映企业实际的经营情况,一方面反映企业之前的情况,也反映企业现在和未来的情况,可以帮助企业决策层和各部门的管理者进行最优决策,实现最佳管理和控制。

财务会计的主要目的是给企业进行核算,通过财务报表来反映企业资产、负债、所有者权益的构成情况,企业利润的实现情况以及现金流量的情况。

(3)服务对象不同。

管理会计主要为强化单位内部经营管理、提高经济效益服务,面向内部对象,这些内部对象主要包括董事会、经营决策者、各级部门管理者等,因此管理会计属于"对内报告会计"。管理会计提供的是一种比较精细的信息。比如管理会计将成本分为固定成本和变动成本、可控成本和不可控成本,通过这样的分类可以直观地了解到哪些成本会直接影响到收入的变动。

财务会计主要侧重于对外部相关单位和人员提供财务信息,这些外部的对象主要包括政府部门(包括但不限于工商局和税务局)、投资者、银行等债权人、客户、供应商等。因此,财务会计属于"对外报告会计"。财务会计提供的是一种整体的信息,例如将成本分为与产品有关的成本和与产品无关的成本,收入和成本应当在同一个会计期间相匹配。

(4)工作内容不同。

管理会计的工作重点是"创造价值",其职能是解析过去、控制现在与筹划未来的有机结合,工作的主要内容包括全面预算、成本管理、绩效管理、内部控制和风险控制、经营分析及战略管理等。因此,管理会计实质上属于算"活账"的"经营型会计"。

财务会计以"记录价值"为工作重点,通过确认、计量、记录和报告等程序来反映和报告过去实际已经发生的经济业务的历史信息,主要工作包括记账算账、编制报表、申报纳税等,有固定的流程和模式。因此,财务会计实质上属于算"呆账"的"报账型会计"。

财务会计与管理会计的华山论剑

"鱼店之家"是一家销售自制鱼干和鱼罐头的小店,家里有一对夫妇,两个儿子,三个女儿。两个儿子专门负责钓鱼,妈妈负责制作鱼干和鱼罐头,爸爸负责销售,三个姐妹都是在公司里上班的。有一天,兄弟俩钓鱼回来,很高兴地回家了,三个姐妹正好在店里。大姐是注册会计师,她看到鱼后,立马拿出手机拍照,拍完后又拿出一张收据,记录了"时间、地点、人物、事件和数量",然后请兄弟俩画押,说道:"我们注册会计师的职责是做好书面记录,收集这些鱼的照片和证据等,这是我们的原始凭证。"二姐笑了笑,她是注册审计师,她仔细看了看这几条鱼,并对照大姐的"原始凭证"反复检查,并说:"我们审计师的职责,是对照大姐做的书面记录、照片和收据等,去现场观察和查看,确定这鱼是真实存在的,数量是对的。"三姐是注册管理会计师,她说:"我们的职责是从鱼店、部门和个人三个层面提供帮助。也就是说,我们可以针对钓鱼的业务,做好业务分析、规划和控制,能够给出建议,提高钓鱼的业绩水平和管理水平。同时呢,也可以帮助爸爸(鱼店的店长)评价哥哥弟弟做得好不好,我们鱼店的罐头价格以及促销的政策是否合理,等等,能够把我们鱼店的生意越做越大。"听了三姐的话,大姐叹了口气说:"我们公司的财务会计每天都是在粘贴凭证、整理数据、做账,月初报税,月中发放工资,月末出具报表。以前我们手工做报表时,有一分钱对不上,我们都得熬通宵核对。我们的工作确实和管理会计不一样,我们不能'跳出财务看财务',缺乏业财融合经验,不了解企业的生产运作情况。"兄弟俩听后也很兴奋,说道:"今天听了三姐的话,觉得管理会计跟我们的业务密切相关,能帮助我们快速提升业务水平,还能帮助爸妈解决他们各自经营、生产和管理上的痛点,就像'万能钥匙'一样,打开很多业务、运营和管理上难开的'锁'。"

5.1.2 管理会计的发展与未来

一、管理会计在我国的发展

首先是管理会计理论在我国的推进过程。我国是从 20 世纪 70 年代末 80 年代初开始向发达国家学习、引进相关管理会计理论的。大致经历了以下发展阶段:

(1)1979 年,机械工业部组织翻译出版了第一部《管理会计》;1982 年又出版了两部《管理会计》的教材,后来也出版了比较多的普及性的管理会计方面的书籍。

(2)1983 年起,我国会计学界多次掀起学习管理会计、应用管理会计、建立具有中国特色的管理会计体系的热潮。但是,由于当时我国经济体制改革的许多措施尚未到位,尤其是我国财务会计管理体制仍旧沿用计划经济模式的那套办法,管理会计中国化的问题实际上难以取得重大突破,管理会计的发展出现了下坡路。

(3)1993 年,财务会计管理体制转型,国内的会计界与国际惯例接轨,为管理会计在中国的发展创造了新的契机。迅速掌握能够适应市场经济发展需要的经济管理知识,借鉴发达国家管理会计的成功经验来指导新形势下的会计工作,不仅是广大会计工作者的迫切要求,而且已变成他们的自觉行动。社会主义市场经济的大环境、现代企业制度的建立健全,以及新的宏观会计管理机制,为管理会计开辟了前所未有的用武之地。我国的会计工作者通过研究管理会计在我国企业应用的案例等方式,积极探索一条在实践中行之有效的中国式管理会计之路,以便切实加强企业内部管理机制,提高经济效益。从此,我国进入了管理会计改革创新和良性循环的新发展阶段。

(4)进入21世纪第二个10年,管理会计在我国得到全面推进,相关理论研究与推广进入了黄金期。2012年2月召开的全国会计管理工作会议提出建设"会计强国"的宏伟目标。2013年《企业产品成本核算制度(试行)》的发布,拉开了管理会计体系建设的序幕。根据《会计改革与发展"十二五"规划纲要》,在总结我国管理会计理论发展与实践经验的基础上,2014年1月印发《财政部关于全面推进管理会计体系建设的指导意见(征求意见稿)》;经过广泛征求意见和修订,该指导意见于2014年10月正式印发,在全国范围部署推进。2014年3月,财政部启动了首届管理会计咨询专家选聘工作,2016年6月,又公开选聘第二届管理会计咨询专家。2016年10月,财政部制定发布《会计改革与发展"十三五"规划纲要》,明确了推进管理会计广泛应用的三大具体任务。

其次,管理会计在我国的实践案例也有很多。现在全面预算管理、平衡计分卡、作业成本法、标准成本法等管理会计工具在我国企业中被大量运用,单位对管理会计的应用意识也有了提升。我国的一些行政事业单位也建立了适应单位内部财务和业务部门畅通联系的信息平台,及时掌控预算执行和项目进度,以不断提高财务管理水平和资金使用效益。

知识拓展

制造行业实施作业成本法案例

莫科公司位于墨尔本,是工程零件制造商,它是唯一生产这种零件的澳大利亚厂商,近年面临海外制造商的激烈竞争。莫科公司是一个大集团公司的一部分,只有100多人,它的会计部门有6人,包括一名财务控制员,他的特定职责为把作业成本法导入企业。莫科公司的客户广泛,产品系列很多,生产过程既有高度复杂的自动化生产,也有部分的手工生产。为了满足客户的特殊需求,订单都非常小,因此市场要求公司具有高度的柔性和快速反应能力。

在五年之前公司就开始在现代制造技术方面投资,包括自动焊接机器人等,这导致莫科公司产品成本结构发生了显著的变化。现在的人力资源成本仅仅是以前的人力资源成本的一小部分,但是由新技术带来的成本节约并没有使顾客获得好处,也没有使企业的产品在市场上获得价格优势。尽管公司的边际利润在增长,但客户还是慢慢地向海外供应商流失。公司不清楚到底是哪一部分导致了边际利润的增长,只是他们很清楚,目前的会计系统存在不足。因为资讯不足,高层无法做出正确的决策。

他们从一个前高层经理那里了解到作业成本法,他们认为作业成本法是解决莫科公司目前面临的问题的一个方案。财务控制员被指定为专门在莫科公司导入作业成本法的负责人。接受这项任务后,财务控制员建立了一个包括他自己、一个制造部门的工程师和一个成本会计师的专案小组,在之后的三个月时间,作业成本法专案小组与公司内部其他部门的人员进行了大量的非正式交流。工程师和财务控制员都全职参与作业成本法实施工作,该小组为全企业建立了25个成本库,并用了大量的时间就成本动因达成一致。运用作业成本法系统后,能够计算出真实的成本并用于定价,自动计算出业绩量和产品的利润率,能给管理上提供很多决策相关的资讯,当前年度的预算也将基于作业成本法提供的资讯和建立的作业成本核算模型做出。

作业成本法的实施结果:获得了更准确的成本资讯和定价资讯,由此改变了公司在市场中的地位;建立针对进口的有竞争力的产品的基准;更好的成本资讯使得管理层把一些内部低效率的制造转向外包;一些消耗成本较高的问题区域被明确,其中包括数控加工段,现在,它的成本已经降下来了;建立了对改进状况进行评价的业绩评价标准;建立了详细而精确的年度预算。尽管实施作业成本法需要花费12个月时间,但是公司获得的效益明显超过投入。简单地说,作业成本法带来的效益在于管理层可以使用更精确和更具有相关性的资讯,作业成本法为管理层的商业决策提供了一个好的工具。

二、管理会计的未来发展

进入21世纪以来,越来越多的国家加大了应用和推广管理会计的力度,越来越多的最新研究成果被迅速应用到企业的管理实践之中,一些国家成立了管理会计师职业管理机构,相继颁布了管理会计工作规范和执业标准。国际会计标准委员会和国际会计师联合会等国际性组织也成立了专门的机构,尝试制定国际管理会计准则,颁布了有关管理会计师的职业道德规范等文件。总之,随着经济全球化和知识经济的不断发展,以计算机技术和现代网络技术为代表的信息革命向社会生活大范围、深层次渗透,科技在经济发展中的贡献大幅提高,管理会计作为管理中决策支持的一个重要组成部分,要不断拓展应用的深度与广度,进一步适应信息技术飞速发展、管理模式不断变革、外部环境不确定性增加的现实,在集成数据处理、长期与短期决策平衡、不确定性风险识别与规避等方面发挥作用,为单位提供更多财务信息系统所不能提供的、更高层次的信息支持,更好地发挥价值创造的作用。同时,随着新公共管理运动在世界范围内蓬勃发展,各国政府及非政府部门在管理过程中也要进一步运用管理会计的理念、技术与方法,提高管理效能。

鉴于越来越多的人将关注点集中在管理会计工作系统化和规范化、管理会计职业化和社会化,以及国际管理会计和战略管理会计等课题上,说明管理会计具有系统化、规范化、职业化、社会化和国际化的发展趋势。

> 管理会计的发展与什么有关呢?

汇源果汁跌落神坛

汇源果汁是我们家喻户晓的国货品牌,2007年,汇源果汁带着"民族之光"的头衔登陆港股,募资24亿港元,创下当时港交所IPO规模纪录,上市当天股价上涨66%。创始人朱新礼把一家快倒闭的罐头厂做到上市,创造了业内神话。可口可乐公司提出收购汇源果汁,朱新礼对这桩收购很满意,因此在2008年应可口可乐提议裁撤销售渠道,精简销售系统,削减销售人员。

但是中国商务部最终依据《中华人民共和国反垄断法》叫停了这笔收购,打破了朱新礼的全新蓝图。收购失败后,汇源果汁的后遗症逐步凸显,慢慢就开始走下坡路了。2009年开始首次破产后,连续几年亏损。2018年自曝违规贷款,引发了汇源果汁的退市危机。运用管理会计工具,可以研究分析出导致它失败的主要原因。首先,汇源果汁的利息支出、固定资产折旧和土地使用权的摊销持续增高,大大降低了其利润。企业不断地依靠银行贷款、债权融资等方式维持经营,并且在这几年间投资20亿元建厂,大量购买固定资产,建设水果基地等,这些都导致它的折旧和摊销持续增高。在2008年至2016年间,有近80%的时间,汇源果汁处于亏损状态,无法从盈利中得到足够的资金,也就不得不靠举债来维持经营,最终恶性循环,盈利危机演变为资金危机。

5.2 分析成本性态

【任务提示】本分项任务将引领你熟悉管理会计中关于成本的概念及其分类,理解固定成本和变动成本的区别。

【任务先行】在管理会计中,成本及其分类不仅属于最基本的概念,其内容与传统的财务会计和成本会计也有很大的区别。管理会计中的成本十分重视形成成本的原因和成本发生的必要性,因此成本发生的时间可以是已经发生的,也可以是正在发生的,也可以是以后会发生的。管理会计中将成本按其性态进行分类是一个很重要的分类方式,因此区分固定成本和变动成本是管理会计的一个很关键的工作内容。

5.2.1 成本及其分类

一、管理会计中的成本概念

管理会计中的成本是指企业在生产经营过程中对象化的,以货币表现的,为达到一定目的而应当或可能发生的各种经济资源的价值牺牲或代价。在管理会计的范围中,成本的时态可以是过去的、现在完成的或将来的,这就与财务会计强调的历史成本概念有很大的区别。

二、管理会计中成本的分类

1. 成本按实际发生的时态分类

成本按其时态分类可以分为历史成本和未来成本。

历史成本是指以前期间已经发生或本期刚刚发生的成本,也是财务会计中的实际成本。

未来成本是指预先测算的成本,包括估算成本、计划成本、预算成本和标准成本等。

2. 成本按其相关性分类

成本的相关性是指成本的发生与特定决策方案是否有关的性质。成本按此分类可分为相关成本和无关成本两类。这种分类有助于成本预测和成本决策,有利于规划未来成本。

3. 成本按其可控性分类

成本的可控性是指责任单位对其成本的发生是否可以在事先预计并落实责任、在事中施加影响以及在事后进行考核的性质。以此为标志,成本可分为可控成本和不可控成本两类。

可控成本是指责任单位可以预计、计量、施加影响和落实责任的那部分成本。

不可控成本是指不能直接控制和调节的,不受该责任单位生产经营活动和日常管理工作影响的成本。

这两种成本在责任会计中比较常见。利用这种分类可以分清各部门责任,确定其相应的责任成本,考核其工作业绩。

4. 成本按其经济用途分类

这种分类是传统的分类方法。在制造业企业中,成本按其经济用途分类可分为与产品制造成本有关的成本和与产品制造成本无关的成本两类。

这也就是我们在前面的项目学习到的财务会计中的成本概念。

5.2.2 固定成本和变动成本

一、成本性态的含义

成本按性态分类,是管理会计中最重要的一种分类。成本性态是指成本总额与特定业务量之间在数量方面的依存关系,也称为成本习性。业务量在最基本的情况下,一般指生产量或者销售量,我们通常用 x 表示。成本总额指的是为取得营业收入发生的营业成本费用,包括全部生产成本和销售费用、管理费用以及财务费用等期间费用。

二、成本按其性态分类

全部成本按其性态分类分为固定成本、变动成本和混合成本。在本项目中,我们仅介绍固定成本和变动成本,混合成本不做介绍。

1. 固定成本

固定成本是指在一定条件下,其总额不随业务量变动而发生任何数额变化的那部分成本。这里需要强调的是,之所以不发生变化,是在特定的产销量范围内,一定期间的固定成本总额能够保持相对稳定。一定期间的固定成本的相对稳定是有前提条件的,也就是产销量变动的范围是有限的。比如车间里用于照明的用电量,一般属于固定成本,因为不管车间生产多少,照明还是需要的,但是如果说生产量提高很多,这时照明的用电量就会增加了。所以,一定期间固定成本的稳定性是相对来说的,也就是对于产销量来讲固定成本是稳定的。

1) 固定成本的基本内容

固定成本一般包括:生产成本中属于制造费用但是它们不随产量而发生变动的办公费、差旅费、折旧费、劳动保护费、管理人员工资薪酬和租赁费等;销售费用中不受销售量影响的销售人员工资薪酬、广告费和折旧费等;管理费用中不受产量或销售量影响的企业管理人员工资薪酬、折旧费、租赁费、保险费等;财务费用中不受产量或销售量影响的相对稳定的利息支出等。因此,固定成本顾名思义,就是这些费用总是会发生的,并且发生的总额一般是固定的,不管企业的产销量增加还是减少。

2) 固定成本的特点及性态模型

固定成本主要有两个特点:

(1) 固定成本总额是不变的,我们通常用常数 a 表示,在平面直角坐标图上,固定成本线是一条平行于 x 轴的直线。x 轴表示业务量水平,y 轴表示固定成本总额。固定成本性态模型是 $y=a$,如图 5-2 所示。

(2) 单位固定成本是反比例变动的情况,我们通常用 a/x 来表示。x 轴表示业务量水平,y

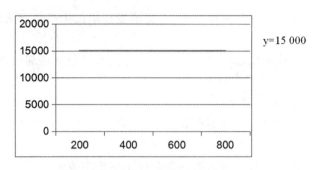

图 5-2 产销量与固定成本总额的关系

轴表示单位产品的固定成本,单位产品的固定成本随着业务量的增加而减少,呈现反比例变动的情况,在平面直角坐标图上,是一条反比例曲线。因此单位固定成本性态模型是 $y=a/x$,如图 5-3 所示。

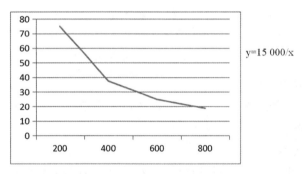

图 5-3 产销量与单位固定成本的关系

【例题 5-1】 星星公司生产 AB 型号的电水壶,原每个月的产量为 2 500 个,因销售市场良好,现每月提高产能,最高提高到 5 000 个,因此向光明公司租赁生产设备 3 台,每月租金共 30 000 元,租赁期 3 年。全年各月产能与租赁费用情况如表 5-1 所示(金额保留两位小数)。

表 5-1 AB 型号电水壶产量与租赁费用资料表

月份	产量/个	租赁费用/元	单位产品的租赁费用/(元/个)
1	2 500	30 000	12
2	2 650	30 000	11.32
3	3 000	30 000	10
4	3 200	30 000	9.38
5	3 500	30 000	8.57
6	3 800	30 000	7.89
7	4 000	30 000	7.5
8	4 500	30 000	6.67
9	5 000	30 000	6
10	5 000	30 000	6

续表

月份	产量/个	租赁费用/元	单位产品的租赁费用/(元/个)
11	5 000	30 000	6
12	4 800	30 000	6.25
合计	46 950	360 000	—

以上数据所反映的信息告诉我们什么？全年各月发生的租赁费用与电水壶的产量多少是没有关系的，30 000元的租赁费用不管电水壶的产能多还是少，即便是不生产，租赁费用仍然存在。但是单位产品的租赁费用随着产量的增长会降低，呈反比例变动的状况。

3）固定成本的进一步分类

固定成本的多少到底是与什么有关呢？我们需要来了解固定成本的进一步分类。

(1) 约束性固定成本。

企业会发生提供和维持生产经营所需设施、机构而支出的成本，比如说固定资产的折旧费、管理人员的工资费、取暖费等。这些支出的发生会受到设施和机构整体的规模和质量的影响，因此这些都是属于已经决策过的结果，暂时不会发生改变。这种不能通过当前的决策而加以改变的固定成本，就称为约束性固定成本。它实质上是一种生存经营能力的成本，并不是产品的成本。

(2) 酌量性固定成本。

企业会发生为完成特定活动而支出的固定成本，比如说科研费、广告费、职工教育培训费等。这些支出的发生会根据企业的经营方针由管理者决定数额的多少，这种就称之为酌量性固定成本。这种固定成本的数额是由管理层或经理人员进行综合判断来决定的。酌量性固定成本关系到企业的竞争能力，也是一种提供生产经营能力的成本，不是产品成本。酌量性固定成本往往会影响产销量，比如说广告宣传费、研发新产品等都会对企业的产品销路有影响，可能会扩大企业的产品销售量或提升工作效率。

2. 变动成本

1）变动成本的基本内容

变动成本是指在一定条件下，其总额随业务量变动成正比例变化的那部分成本，又称可变成本。

在我国制造业企业中，一般可以作为变动成本的项目主要包括：生产成本中直接用于产品制造的和产品的产量成正比的原材料、燃料及动力、外部的加工费用、外购的半成品成本，按产量法计提的折旧费和单一的计件工资形式下的一线生产工人工资薪酬；销售费用、管理费用和财务费用中某些与销售量成正比的费用项目。

2）变动成本的特点及性态模型

总体来说，变动成本也具有两个特点：

(1) 变动成本总额是正比例变动的，我们通常用 bx 表示。在平面直角坐标图上，x 轴表示业务量水平，y 轴表示变动成本总额，变动成本是一条以单位变动成本为斜率的直线。单位变动成本越大，斜率就越大。因此变动成本性态模型是 $y=bx$，如图5-4所示。

(2) 单位变动成本是不变的，我们通常用常数 b 表示。在平面直角坐标图上，x 轴表示业务量水平，y 轴表示单位变动成本，此时单位变动成本是一条平行于横轴的直线。因此单位变动

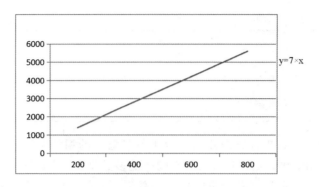

图 5-4　产销量与变动成本总额的关系

成本的性态模型是 $y=b$，如图 5-5 所示。

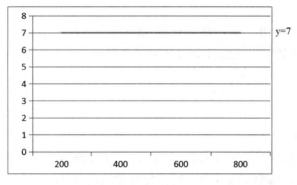

图 5-5　产销量和单位变动成本的关系

【例题 5-2】　天明公司生产小夜灯，每月固定成本为 3 000 元，单位变动成本为 6 元，那么生产 1 000 只产品时的总成本为多少？生产 1 001 只时总成本是多少？生产 999 只时总成本是多少？

根据题意：

生产 1 000 只时总成本＝3 000 元＋1 000×6 元＝9 000 元

生产 1 001 只时总成本＝3 000 元＋1 001×6 元＝9 006 元

生产 999 只时总成本＝3 000 元＋999×6 元＝8 994 元

从上述例子中，我们能否分析下哪种成本才是产品的成本？

【例题 5-3】　星星公司生产 AB 型号的电水壶，每生产一个电水壶需要耗用一个 X 类的塑料把手。该把手星星公司是从兴达工厂采购的，购买单价为 9.5 元/个。全年各月 AB 型号电

水壶产量与 X 类塑料把手采购的总成本及单位产品耗用塑料把手成本的有关情况如表 5-2 所示。

表 5-2　AB 型号电水壶与 X 类塑料把手采购成本资料表

月份	产量/个	X 类塑料把手采购成本/元	单位产品耗用 X 类塑料把手成本/(元/个)
1	2 500	23 750	9.5
2	2 650	25 175	9.5
3	3 000	28 500	9.5
4	3 200	30 400	9.5
5	3 500	33 250	9.5
6	3 800	36 100	9.5
7	4 000	38 000	9.5
8	4 500	42 750	9.5
9	5 000	47 500	9.5
10	5 000	47 500	9.5
11	5 000	47 500	9.5
12	4 800	45 600	9.5
合计	46 950	446 025	—

根据上表中的数据，我们可以看到，星星公司各月发生的 X 类塑料把手采购的总成本与生产完成的电水壶产量的多少是有关系的，电水壶的产量越大，需要耗用的塑料把手就越多，因此它们之间的关系是呈正比例变动的情况，但是单位产品消耗的塑料把手成本与产量的多少是没有任何关系的。

管理漏洞分析——材料供应中的问题

　　一天上午，方明上班，刚到厂后，先到各车间和主管各科室看看。忽然发现平时常锁着的一个房间，今天开着。进去一看，里面堆满了做汽车顶衬的呢绒面料。经询问得知，这些都是检验不合格的原材料或是生产中的边角余料，供销科正在将这些废料处理给制鞋厂，大约每公斤卖 11 元。怎么会出现这么多顶衬呢废品呢？方明开始调查。他先向供销科查看顶衬呢的进货良品率，供销科推说，这由生产科管。他向生产科查看顶衬呢的进货良品率，生产科却说，我们只有生产领料、用料和退料的记录，进货良品率，不归我们管。方明算了一笔账，因为这些原料不合格，全年要损失 342 万元。为什么这么大的问题，厂里没有高度重视呢？方明从管理角度进行了解。生产科向车间下生产任务单和领料通知单。车间持单向库管领料。车间领完料后，开始按尺寸裁剪，同时进行详细的质量检验。合格的料留下，不合格的退回库管，入废料库。然后继续领料、裁剪并检验，直到合格材料备货完成。供销科承担库管职责，所有库房，包括原材料库、成品库、废料库都由供销科进行管理。生产科统计车间原材料的领、用、退，目的是核算车间工作工时;车间只关注检验工作量,只要结算了工时就行了;财务科需要生产科的领、用、退记录,目的是核算成本;至于库管,只要领用量与生产科确认的实际用量和退库量一致,没有人为丢失遗漏,就行了。谁来考核供销科的采购成本和效率?那只能是供销科自己考核自己了。方明进一步询问供销科长了解到,这么重要的原材料,长期以来仅由一家东北的供应商供货。据供销科长讲,全国仅有这家厂家的产品质量还稍好一些,而且该厂家还比较牛,还要求预付货款,否则不能保证供货。方明立刻向厂长做了汇报,并给自己主管的供销科长们下了最后通牒:第一,停止向东北厂预付货款,同时要求东北厂按成品合格率重新谈判价格;第二,限期3个月内找到另一家供货厂家。同时要求生产科对今后每批次领料成品合格率进行核算并报送生产副厂长和供销副厂长。成效很快就显现了。接下来从东北厂新进的一批货,成品合格率接近70%。很快,在南方找到另一家供货厂商,第一次送货合格率达到90%。这次成功的管理会计活动使得企业有效地降低了生产成本。

3)变动成本的进一步分类

(1)技术性变动成本。

技术性变动成本是指单位成本由客观因素来决定而消耗量由技术性的因素来决定的变动成本部分。例如,生产某种产品需要外购配件,在外购价格一定的情况下,它的成本就属于会受到设计技术影响的技术性变动成本。另外,还有一线工人的工资薪酬,往往会受到产品的生产工艺流程影响,这种也属于技术性变动成本。

(2)酌量性变动成本。

酌量性变动成本是指单位耗用量受到客观因素的影响、单位成本主要受到企业管理层决策影响的变动成本部分。例如,在确保采购原料质量的前提下,单位耗用量不变的情况下,企业可以货比三家,从不同的供应商那儿采购价格不同的原料,这种成本就属于酌量性变动成本。所以企业若是想降低成本,当然首先想到的就是降低材料采购成本,严格把关和控制制造费用。

原材料采购时,企业应当如何进行把控,防止舞弊行为?

认识混合成本

混合成本介于固定成本和变动成本之间,会受到产销量变动的影响,但是不是正比例变动。混合成本一般有四种情况。

一、半变动成本

这种成本一般有个初始的基数,这相当于是固定成本,然后在这个基础上,成本总额随产销量发生变化,这部分相当于是变动成本。例如,电费和电话费等公用事业费、燃料费、维护和修理费等。举个例子说,有个企业租用一台设备,合同上规定每年要付固定的租金10 000元,并且在这个基础上设备每工作1小时付租金1元。在这个业务中,10 000元就属于固定成本,以小时计算的1元的租金则为单位变动成本。

二、阶梯式成本

这种成本在一定的产销量范围内不变动,当产销量达到一定程度超过一定限度时,成本的发生额就会跳跃到一个新的水平。接下来,在产销量增长的一定限度内发生额又不动了,直到另一个跳跃为止。在生活中,常见的例子有品质检验人员的工作费,会因订单多少而需调整开工次数的动力、动能费等。

三、延期变动成本

这种成本在一定产销量范围内总额保持稳定,但是一旦超过特定产量则开始随产量成比例增长。比如说在正常产量的情况下,企业每个月付给员工固定的工资,但是当工作量加大,车间必须要加班时,这时需要支付加班费,这种就属于延期变动成本。

四、曲线成本

顾名思义,成本总额随产销量增长而呈现曲线增长。这种成本和业务量是有关系,但是不是直线关系。曲线成本又可以分两种:一种是变化率递减的曲线成本,比如自备动力的成本,耗用量越大,总成本就越高,但两者不是正比例关系,并且越到后面,虽然总成本在升高,但是会越来越慢,变化率是递减的。还有一种是变化率递增的曲线成本,比如支付的违约金、罚金就属于这种。各种曲线成本,在相关范围内其实可以近似地看成是变动成本或半变动成本,这样在实际中可以大大简化数据的加工过程,不会影响信息的使用。

5.2.3 项目任务

在接下来的项目任务中,我们以某奶茶店为例,运用所学的管理会计知识,分析并区分奶茶店的固定成本和变动成本。

奶茶店简介:许小东计划在2022年1月开一家奶茶店,取名为"一月的茶",该店主营珍珠奶茶和水果茶两种产品。许小东现有资金总共300 000元,其中100 000元是自己出资,200 000元是向建设银行贷的款。他通过多方调查和观察,看中了一个店面,以年租金120 000元租下了这个店面,并且进行了装修,花费60 000元,同时也花费80 000元采购了店面内的营业柜台、陈列架、设备、容器以及制作饮料的各类原料。小东打算雇一名员工主要负责饮料的制作,小东自己负责奶茶店的收银工作以及其他事宜。

一、项目资料

奶茶店相关资料如表5-3至表5-6所示。

表5-3 一杯奶茶的原料及成本

单位:元

序号	原材料	金额
1	茶叶	0.5
2	牛奶	1
3	珍珠圆子	2

序号	原材料	金额
4	奶油、糖、水等辅料	2
5	包装物	0.5
小计		6

其中:茶叶、牛奶和珍珠圆子属于主要材料。

表 5-4　一杯水果茶的原料及成本

单位:元

序号	原材料	金额
1	茶叶	0.5
2	新鲜水果	4
3	椰果	2
4	果糖、水等辅料	2
5	包装物	0.5
小计		9

其中:茶叶、新鲜水果和椰果属于主要材料。

表 5-5　原料费以外每月的其他费用

单位:元

序号	项目	金额
1	房租	10 000
2	水电煤	3 000
3	折旧费	500
4	维护费用	350
5	员工工资	12 000
6	广告费	1 100
小计		26 950

表 5-6　"一月的茶"两种产品的销售单价

单位:元

序号	产品名称	金额
1	珍珠奶茶	10
2	水果茶	20

二、任务操作

(1)根据上述资料,区分这些费用中的固定成本与变动成本部分,并且说明理由。

①奶茶店产品的固定成本。

奶茶店每月会发生的房租、水费电费、折旧费、维护的费用、自己和员工的工资以及广告费都属于固定成本。

②奶茶店产品的变动成本。

珍珠奶茶的原料成本:茶叶、牛奶、珍珠圆子、辅料等这些都属于变动成本。

水果茶的原料成本:茶叶、新鲜水果、椰果、辅料等这些都属于变动成本。

理由:

成本按性态分类分为固定成本和变动成本,成本性态是指成本总额与特定业务量之间在数量方面的依存关系。

固定成本在特定的产销量内不会受到产销量变动的影响,一定期间的总额能够保持相对的稳定,奶茶店发生的这些固定成本,饮料销量的多少都不会影响到它们的发生,总归是要支出的。

变动成本是在特定的产销量范围内它的总额会随着产销量的变动而变动,而且一般会呈正比例变动。奶茶店的奶茶和水果茶的原料成本的多少肯定会随着奶茶和水果茶的销量而发生变化,卖得多,原料就消耗得多,发生的成本就多;反之,卖得少,原料就消耗得少,发生的成本就少。

(2)根据给定奶茶和水果茶销量的资料,填写完成下列表格:表5-7中的房屋租金费用、一杯奶茶负担的租金费用和一杯水果茶负担的租金费用,表5-8中的主料成本、一杯奶茶主料成本和一杯水果茶主料成本,固定成本部分奶茶和水果茶平均分摊。(金额保留两位小数)

表 5-7 奶茶店上半年奶茶和水果茶与房屋租金费用资料表

月份	奶茶销量/杯	房屋租金费用/元	一杯奶茶负担的租金费用/元	水果茶销量/杯	房屋租金费用/元	一杯水果茶负担的租金费用/元	数据来源
1	1 500	5 000	3.33	1 000	5 000	5	①房屋租金费用两种产品平均分摊;②一杯饮料的租金费用=总金额÷销量
2	2 000	5 000	2.5	1 100	5 000	4.55	
3	2 300	5 000	2.17	1 350	5 000	3.7	
4	3 000	5 000	1.67	2 500	5 000	2	
5	3 200	5 000	1.56	2 600	5 000	1.92	
6	3 100	5 000	1.61	3 500	5 000	1.43	
合计	15 100	30 000	1.99	12 050	30 000	2.49	

表 5-8　奶茶店上半年奶茶和水果茶与主要原料采购成本资料表

月份	奶茶销量/杯	主料成本/元	一杯奶茶主料成本/元	水果茶销量/杯	主料成本/元	一杯水果茶主料成本/元	数据来源
1	1 500	5 250	3.5	1 000	6 500	6.5	①主料为主要材料，非辅料；②主料成本＝一杯饮料的主料成本×销量
2	2 000	7 000	3.5	1 100	7 150	6.5	
3	2 300	8 050	3.5	1 350	8 775	6.5	
4	3 000	10 500	3.5	2 500	16 250	6.5	
5	3 200	11 200	3.5	2 600	16 900	6.5	
6	3 100	10 850	3.5	3 500	22 750	6.5	
合计	15 100	52 850	3.5	12 050	78 325	6.5	

根据上述资料，分析奶茶店可以通过何种方式控制成本。

5.3　解析本量利原理

【任务提示】本分项任务将引领你熟悉管理会计中本量利的概念以及本量利分析的原理。

【任务先行】管理会计中，成本、业务量和利润是定量分析中最常用的三个指标。在我国，本量利分析的应用是很广泛的，企业可以进行保本预测、确保目标利润的业务量的预测，也可以促使企业降低经营风险，进行各类经营决策。因此，在本小节中，我们将学习到本量利分析的基本方法，理解边际贡献、边际贡献率、盈亏分析点等基本概念。

5.3.1　本量利是什么

一、本量利关系的基本公式

本量利分析中考虑的主要因素包括固定成本、单位变动成本、产量或销量、单价、销售收入和营业利润。这些变量之间是有一定关系的，可以用以下公式进行反映。

$$\begin{aligned} 营业利润\ P &= 销售收入 - 总成本 = px - (a+bx) \\ &= 销售收入 - 变动成本总额 - 固定成本总额 \\ &= 单价 \times 销量 - 单位变动成本 \times 销量 - 固定成本总额 = px - bx - a \\ &= (单价 - 单位变动成本) \times 销量 - 固定成本总额 = (p-b)x - a \end{aligned}$$

其中，p 表示单价，x 表示产量或销量，b 表示单位变动成本，a 表示固定成本总额，P 表示营业利润。

管理会计中，我们将 $P=(p-b)x-a$ 称为本量利关系的基本公式。

二、本量利分析中的基本概念

1. 边际贡献

边际贡献是一个很重要的概念，是指销售收入与变动成本之间的差额，也称为贡献边际、贡献毛益、边际利润等，通常使用 Tcm 表示。计算公式如下：

$$边际贡献\ Tcm=销售收入-变动成本=px-bx$$

2. 单位边际贡献

单位边际贡献是指产品的销售单价减去单位变动成本后的差额，通常使用 cm 表示。计算公式如下：

$$单位边际贡献\ cm=单价-单位变动成本=p-b$$

3. 边际贡献率

边际贡献率是指边际贡献总额占销售收入总额的百分比，通常使用 cmR 表示。计算公式如下：

$$边际贡献率\ cmR=边际贡献÷销售收入×100\%=Tcm÷px×100\%$$

4. 边际贡献的三种形式

边际贡献总额 Tcm、单位边际贡献 cm 和边际贡献率 cmR 是边际贡献的三种形式，这三种形式是可以互相换算的。

$$边际贡献=销售收入-变动成本=px-bx$$
$$=单位边际贡献×销量=cm×x$$
$$=销售收入×边际贡献率=px×cmR$$
$$单位边际贡献=单价-单位变动成本=p-b$$
$$=边际贡献÷销量=Tcm÷x$$
$$=单价×边际贡献率=p×cmR$$
$$边际贡献率=边际贡献÷销售收入×100\%=Tcm÷px×100\%$$
$$=单位边际贡献÷单价×100\%=cm÷p×100\%$$

另外，根据本量利基本的公式，边际贡献、固定成本以及营业利润三者的关系，可以用下式进行表示：

$$营业利润\ P=边际贡献-固定成本=Tcm-a$$

5. 变动成本率

变动成本率是指变动成本占销售收入的比例，通常用 bR 表示。计算公式如下：

$$变动成本率\ bR=变动成本÷销售收入×100\%=bx÷px×100\%$$

6. 边际贡献率与变动成本率的关系

边际贡献率与变动成本率之间的关系，可以用下式表示：

$$边际贡献率=1-变动成本率$$
$$变动成本率=1-边际贡献率$$

【例题 5-4】 康达公司生产 6A 型号的笔记本电脑，产品单价为 8 000 元/台，单位变动成本为 2 000 元/台,全年固定成本总额为 120 000 000 元,全年产出 50 000 台笔记本电脑。要求计算:①边际贡献、单位边际贡献和边际贡献率指标;②营业利润;③变动成本率。

按照题目要求:

①   单位边际贡献=8 000 元－2 000 元=6 000 元

              边际贡献=6 000×50 000 元=300 000 000 元

              边际贡献率=6 000÷8 000×100%=75%

②   营业利润=300 000 000 元－120 000 000 元=180 000 000 元

③   变动成本率=2 000÷8 000×100%=25%

> 如果企业的某种产品销售下滑,你能想到哪些原因呢?这种风险如何控制?

5.3.2 单一品种的本量利分析

一、保本与保本点的概念

(1)保本就是指企业在一定时期内的收支相等、盈亏平衡,收入减去支出利润刚好为零。分析保本是研究企业处在保本状态时本量利关系的一种定量分析方法。这种方法可以确定企业在何种情况下经营是安全的,保本点的确定是一个关键。

(2)保本点是指企业达到保本状态时的业务量。也就是说,在这个点上,如果企业业务量增加一些,就可以盈利;而如果企业业务量减少一些,那就会亏本。我们通常把这个点也称为盈亏临界点、盈亏保本点。

单一品种的保本点有两种形式:保本点销售量和保本点销售额。计算公式如下:

            保本点销售量=固定成本总额÷单位边际贡献

            保本点销售额=固定成本总额÷边际贡献率

促销中的管理会计

有一家首饰公司亏损严重,公司账面上现金很少,实际能周转的资金只有 90 多万元,而且公司已经向银行贷款 1 000 多万元,资产负债率高达 60% 多,要破产啦! 7 月份新上任的财务经理沈冬,通过两个多月的调研和思考,做了公司如何走下去的设想。因为快要到 10 月份了,天气开始转凉,又加上国庆,销售的旺季就要来了。沈冬心想,必须抓住这宝贵的时机。唯一的办法就是要把仓库里的存货先进行处理,库房中有 500 多万元的各类镶嵌首饰。沈冬把大家伙儿召集起来商讨如何把这些首饰卖了变现,没想到大家都反对,因为他们说这些首饰已经过时了,款式不新颖了,没人喜欢的,肯定卖不出去。但如果低价出售,账面就会出现大量亏损。沈冬讲,如果能盘活资产拿到钱,也可以拯救我们的公司啊。沈冬给大家伙儿算了一笔账:现在商场卖的首饰价格都比较贵,周转慢,资金占用大,一个工厂成本为 100 元的首饰,到了商场就标价 500 元,说是给顾客可以打个六五折吧,实际价格就是 325 元,交完一些税就剩下 264 元,商场要分成 30% 左右,商场的收入是 79 元,工厂的收入是 185 元,工厂毛利就是 85 元,毛利率是 46%。那如果我们采取低毛利率的销售策略会怎么样呢?我们得跟商场沟通好,也采用低分成,按 15% 分成,则工厂成本 100 元的产品,商场可以标价 200 元,这其实跟小米最开始的低价竞销是一样的道理。这样肯定会引起一场销售的热潮,毕竟还是会有很多收入不高的群体存在。大家觉得有理,在接下来还去做了一系列的宣传,发了一些煽动性的文章,让大家都去商场捡便宜。果然,文章见报的第二天,促销柜台里三层外三层,销售人员忙都忙不过来,当天就销售了 10 多万元,这种势头一直持续了两个多星期。这样一来,公司成功促销库存,收回了 46 万元的现金,这是多么宝贵的现金啊!在后来,因为有了这样的开门红,带动了其他柜台的人气,公司 10 月份的销售扶摇直上,达到 600 多万元的销售。到了年底,几个月的销售额总共 1 900 多万元,超过去年全年公司销售 1 400 多万元,公司立即扭亏为盈了。沈冬在后来的总结大会上说道:"算而后定,谋而后动,看似简单的促销,背后却有着精深的财务计算,管理会计实在重要。管理会计无处不在,管理会计不仅仅是书本上的盈亏平衡点这些表面的理论,它深入企业经营与管理的各个层面,支撑各个层面的经营与管理决策。这次成功的促销,同小米的低价竞销策略是差不多的。现在很多商家通过各大电商平台,直播卖货,也有很多低价竞销成功的案例,只要把握得当,低价并不会造成亏损。"

【例题 5-5】 仍按例题 5-4 的资料,康达公司生产 6A 型号的笔记本电脑,产品单价为 8 000 元/台,单位变动成本为 2 000 元/台,全年固定成本总额为 120 000 000 元,全年产出 50 000 台笔记本电脑。要求:计算该公司保本点销售量和保本点销售额。

保本点销售量=120 000 000÷6 000 台=20 000 台
保本点销售额=120 000 000÷75% 元=160 000 000 元

这表明在单价和单位变动成本保持不变的情况下,康达公司的笔记本电脑每年若是销售 20 000 台或者实现销售额 160 000 000 元,康达公司不会盈利也不会亏损,刚好保本,也就是利润为零。

二、保利点的概念

保利点是实现目标利润的业务量,具体包括保利量和保利额两种。公式计算如下:

目标销售量=(固定成本+目标利润)÷单位边际贡献
目标销售额=(固定成本+目标利润)÷边际贡献率

【例题 5-6】 仍按例题 5-4 的资料,假设康达公司本年期望获得利润 300 000 000 元,则该公司的笔记本电脑的目标销售量和目标销售额分别是:

目标销售量=(120 000 000+300 000 000)÷6 000 台=70 000 台
目标销售额=(120 000 000+300 000 000)÷75% 元=560 000 000 元

这表明在单价和单位变动成本保持不变的情况下,康达公司若是能够销售 70 000 台笔记本电脑或达到销售额 560 000 000 元就可以获取利润 300 000 000 元。

三、本量利与相关因素变动分析

从上面的例子我们可以看到,保本点的基本影响因素主要有固定成本总额、单位变动成本、单价和产销量等。对这些因素的特征进行分析研究，可以帮助企业深挖增加盈利的潜力。我们先来举个简单的例子。

【例题5-7】 ABC产品的单位销售价格为10元，单位变动成本为6元，全年产销量为1 000只。固定成本总额为2 000元。

  分别计算ABC产品的单位边际贡献、边际贡献率、变动成本率、边际贡献总额、保本点销售量和保本点销售额是多少。

1. 单价变动的影响分析

当其他因素不变时，单价上升，单位边际贡献则会上升，保本点就会下降，利润会上升；反之，若单价下降，单位边际贡献则会下降，保本点上升，利润下降。但是升降关系不是呈正比例关系。

【例题5-8】 引用例题5-7的数据，预计销售3 000只，能获得10 000元的利润，若单价从10元上升到11元，其他条件不变。（数据保留两位小数）

$$单位边际贡献 = 11 元 - 6 元 = 5 元$$
$$边际贡献率 = 5 \div 11 \times 100\% = 45.45\%$$
$$保本点销售量 = 2\ 000 \div 5 只 = 400 只$$
$$保本点销售额 = 2\ 000 \div 45.45\% 元 = 4\ 400 元$$
$$营业利润 = 5 \times 3\ 000 元 - 2\ 000 元 = 13\ 000 元$$

从上述计算，我们可以发现，当产品销售价格提高1元后，保本点的销售量和销售额均发生了变化，营业利润从10 000元提高到了13 000元。

  上述题目中，当单价提高1元后，保本点的销售量和销售额发生了什么变化？如果单价下降，又会是怎样呢？

2. 固定成本变动的影响分析

在其他因素保持不变的条件下,固定成本的总额增减变动将使保本点同比例、同方向增减变动,而利润向反方向变动。企业的经营规模越大,固定成本越高,保本点就越高,在其他条件不变的情况下,利润就会变少。

【例题 5-9】 引用例题 5-7 的数据,预计销售 3 000 只,预计利润 10 000 元。现在若固定成本增加 20%,则:

保本点销售量=2 000×(1+20%)÷4 只=600 只

保本点销售额=2 000×(1+20%)÷40%元=6 000 元

营业利润=(10-6)×3 000 元-2 000×(1+20%)元=9 600 元

由此可见,当固定成本提高 20% 后,保本销售量和销售额也均发生了变化。利润则发生了减少,从 10 000 元降到了 9 600 元。所以对于企业来说,可以通过处置不需要的固定资产等措施来降低折旧费、保险费等固定成本,促使企业提高利润。

3. 单位变动成本变动的影响分析

当其他因素不变,单位变动成本上升,单位边际贡献则下降,保本点上升,利润就会下降;反之,单位变动成本下降,单位边际贡献上升,保本点下降,利润就会上升。

【例题 5-10】 引用例题 5-7 的数据,预计销售 3 000 只,预计利润 10 000 元。现在单位变动成本上升 2 元,则:

单位边际贡献=10 元-8 元=2 元

边际贡献率=2÷10×100%=20%

保本点销售量=2 000÷2 只=1 000 只

保本点销售额=2 000÷20%元=10 000 元

营业利润=2×3 000 元-2 000 元=4 000 元

由此可见,单位变动成本上升后,对利润的影响是挺大的,由原来的 10 000 元降到了 4 000 元。所以对于企业来说,可以通过采取降低材料采购成本、产品生产工时及改进生产工艺等办法来降低产品的单位变动成本,促进利润的提升。

业绩预测——开业效益预测

一大商场即将开业,商场的领导班子就在预测,商场开业后,每年将实现利润 2 000 万元。理由就是现在是全新的商场,很现代化,销售应该翻倍,费用虽然会有所增长,但销售毛利可以增长很多,大家都沉浸在商场开业将大大盈利的欢乐气氛中。但有人质疑,这种预测缺乏财务逻辑,没有根据。实事求是的预测,需要分析影响形成的各种因素,分析出具体的影响因素,这样预测出来的数据才是客观可靠的。商场的开业预测需要使用盈亏平衡点,也就是保本点进行预测。首先,要对开业之后商场各项会发生的费用进行一个估计;其次,对开业后的商场的收入进行预计,会发生哪些收入要预测;第三,对商场的边际贡献进行估计;第四,计算盈亏平衡点;最后计算商场开业后的收益。预测不是没有根据地预测,如果有历史数据,我们可以进行趋势分析,但是如果没有历史数据,还需要假定关键的数据,进行专家预测。因此,预测是管理会计很重要的一项职能,科学的预测是一个严格的程序化、逻辑化的工作,每一个数据的得来,都需要清晰的依据和逻辑。

5.3.3 多品种的本量利分析

一、多品种本量利分析概念

在实际中，企业不止生产经营一种产品。因此之前所介绍的个别本量利模型就无法直接使用了，这时我们需要介绍多品种条件下的本量利分析方法。多品种本量利分析法有多种，例如主要品种法、分算法、综合边际贡献率法等，在本项目中，我们主要介绍综合边际贡献率法。

二、综合边际贡献率法

综合边际贡献率法是指在确定企业综合边际贡献率的基础上分析多品种本量利关系的一种方法。这种方法又分为总额法、边际贡献率总和法和加权平均法三种。其中总额法和边际贡献率总和法只能计算综合保本点销售量和综合保本点销售额，因此在本项目中重点介绍加权平均法。

加权平均法是指在掌握每种产品的边际贡献率的基础上，按各项产品销售额占企业总收入的比重进行加权平均，据以计算综合边际贡献率的一种方法。计算公式如下：

$$综合边际贡献率\ cmR' = \sum(某种产品的边际贡献率 \times 该产品的销售额比重)$$

$$= \sum(cmR_i \times B_i)$$

$$综合保本点销售额 = 固定成本总额 \div 综合边际贡献率$$

其中，cmR' 表示综合边际贡献率，cmR_i 表示某种产品的边际贡献率，B_i 表示某种产品的销售额占比。

另外，某产品的边际贡献率和销售额占比的计算公式如下：

$$某种产品的边际贡献率 = 该产品的边际贡献 \div 销售收入 \times 100\%$$

$$= 该产品的单位边际贡献 \div 销售单价 \times 100\%$$

$$某种产品的销售额占比 = 该产品的销售额 \div 企业全部产品的销售额合计 \times 100\%$$

$$某种产品的保本点销售额 = 综合保本点销售额 \times 该产品的销售额占比$$

$$某种产品的保本点销售量 = 该产品的保本点销售额 \div 销售单价$$

【例题5-11】 星光工厂分别生产1A型号的鼠标和3B型号的鼠标，该工厂预计全年发生固定成本为1 560 000元，两种型号的产品的预计销量、销售单价、单位变动成本等资料如表5-9所示。

表5-9 星光工厂鼠标生产计划资料表

金额单位：元

产品	项目					
	销售量	单价	单位变动成本	销售收入	边际贡献	边际贡献率
1A型号	125 000只	60	45	7 500 000	1 875 000	25%
3B型号	50 000只	100	40	5 000 000	3 000 000	60%

要求：采用综合边际贡献率法中的加权平均法分别计算综合边际贡献率、综合保本点销售额、两种产品的保本点销售额和保本点销售量。

根据题意计算：
(1) 综合边际贡献率：

1A 型号鼠标销售占比＝7 500 000÷(7 500 000＋5 000 000)×100%＝60%

3B 型号鼠标销售占比＝5 000 000÷(7 500 000＋5 000 000)×100%＝40%

综合边际贡献率＝25%×60%+60%×40%＝39%

(2) 综合保本点销售额＝1 560 000÷39%元＝4 000 000 元

(3) 1A 型号鼠标保本点销售额＝4 000 000×60%元＝2 400 000 元

1A 型号鼠标保本点销售量＝2 400 000÷60 只＝40 000 只

(4) 3B 型号鼠标保本点销售额＝4 000 000×40%元＝1 600 000 元

3B 型号鼠标保本点销售量＝1 600 000÷100 只＝16 000 只

三、产品结构变动对本量利分析的影响

企业多品种产品生产，不同产品的盈利水平会不一样。所以显然，企业一般会销售边际贡献大的产品，这种销售比重的变化，是品种结构的变化，在管理会计中称为产品结构变动影响。我们同样用一个简单的例子来进行说明。

【例题 5-12】 公司有三种产品 A、B、C，相关资料如表 5-10 所示。年固定成本总额 179 945 元。由于 A 产品的边际贡献率较高，公司提高其销售比重 10%，同时降低 C 产品销售比重 10%。计算综合边际贡献率、综合保本点销售额。

表 5-10 A、B、C 产品数据表

项目	A 产品	B 产品	C 产品
销售量/个	50 000	30 000	20 000
单位售价/(元/个)	16	20	30
销售占比/(%)	40	30	30
单位变动成本/元	8	15	24
单位边际贡献/元	8	5	6
边际贡献率/(%)	50	25	20
固定成本总额/元	179 945		

根据题意：

综合边际贡献率＝50%×50%+25%×30%+20%×20%＝36.5%

综合保本点销售额＝179 945÷0.365 元＝493 000 元

想一想

如何在不增加成本的前提下控制产品质量风险？

商品结构分析是什么?

AA工艺美术品商场一共有将近2万种商品在销售,大致可以分为5种类型:传统工艺美术品、具有旅游特色的工艺美术品、中国的特产、现代礼品和首饰。商场的副总戴一鸣对这几种产品的销售进行了统计,通过相关技术人员和财务部提供的销售数据得到:传统工艺美术品销售占比46%,具有旅游特色的工艺品占8%,中国特产占16.7%,现代礼品占比13%,首饰占比16.3%。看到这组数据,有些人就认为,卖得最差的是旅游特色产品和现代礼品,是我们重视不够。传统工艺品销售有46%左右,大家都认为还是应该以它为主进行售卖。但是戴总觉得有疑问,因为他认为这个数据是商场2020年的实际销售收入的品种结构,还不能称为商场的商品结构。商场商品结构,应该是整个商场的配置结构,是指各种商品在数量上的配比关系。但如何在数量上标示商品的配比关系呢?经过统计和调研发现,传统工艺美术品占用71%的经营面积而销售仅为46%左右,非工艺类产品占19.08%的面积,销售收入占到16.7%,两项合计占用面积达到90%而销售收入占到63%。剩下的其他几个品种,总共占用10%的经营面积,合计形成销售37%。卖得最差的旅游特色产品和现代礼品,不是因为卖得不好,而是因为商品配置不足,它们实现了商场21%的销售收入,仅占用了商场5%的经营面积。看到这里,想必大家应该弄明白了吧。因此,这样一分析,戴总很快就得出这样的结论:商场的传统思维、商品结构错位,使得商场的经营效能低下。也就是说90%的经营面积处于低效率的经营情况,所以要调整商品结构,并且商品结构调整的方向也要十分清楚。

5.3.4 项目任务

在本项目任务中,我们运用上面所学的知识,分析"一月的茶"奶茶店每月需要出售多少奶茶和水果茶才能开始赚钱。

一、项目资料

继续使用表5-3至表5-6的数据。

二、任务操作

(1)根据上述表5-3至表5-6的资料,并且已知"一月的茶"奶茶店奶茶全年预计销售30 000杯,水果茶销售22 000杯。填写表5-11。

表5-11 "一月的茶"奶茶店产品计划数据资料表

金额单位:元

产品	项目					
	销量	单价	销售收入	变动成本	边际贡献	边际贡献率
奶茶	30 000杯	10	300 000	180 000	120 000	40%
水果茶	22 000杯	20	440 000	198 000	242 000	55%

计算过程如下:

① 销售收入：

$$\text{奶茶销售收入} = 10 \times 30\,000 \text{ 元} = 300\,000 \text{ 元}$$

$$\text{水果茶销售收入} = 20 \times 22\,000 \text{ 元} = 440\,000 \text{ 元}$$

② 变动成本：

$$\text{奶茶变动成本总额} = 6 \times 30\,000 \text{ 元} = 180\,000 \text{ 元}$$

$$\text{水果茶变动成本总额} = 9 \times 22\,000 \text{ 元} = 198\,000 \text{ 元}$$

③ 边际贡献：

$$\text{奶茶边际贡献} = 300\,000 \text{ 元} - 180\,000 \text{ 元} = 120\,000 \text{ 元}$$

$$\text{水果茶边际贡献} = 440\,000 \text{ 元} - 198\,000 \text{ 元} = 242\,000 \text{ 元}$$

④ 边际贡献率：

$$\text{奶茶边际贡献率} = 120\,000 \div 300\,000 \times 100\% = 40\%$$

$$\text{水果茶边际贡献率} = 242\,000 \div 440\,000 \times 100\% = 55\%$$

(2)使用综合边际贡献率法分析计算奶茶和水果茶全年保本销售额和保本销售量，并填写表 5-12。（销售占比和综合边际贡献率保留四位小数，金额保留两位小数，数量向上取整）

表 5-12 "一月的茶"奶茶店产品保本额和保本量资料表

金额单位：元

产品	项目					
	销售收入	销售占比	综合边际贡献率	综合保本额	单一保本额	单一保本量
奶茶	300 000	40.54%	48.92%	661 079.31	268 001.55	26 801 杯
水果茶	440 000	59.46%			393 077.76	19 654 杯

计算过程如下：

① 销售占比：

$$\text{奶茶销售占比} = 300\,000 \div (300\,000 + 440\,000) \times 100\% = 40.54\%$$

$$\text{水果茶销售占比} = 100\% - 40.54\% = 59.46\%$$

② 综合边际贡献率 $= 40\% \times 40.54\% + 55\% \times 59.46\% = 48.92\%$

③ 综合保本额 = 固定成本总额 ÷ 综合边际贡献率

$$= (26\,950 \times 12) \div 48.92\% \text{ 元}$$

$$= 661\,079.31 \text{ 元}$$

④ 单一保本额和保本量：

$$\text{奶茶保本额} = 40.54\% \times 661\,079.31 \text{ 元} = 268\,001.55 \text{ 元}$$

$$\text{奶茶保本量} = 268\,001.55 \div 10 \text{ 杯} = 26\,801 \text{ 杯}$$

$$\text{水果茶保本额} = 661\,079.31 \text{ 元} - 268\,001.55 \text{ 元} = 393\,077.76 \text{ 元}$$

$$\text{水果茶保本量} = 393\,077.76 \div 20 \text{ 杯} = 19\,654 \text{ 杯}$$

(3)填写表 5-13，根据预计的销量，结合两种产品的保本额和保本量，试分析保本额和保本量的意义。设定固定成本按销售占比在两种产品中进行分配。（金额保留两位小数）

表 5-13 "一月的茶"奶茶店全年产品预计销售及利润资料表

单位:元

产品	项目		
	预计销量	预计营业利润	数据来源
奶茶	20 000	−51 106.36	预计营业利润＝单价×预计销量－变动成本总额－固定成本总额
	45 000	48 893.64	
	60 000	108 893.64	
水果茶	15 000	−27 293.64	
	20 000	27 706.36	
	45 000	302 706.36	

计算过程如下：

① 各产品的固定成本：

奶茶的固定成本＝(26 950×12)×40.54%元＝131 106.36 元

水果茶的固定成本＝(26 950×12)元－131 106.36 元＝192 293.64 元

② 预计营业利润：

奶茶的预计营业利润：

当销售量是 20 000 杯时：

预计营业利润＝20 000×(10－6)元－131 106.36 元＝－51 106.36 元

当销售量是 45 000 杯时：

预计营业利润＝45 000×(10－6)元－131 106.36 元＝48 893.64 元

当销售量是 60 000 杯时：

预计营业利润＝60 000×(10－6)元－131 106.36 元＝108 893.64 元

水果茶的预计营业利润：

当销售量是 15 000 杯时：

预计营业利润＝15 000×(20－9)元－192 293.64 元＝－27 293.64 元

当销售量是 20 000 杯时：

预计营业利润＝20 000×(20－9)元－192 293.64 元＝27 706.36 元

当销售量是 45 000 杯时：

预计营业利润＝45 000×(20－9)元－192 293.64 元＝302 706.36 元

想一想

根据得出的预计营业利润，你能分析一下产品的保本点销售额和保本点销售量的意义么？

5.4 编制预算

【任务提示】本分项任务将引领你了解管理会计中全面预算的基本理论,并且具体说明经营预算的编制方法。

【任务先行】企业为了实现一定的经营目标,确保企业最优决策方案的执行,需要统筹安排各种资源。企业的全面预算一般是从销售部门开始,企业的销售部门预测销售量;生产部门则会根据销售部门的预计销量,结合产品期初、期末的库存量,计算出预计的产量;同时,采购部门根据预计产量计划需要购进原料的数量,进而确保满足产品生产的需要。财务部门则安排好资金,确保有足够的货币进行支付。在本小节中,我们将学习到企业全面预算中各种具体预算的编制方法,进而运用到实践中。

5.4.1 全面预算概述

全面预算是指在预测与决策的基础上,按照企业既定的经营目标和程序,规划与反映企业未来的销售、生产、成本、现金收支等各方面活动,以便对企业特定计划期内全部生产经营活动有效地做出具体组织与协调,最终以货币为主要计量单位,通过一系列预计的财务报表及附表展示其资源配置情况的有关企业总体计划的数量说明。

一、全面预算的意义

对于企业而言,管理会计的作用相当于中枢神经系统,我们知道,人的中枢神经系统至关重要,如果出现问题,那么人就会出现脑梗死、脑出血等。因此,企业如果没有中枢神经系统,就会出现四面楚歌、四面危机,导致盈利和资金上的困难,最终衰败。

全面预算则是通过严格的流程化的分析和预测,经过企业全员、全过程的参与,制定出的理性化、数量化的目标体系。所以,全面预算可以有效合理地确定目标,是企业目标管理的基础。通过全面预算管理,也可以实现全员、全岗位、全过程的目标精细化管理。

二、全面预算体系

全面预算体系是由一系列预算按经济内容及相互关系有序组合而成的一个整体,主要包括经营预算、专门决策预算和财务预算三大部分。

1. 经营预算

经营预算是与企业日常业务直接相关、具有实质性的基本活动的一系列预算的统称,又称日常业务预算。这类预算通常与企业利润的计算有关。其主要包括:①销售预算;②生产预算;③直接材料耗用量及采购预算;④应交税费预算;⑤直接人工预算;⑥制造费用预算;⑦产品成本预算;⑧期末存货预算;⑨销售费用预算;⑩管理费用预算。

2. 专门决策预算

专门决策预算是指企业不经常发生的,需要根据特定决策临时编制的一次性预算,又称特种决策预算。专门决策预算包括经营决策预算和投资决策预算两种类型。

3. 财务预算

财务预算是指与企业现金收支、经营成果和财务状况有关的各项预算。其主要包括:①现金预算;②财务费用预算;③预计利润表;④预计资产负债表。这些预算以价值量指标总括反映经营预算和专门决策预算的结果。

在本书中,我们主要介绍经营预算的编制方法,并且重点介绍经营预算中的销售预算、生产预算、直接材料预算、应交税费预算、直接人工预算、制造费用预算、产品生产成本预算、销售费用预算和管理费用预算以及财务预算中的利润预算。

宝钢实施全面预算管理

上海宝钢集团公司(以下简称"宝钢")是经国务院批准的国家授权投资机构和国家控股公司。宝钢立足钢铁主业,坚持精品战略,发展拳头产品和著名品牌,在汽车、石油钢管、造船钢板、不锈钢、民用建筑用钢和电磁钢六大类产品上形成大规模、高档次的基地,成为我国钢铁行业新工艺、新技术及新材料开发的重要基地。宝钢一、二期工程全面建成后,为适应计划经济向市场经济的转轨,提升企业市场竞争能力,迫切需要建立与市场经济相适应的经营管理体制。宝钢于1993年开始进行"全面预算管理"这一全新经营管理体制的探索。宝钢从全面预算推行至今经历了三个阶段:1993—1994年是宝钢预算管理体系的初步形成阶段。公司设置了经营预算管理部门,并编制了第一年度预算。1994—2002年为其预算管理的规范完善阶段,这一阶段通过完善相关预算管理制度和预算管理技术,推出了月度执行预算,形成了规范的预算管理模式。2002年以后,公司预算管理在原有基础上进一步深化发展,以六年经营规划为指导,进行季度滚动预算,以每股盈余作为预算编制的起点,强调资本预算管理,逐步完善预算信息化平台。至此,宝钢形成了以战略目标、经营规划为导向,以年度预算为控制目标,以滚动执行预算为控制手段,覆盖宝钢生产、销售、投资、研发的全面预算管理体系。

预算表上的数据虽是预测的,但也不是毫无依据的,这点符合会计上的可靠性原则吗?

5.4.2 编制经营预算

一、销售预算的编制

销售预算是指为规划一定的期间企业因组织销售活动而发生的预计销售收入而编制的一种预算。销售预算是编制全面预算的关键和起点。

销售预算是在销售预测的基础上,根据企业的年度目标利润确定的预计销量和预计产品销售价格等参数编制的。其中,相关计算公式如下:

某种产品的预计销售收入=该产品预计销售单价×预计销售量

某种产品的预计增值税销项税额＝该产品预计销售收入×适用的增值税税率

某种产品的预计含税销售收入＝该产品的预计销售收入＋预计增值税销项税额

同时，编制销售预算时一般会编制与销售收入有关的现金收入预算表，它能够反映企业各经营期间销售所得的现金销售含税的收入和回收之前的应收账款的现金收入。相关计算公式如下：

某预算期的现金收入＝该期现金销售含税收入＋该期回收之前应收账款部分

某预算期的现金销售含税收入＝该期含税销售收入×预计现金销售率

某期回收之前应收账款＝期初应收账款×预计应收账款回收率

预算期应收账款期末余额＝期初应收账款余额＋含税销售收入－本期现金收入

【例题 5-13】 美彩服饰有限公司主要生产经营白色棉质衬衫（型号 A 类）和花色真丝衬衫（型号 B 类）两种产品，以下均以型号表示产品种类。该公司 2022 年初产品应收账款和销售单价及数量等资料如表 5-14 所示。该公司每种产品每一季度的含税销售收入中有 70% 在当季收到现金，其余 30% 在下一季度收到现金。适用的增值税税率为 13%。

表 5-14 2022 年美彩公司产品预计销售单价和预计销量资料表

产品	项目	期初应收账款余额/元	季度			
			一季度	二季度	三季度	四季度
A 类	单价/(元/件)	35 000	100	100	100	100
	销量/件		1 500	1 200	1 450	1 600
B 类	单价/(元/件)	28 000	280	280	280	280
	销量/件		2 000	2 500	2 200	1 800

要求：编制美彩公司 2022 年的销售预算和现金收入预算表。

根据题目的要求，编制该公司的销售预算及现金收入预算表，如表 5-15 所示。

表 5-15 2022 年美彩公司销售预算及现金收入预算表

金额单位：元

产品	项目	季度				合计
		第一季度	第二季度	第三季度	第四季度	
A 类	单价/(元/件)	100	100	100	100	100
	销量/件	1 500	1 200	1 450	1 600	5 750
B 类	单价/(元/件)	280	280	280	280	280
	销量/件	2 000	2 500	2 200	1 800	8 500
A 类	销售收入	150 000	120 000	145 000	160 000	575 000
B 类		560 000	700 000	616 000	504 000	2 380 000
合计		710 000	820 000	761 000	664 000	2 955 000
增值税销项税额		92 300	106 600	98 930	86 320	384 150

续表

产品	项目	季度				合计
		第一季度	第二季度	第三季度	第四季度	
	含税销售收入	802 300	926 600	859 930	750 320	3 339 150
	期初应收账款余额	63 000				63 000
	第一季度现金收入	561 610	240 690			802 300
	第二季度现金收入		648 620	277 980		926 600
	第三季度现金收入			601 951	257 979	859 930
	第四季度现金收入				525 224	525 224
	现金收入合计	624 610	889 310	879 931	783 203	3 177 054
	期末应收账款余额					*225 096

编表说明：

*225 096＝期初应收账款余额＋含税销售收入－本期现金收入＝63 000＋3 339 150－3 177 054

二、生产预算的编制

生产预算是指在一定的预算期内预计一定的生产量进而编制的一种预算。生产预算是唯一使用实物量计量单位的预算。

生产预算需要根据预计的销售量按产品的品种分别进行编制。相关计算公式如下：

某种产品预计生产量＝预计的销售量＋预计期末存货量－预计期初存货量

预计销售量可以在销售预算表中找到；预计期初存货量等于上季度期末的存货量；预计期末存货量一般根据事先估计的期末存货量占下期销售量的比例确定。

【例题 5-14】 生产预算的编制，我们仍以上题美彩服饰有限公司为例。美彩公司 2022 年两种产品的期初结存数和期末的预计结存数等相关资料如表 5-16 所示。期末的产品占下期销售量的百分比是企业经过专业估计的，为 10%。期初产品的结存数为上年期末产品的实际结存数，期末的产品结存数为企业经过科学预计后得到的数据。

表 5-16　2022 年美彩公司产品资料表

产品	年初产品结存数/件	年末产品结存数/件	预计期末产品占下期销售量的百分比	年初产品成本	
				单位定额/(元/件)	总额/元
A 类	150	120	10%	40	6 000
B 类	260	200	10%	140	36 400

要求：编制美彩公司 2022 年的生产预算。

根据题目要求，编制该公司 2022 年生产预算，如表 5-17 所示。

表 5-17　2022 年美彩公司生产预算表

单位:件

产品	项目	季度				合计
		第一季度	第二季度	第三季度	第四季度	
A 类	预计销售量	1 500	1 200	1 450	1 600	5 750
	加:预计期末存货量	*120	*145	*160	120	120
	减:期初存货量	150	120	145	160	150
	预计生产量	1 470	1 225	1 465	1 560	5 720
B 类	预计销售量	2 000	2 500	2 200	1 800	8 500
	加:预计期末存货量	250	220	180	200	200
	减:期初存货量	260	250	220	180	260
	预计生产量	1 990	2 470	2 160	1 820	8 440

编表说明:

*120＝1 200×10％

*145＝1 450×10％

*160＝1 600×10％

各产品第二季度的期初存货量＝第一季度的期末存货量;第三季度的期初存货量＝第二季度的期末存货量;第四季度的期初存货量＝第三季度的期末存货量。

三、直接材料预算的编制

直接材料预算是指在一定预算期间企业组织生产活动和材料采购预计发生的直接材料耗用量、采购量和采购成本的一种预算。

直接材料采购预算以生产预算、材料消耗定额和预计材料采购单价等信息为基础,结合期初、期末的原材料的结存情况。直接材料预算包括耗用量预算和采购预算两部分。相关计算公式如下:

产品耗用某种材料的数量＝产品耗用该材料的消耗定额×产品的预计生产量

某材料全部耗用量＝∑某产品耗用该材料预计耗用量

某材料的预计采购量＝该材料的预计耗用量＋该材料的预计期末结存量－预计期初结存量

在上式中,材料预计的期末结存量在实践中一般是按一定的经验数据进行确定,可以按下期的预计耗用量的一定比例进行估计;材料的预计期初结存量等于上季度期末的结存量。

某材料的预计采购成本＝该材料的采购单价×该材料的预计采购量

预算期企业直接材料采购总成本＝∑某材料预计采购成本

预计增值税进项税额＝预算期直接材料采购总成本×适用的增值税税率

预算期预计采购金额＝直接材料采购总成本＋预计进项税额

【例题 5-15】 接上题,编制直接材料耗用预算以及采购预算表。美彩公司直接材料耗用的定额及材料采购单价如表 5-18 所示;各种直接材料年初和年末的结存数等资料如表 5-19 所示。

为便于说明,假设白色棉质衬衫的直接材料包括棉布和甲类辅料,真丝花色衬衫的直接材料包括真丝面料和乙类辅料。注:数量四舍五入保留整数,金额四舍五入保留两位小数。

表 5-18　2022 年美彩公司直接材料消耗定额及材料采购单价资料表

材料消耗定额	材料	季度			
		第一季度	第二季度	第三季度	第四季度
A 类材料消耗定额 /(千克/件)	棉布	2	2	2	2
	甲类辅料	1	1	1	1
B 类材料消耗定额 /(千克/件)	真丝面料	3	3	3	3
	乙类辅料	1	1	1	1
材料采购单价 /(元/千克)	棉布	3	3	3	3
	甲类辅料	1	1	1	1
	真丝面料	6	6	6	6
	乙类辅料	2	2	2	2

表 5-19　2022 年美彩公司的直接材料结存情况表

材料种类	年初结存量/千克	年末结存量/千克	预计期末结存量占下期耗用量的百分比
棉布	130	200	10%
甲类辅料	160	150	10%
真丝面料	400	580	10%
乙类辅料	200	260	10%

根据上题,编制美彩公司的直接材料耗用量预算表、采购预算表、产品直接材料成本预算表以及直接材料成本汇总表,如表 5-20 至表 5-23 所示。

表 5-20　2022 年美彩公司直接材料耗用量预算表

产品	项目	材料	季度				合计
			第一季度	第二季度	第三季度	第四季度	
A 类	材料单耗 /(千克/件)	棉布	2	2	2	2	
		甲类辅料	1	1	1	1	
	预计生产量/件		1 470	1 225	1 465	1 560	5 720
	预计生产耗用量 /千克	棉布	*2 940	2 450	2 930	3 120	11 440
		甲类辅料	*1 470	1 225	1 465	1 560	5 720

276

产品	项目	材料	季度				合计
			第一季度	第二季度	第三季度	第四季度	
B类	材料单耗/(千克/件)	真丝面料	3	3	3	3	
		乙类辅料	1	1	1	1	
	预计生产量/件		1 990	2 470	2 160	1 820	8 440
	预计生产耗用量/千克	真丝面料	5 970	7 410	6 480	5 460	25 320
		乙类辅料	1 990	2 470	2 160	1 820	8 440

编表说明：

预计生产量见表5-17。

＊2 940＝1 470×2

＊1 470＝1 470×1

表5-21　2022年美彩公司直接材料采购预算表

实物量单位：千克/金额单位：元

材料	项目	季度				合计
		第一季度	第二季度	第三季度	第四季度	
棉布	采购单价/(元/千克)	3	3	3	3	
	耗用量	2 940	2 450	2 930	3 120	11 440
	加：期末结存量	＊245	＊293	＊312	200	200
	减：期初结存量	130	245	293	312	130
	采购量	3 055	2 498	2 949	3 008	11 510
	采购成本	9 165	7 494	8 847	9 024	34 530
甲类辅料	采购单价/(元/千克)	1	1	1	1	
	耗用量	1 470	1 225	1 465	1 560	5 720
	加：期末结存量	123	147	156	150	150
	减：期初结存量	160	123	147	156	160
	采购量	1 433	1 249	1 474	1 554	5 710
	采购成本	1 433	1 249	1 474	1 554	5 710
真丝面料	采购单价/(元/千克)	6	6	6	6	
	耗用量	5 970	7 410	6 480	5 460	25 320
	加：期末结存量	741	648	546	580	580
	减：期初结存量	400	741	648	546	400
	采购量	6 311	7 317	6 378	5 494	25 500
	采购成本	37 866	43 902	38 268	32 964	153 000

续表

材料	项目	季度				合计
		第一季度	第二季度	第三季度	第四季度	
乙类辅料	采购单价/(元/千克)	2	2	2	2	
	耗用量	1 990	2 470	2 160	1 820	8 440
	加:期末结存量	247	216	182	260	260
	减:期初结存量	200	247	216	182	200
	采购量	2 037	2 439	2 126	1 898	8 500
	采购成本	4 074	4 878	4 252	3 796	17 000
采购成本合计		52 538	57 523	52 841	47 338	210 240
增值税进项税额		6 829.94	7 477.99	6 869.33	6 153.94	27 331.2
采购金额合计		59 367.94	65 000.99	59 710.33	53 491.94	237 571.2

编表说明：

* 245＝2 450×10%

* 293＝2 930×10%

* 312＝3 120×10%

表 5-22 2022 年美彩公司产品耗用直接材料成本预算表

材料	项目	季度				合计
		第一季度	第二季度	第三季度	第四季度	
棉布	单价/(元/千克)	3	3	3	3	
	耗用量/千克	2 940	2 450	2 930	3 120	11 440
	耗用成本/元	* 8 820	7 350	8 790	9 360	34 320
甲类辅料	单价/(元/千克)	1	1	1	1	
	耗用量/千克	1 470	1 225	1 465	1 560	5 720
	耗用成本/元	1 470	1 225	1 465	1 560	5 720
A 类耗用直接材料成本小计		10 290	8 575	10 255	10 920	40 040
真丝面料	单价/(元/千克)	6	6	6	6	
	耗用量/千克	5 970	7 410	6 480	5 460	25 320
	耗用成本/元	35 820	44 460	38 880	32 760	151 920
乙类辅料	单价/(元/千克)	2	2	2	2	
	耗用量/千克	1 990	2 470	2 160	1 820	8 440
	耗用成本/元	3 980	4 940	4 320	3 640	16 880
B 类耗用直接材料成本小计		39 800	49 400	43 200	36 400	168 800

编表说明：

耗用成本＝耗用量×单价

* 8 820＝2 940×3

各原料第二季度的期初结存量=第一季度的期末结存量;各原料第三季度的期初结存量=第二季度的期末结存量;各原料第四季度的期初结存量=第三季度的期末结存量。

表 5-23 2022 年美彩公司直接材料成本预算汇总表

单位:元

材料	年初材料成本	材料采购成本	期末结存材料成本	本年耗用材料成本
棉布	390	34 530	600	34 320
甲类辅料	160	5 710	150	5 720
真丝面料	2 400	153 000	3 480	151 920
乙类辅料	400	17 000	520	16 880
合计	3 350	210 240	4 750	208 840

四、应交税费预算的编制

应交税费预算是指在预算期内预计发生的相关税费而编制的一种预算。预算的税费主要包括两类,一是应交的增值税,二是税金及附加。

1. 预计的税金及附加的计算

应交税费预算根据销售预算、采购预算和适用税率进行编制。预计的税金及附加相关计算公式如下:

预计的税金及附加=预计的消费税+预计的资源税
+预计的城市维护建设税+预计的教育费附加

在该式中,预计的消费税等于应纳税额乘以适用的税率,预计的资源税按应税产品的课税数量和单位税额进行计算,预计的城市维护建设税和预计的教育费附加按应交增值税和消费税之和乘以适用税率进行计算。

【例题 5-16】 丽人化妆品公司 2022 年预计高档化妆品销售收入为 2 000 万元,预计应交增值税税额为 130 万元,适用的消费税税率为 15%,城市维护建设税 7%,教育费附加的征收率为 3%。要求:计算该企业预计的税金及附加。

根据题意:

预计应交消费税=2 000×15% 万元=300 万元

预计应交城市维护建设税=(130+300)×7% 万元=30.1 万元

预计应交教育费附加=(130+300)×3% 万元=12.9 万元

预计应交税金及附加=300 万元+30.1 万元+12.9 万元=343 万元

从上题中,我们可以发现,城市维护建设税和教育费附加的计税基础是一样的,因此可以将前者的适用税率和后者的征收率合并,统称为附加税费率,是 10%。

2. 预计应交增值税的计算

1)估算率法

预计应交增值税的计算是关键,主要有两种方法可以用于计算预计应交增值税。其一是叫简捷法,顾名思义较为简便,计算公式如下:

预计的应交增值税=预计的销售收入×应交增值税的估算率

该式中,应交增值税的估算率是个经验数据,一般使用上期实际的应交增值税税额除以上期不含税销售收入来得到这个估算率。这种方法是比较简单的,不需要使用销售预算、采购预算中的相关数据,就可以直接得到估计的应交增值税,缺点就是误差有点大。

【例题 5-17】 应交增值税的估算,估算率的计算。

仍以例题 5-16 的资料为例,丽人化妆品公司 2021 年的高档化妆品不含税销售收入为 2 200 万元,增值税税率 13%,材料采购成本为 1 100 万元。企业生产使用的材料均在当期内采购。

要求:①计算应交增值税估算率;②估算该公司 2022 年预计应交增值税;③计算该公司的附加税费率和 2022 年预计税金及附加。

根据题意:

① 2021 年:

$$销项税额 = 2\,200 \times 13\% 万元 = 286 万元$$

$$进项税额 = 1\,100 \times 13\% 万元 = 143 万元$$

$$应交增值税 = 286 万元 - 143 万元 = 143 万元$$

$$应交增值税估算率 = 143 \div 2\,200 \times 100\% = 6.5\%$$

②

$$2022 年预计应交增值税 = 2\,000 \times 6.5\% 万元 = 130 万元$$

③

$$附加税费率 = 7\% + 3\% = 10\%$$

$$2022 年预计应交消费税 = 2\,000 \times 15\% 万元 = 300 万元$$

$$2022 年预计应交税金及附加 = (130 + 300) \times 10\% 万元 + 300 万元 = 343 万元$$

2)常规法

第二种方法即常规方法,按增值税的实际计算方法进行估计,计算公式如下:

$$预计的应交增值税 = 预计的增值税销项税额 - 预计的增值税进项税额$$

【例题 5-18】 应交税费预算的编制(常规法)。

仍以美彩公司为例,公司 2022 年度预计的增值税销项税额和进项税额资料分别见表 5-15 和表 5-21。该公司每季度以现金缴纳税费,附加税费率 10%。要求:编制美彩公司 2022 年的应交税费预算表(计算结果保留两位小数)。

根据题意,编制应交税费预算表,如表 5-24 所示。

表 5-24 2022 年美彩公司应交税费预算表

单位:元

项目	季度				合计
	第一季度	第二季度	第三季度	第四季度	
销项税额	92 300	106 600	98 930	86 320	384 150
进项税额	6 829.94	7 477.99	6 869.33	6 153.94	27 331.2
应交增值税	85 470.06	99 122.01	92 060.67	80 166.06	356 818.8
税金及附加	8 547.01	9 912.2	9 206.07	*8 016.6	35 681.88
现金支出合计	94 017.07	109 034.21	101 266.74	88 182.66	392 500.68

编表说明:

销项税额见表 5-15。

进项税额见表 5-21。

应交增值税＝销项税额－进项税额

税金及附加＝应交增值税×10%

＊8 016.6＝35 681.88－9 206.07－9 912.2－8 547.01

五、直接人工预算的编制

直接人工预算是指为规划预算期内人工工时的消耗水平和人工成本水平而编制的一种经营预算。编制直接人工预算一般会依据标准的工资率、标准的单位直接人工工时和生产预算中的一些数据等资料。相关计算公式如下：

某产品直接人工工时总数＝单位产品工时定额×预计产品的产量

某产品耗用的直接工资＝单位工时工资率×产品直接人工工时总数

某产品耗用的其他直接费用(福利费)＝产品耗用的直接工资

×其他直接费用的计提标准(14%)

某产品的直接人工成本＝产品耗用的直接工资＋其他直接费用(福利费)

【例题 5-19】 接上题，美彩公司的单位工时工资率和工时定额资料如表 5-25 所示。

表 5-25 2022 年美彩公司的单位工时工资率和工时定额表

项目		季度			
		第一季度	第二季度	第三季度	第四季度
单位工时工资率		3	3	3	3
单位产品工时定额	A 类	1	1	1	1
	B 类	2	2	2	2
其他直接费用计提标准		14%			

要求：编制美彩公司 2022 年的直接人工预算。

根据题意，编制直接人工预算表，如表 5-26 所示。

表 5-26 2022 年美彩公司直接人工预算

金额单位：元

项目		季度				合计
		第一季度	第二季度	第三季度	第四季度	
产品单位工时工资率/(元/时)		3	3	3	3	
A 类	单位产品工时定额/(时/件)	1	1	1	1	
	预计生产量/件	1 470	1 225	1 465	1 560	5 720
	直接人工工时总数/时	＊1 470	1 225	1 465	1 560	5 720
	直接工资	＊4 410	3 675	4 395	4 680	17 160
	直接福利费	＊617.4	514.5	615.3	655.2	2 402.4
	直接人工成本小计	5 027.4	4 189.5	5 010.3	5 335.2	19 562.4

续表

	项目	季度				合计
		第一季度	第二季度	第三季度	第四季度	
B类	单位产品工时定额/(时/件)	2	2	2	2	
	预计生产量/件	1 990	2 470	2 160	1 820	8 440
	直接人工工时总数/时	3 980	4 940	4 320	3 640	16 880
	直接工资	11 940	14 820	12 960	10 920	50 640
	直接福利费	1 671.6	2 074.8	1 814.4	1 528.8	7 089.6
	直接人工成本小计	13 611.6	16 894.8	14 774.4	12 448.8	57 729.6
合计	直接工资总额	16 350	18 495	17 355	15 600	67 800
	直接福利费总额	2 289	2 589.3	2 429.7	2 184	9 492
	直接人工成本合计	18 639	21 084.3	19 784.7	17 784	77 292

编表说明：

直接人工工时总数＝单位产品工时定额×预计生产量

直接工资＝直接人工工时总数×产品单位工时工资率

直接福利费＝直接工资×14％

* 1 470＝1×1 470

* 4 410＝1 470×3

* 617.4＝4 410×14％

六、制造费用预算的编制

制造费用预算是指为规划预算期内除了直接材料和直接人工这两类预算以外预计发生的其他生产费用水平而编制的一种预算。

在本书中，不将制造费用区分为变动性制造费用和固定性制造费用，因此制造费用预算的编制按照具体项目进行反映即可。编制该预算时，需要反映制造费用现金支出部分，因此需要将全年发生的制造费用减去非现金支付的部分，例如车间的固定资产折旧额。一个季度的制造费用现金支出通常是全年支付现金的季度平均数。计算公式如下：

某季度预计制造费用现金支付金额＝（全年预计制造费用－预计的年折旧费）÷4

【例题 5-20】 接上题，根据有关资料及表 5-26 所示的直接人工预算表的数据，编制美彩公司 2022 年度的制造费用以及现金支出预算表，美彩公司制造费用按人工工时进行分配，如表 5-27 和表 5-28 所示。（费用分配率保留两位小数）

根据题意，编制表 5-27，为方便说明，表 5-27 中的制造费用项目及金额为作者自行设定，实际中这些内容需要通过企业历史数据，使用科学的预测方法等进行编制。

表 5-27　2022 年美彩公司制造费用预算表

单位：元

制造费用项目	金额
1.管理人员工资及福利费	100 000

续表

制造费用项目	金额
2.折旧费	15 000
3.办公费	10 000
4.水电费	60 000
5.其他	20 000
合计	205 000

制造费用分配率=205 000÷(5 720+16 880)元/时=9.07 元/时

表 5-28　2022 年美彩公司制造费用分配预算表及现金支出预算

单位:元

项目		季度				合计
		第一季度	第二季度	第三季度	第四季度	
制造费用分配率/(元/时)		9.07	9.07	9.07	9.07	9.07
A 类	直接人工工时/时	1 470	1 225	1 465	1 560	5 720
	制造费用	13 332.9	11 110.75	13 287.55	14 149.2	51 880.4
B 类	直接人工工时/时	3 980	4 940	4 320	3 640	16 880
	制造费用	36 098.6	44 805.8	39 182.4	*33 032.8	*153 119.6
小计		49 431.5	55 916.55	52 469.95	47 182	205 000
减:折旧费		3 750	3 750	3 750	3 750	15 000
现金支出合计		45 681.5	52 166.55	48 719.95	43 432	190 000

编表说明:

季度的折旧费按总额平均分配。

*153 119.6=205 000−51 880.4

*33 032.8=153 119.6−36 098.6−44 805.8−39 182.4

七、产品成本预算的编制

产品成本预算是指为规划一定预算期内产品的单位产品成本、生产成本以及销售成本等内容而编制的一种预算。

本预算需要根据生产预算、直接材料预算、直接人工预算和制造费用预算提供的数据资料进行编制。相关计算公式如下:

　　某产品预计的生产成本=产品预计耗用的直接材料成本
　　　　　　　　　　　　+产品预计耗用的直接人工成本+产品预计耗用的制造费用

产品预计的销售成本=产品预计的生产成本+产品成本期初余额−产品成本期末余额

【例题 5-21】　以美彩公司为例,根据该公司产品资料表、生产预算表、产品耗用直接材料成本预算表、直接人工预算表和制造费用分配预算表(分别见表 5-16、表 5-17、表 5-22、表 5-26 和表 5-28。该公司期初和期末均无在产品成本),编制美彩公司两种产品的生产成本预算表。

根据题意,编制产品生产成本预算表,如表 5-29 所示。

表 5-29 2022 年美彩公司产品生产成本及销售成本预算表

金额单位：元

项目		季度				合计
		第一季度	第二季度	第三季度	第四季度	
A类	直接材料成本	10 290	8 575	10 255	10 920	40 040
	直接人工成本	5 027.4	4 189.5	5 010.3	5 335.2	19 562.4
	制造费用	13 332.9	11 110.75	13 287.55	14 149.2	51 880.4
	生产成本小计	28 650.3	23 875.25	28 552.85	30 404.4	111 482.8
	产品单位成本/(元/件)	40	40	40	40	40
	期初结存量/件	150	120	145	160	150
	期末结存量/件	120	145	160	120	120
	加：期初余额	6 000	4 800	5 800	6 400	6 000
	减：期末余额	4 800	5 800	6 400	4 800	4 800
	预计销售成本	*29 850.3	22 875.25	27 952.85	32 004.4	112 682.8
B类	直接材料成本	39 800	49 400	43 200	36 400	168 800
	直接人工成本	13 611.6	16 894.8	14 774.4	12 448.8	57 729.6
	制造费用	36 098.6	44 805.8	39 182.4	33 032.8	153 119.6
	生产成本小计	89 510.2	111 100.6	97 156.8	81 881.6	379 649.2
	产品单位成本/(元/件)	140	140	140	140	140
	期初结存量/件	260	250	220	180	260
	期末结存量/件	250	220	180	200	200
	加：期初余额	36 400	35 000	30 800	25 200	36 400
	减：期末余额	35 000	30 800	25 200	28 000	28 000
	预计销售成本	90 910.2	115 300.6	102 756.8	79 081.6	388 049.2
合计	预计销售成本	120 760.5	138 175.85	130 709.7	111 086	500 732

编表说明：

直接材料成本见表 5-22。

直接人工成本见表 5-26。

制造费用见表 5-28。

销售成本＝生产成本合计＋期初结存产品成本－期末结存产品成本

＊29 850.3＝28 650.3＋6 000－4 800

八、销售费用的预算

销售费用预算是指为规划一定预算期内企业在销售阶段组织产品销售预计会发生的各项费用而编制的一种预算。

销售费用预算编制与制造费用预算的编制方法类似，在本书中，不区分变动性销售费用和固定性销售费用。因此，对于销售费用的预算编制只需要按照具体项目进行反映即可。若是需要反映现金支出预算情况,只需要将全部的销售费用减去非现金支付的部分,例如企业专设销售机构的折旧费,另外一个季度的销售费用现金支出通常是全年销售费用现金支出的季度平均数。计算公式如下:

某季度预计销售费用现金支付金额=(全年预计销售费用-预计专设销售机构折旧费)÷4

【例题5-22】 以美彩公司为例,根据有关资料及数据编制美彩公司2022年度的销售费用以及现金支出预算表,如表5-30所示。美彩公司销售费用明细主要包括销售运杂费、广告宣传费、专设销售机构人员工资及福利费和折旧费、其他等项目。

根据题意,编制表5-30,为方便说明,表5-30中的销售费用项目及金额为作者自行设定,实际中这些内容需要通过企业历史数据,使用科学的预测方法等进行编制。

表5-30 2022年美彩公司销售费用预算及现金支出预算

单位:元

销售费用项目	金额
1.运杂费	25 000
2.广告宣传费	180 000
3.销售人员工资及福利费	74 000
4.折旧费	6 000
5.其他	12 000
合计	297 000
减:折旧费	6 000
现金支出合计	291 000
每季度现金支出	72 750

九、管理费用预算的编制

管理费用预算是指为规划一定预算期内因管理企业预计发生的各项费用水平而编制的一种预算。

管理费用我们一般认为是固定成本居多,因此编制预算的方法采用按项目来反映全年预计的水平。在编制该预算时,我们还需要反映管理费用现金支付的预算。在假设管理费用均为固定成本的前提下,某季度预计管理费用现金支付就是全年支付现金的季度平均数,也就是需要将全年的管理费用扣除掉非支付现金的折旧费和摊销额,然后再除以4。计算公式如下:

某季度预计管理费用现金支付金额=(全年预计管理费用-预计的年折旧费-预计的年摊销额)÷4

【例题5-23】 根据有关资料编制美彩公司2022年度的管理费用以及现金支出预算表,如表5-31所示。为方便说明,表5-31中的管理费用项目及金额为作者自行设定,实际中这些内容需要通过企业历史数据,使用科学的预测方法等进行编制。

表 5-31　2022 年美彩公司管理费用及现金支出预算表

单位：元

管理费用项目	金额
1. 公司经费	100 000
2. 董事会费	200 000
3. 办公费	150 000
4. 工会经费	150 000
5. 固定资产折旧费	30 000
6. 无形资产摊销额	25 000
7. 职工工资薪酬	800 000
8. 职工培训费	80 000
9. 业务招待费	55 000
10. 差旅费	30 000
11. 其他	10 000
合计	1 630 000
减：折旧费	30 000
摊销额	25 000
现金支出	1 575 000
每季度现金支出	393 750

十、利润的预算

预计利润表是以货币形式综合反映预算期内企业经营活动成果计划水平的一种预算。

在前期所学的各种经营预算，编制的销售预算、制造费用预算、产品成本预算、税费预算、销售费用预算、管理费用预算等都是预计利润表的编制基础。

【例题 5-24】 根据美彩公司 2022 年的销售预算、产品成本预算、应交税费预算、制造费用预算、销售费用预算、管理费用预算（分别见表 5-15、表 5-29、表 5-24、表 5-27、表 5-30 和表 5-31。假设美彩公司未发生相关财务费用），编制美彩公司 2022 年的预计利润表。

依据题意，编制表 5-32。

表 5-32　2022 年美彩公司预计利润表

单位：元

项目	金额
销售收入	2 955 000
减：销售成本	500 732
税金及附加	35 681.88
销售费用	297 000
管理费用	1 630 000

续表

项目	金额
利润总额	491 586.12
减:所得税费用(25%)	122 896.53
净利润	368 689.59

一个好的业务预算是如何做出来的?

一个好的业务预算是如何编制出来的?

第一步,合理划分业务单元,这是整个预算工作的基础。就是将企业划分成一个个最基本的预算业务单位,预算工作首先从这些基本单元开始。第二步,编制收入预算,这是预算编制的起点。要想预算出收入,必须要先预算出产品的价格和销量,所以企业必须要认真开展市场调查分析和预测,特别是要开展产品竞争策略分析。因为你想多销售产品,那竞争对手还想多销售呢!你想高价销售产品多赚钱,但竞争对手有可能为争夺市场而降价。不进行有效的竞争策略分析,你很难预计出企业产品的合理销量和价格。在以上分析的基础上,企业才能合理科学地制定营销策略。通过以上过程制定出的收入预算是建立在科学合理的市场分析和认真细致的市场营销策划的基础之上的。这个收入预算才是可靠的。第三步,编制成本、费用预算。在以上制定收入预算的过程中,为落实产品销售价格和销售量,经过了系统的分析和市场营销策划,不仅制定出了产品销售量和价格,还对如何保证完成这一目标,制定出了切实可行的措施。在此基础上,编制成本和费用预算应该是比较简单的事了。有了产品的销售量预算,产品的生产量就基本确定了,相应的生产预算就有了基础,产品成本预算,也就能做出来了。有了详细的营销策略,确定了为实现销售目标,需要建立什么类型及多少营销网点,就可以预计出需要多少销售人员,相应需要多少人员经费;确定需要开展什么促销活动,就能预算出相应的活动经费。第四步,编制利润预算。有了前面的收入预算和成本、费用预算,预计利润自然就很容易计算出来了。第五步,业务预算调节。通过以上四个步骤,各业务单元的初步预算就可以编制出来了,但这还不够,还需要一个各业务单元同企业业务主管领导上下沟通、协调的过程。企业业务主管领导,依据企业的业务发展战略,对各业务单元的预算进行探讨审核,并同各业务单元进行沟通确定,相应调整预算。

5.4.3 项目任务

一、项目资料

"一月的茶"奶茶店经营一年后,因许小东经营有方,选址合理,奶茶店很受消费者欢迎。许小东考虑在 2023 年上线一款新产品:芝士多肉水果冰沙。原来两款产品仍继续销售,原料消耗略有变动。许小东认为上年因店铺是第一年经营,采购成本和管理费用都较高,虽然销售不错,但是费用较大,利润比较薄,因此考虑在 2023 年对相关管理费用进行控制。2023 年预算情况如下:

(1)计划减少营销费用,在原基础上每月减少 30%的广告宣传投入。

(2)现店里有两名员工:许小东自己和负责制作的员工小李,小李原每月工资 4 000 元,许小东自己的工资每月 8 000 元,现计划给自己和小李每月增加 2% 的工资。

(3)水电煤费用每月减少 20%。

(4)维护费用进行控制,每月减少 20%。

(5)因继续租用该店铺,房东考虑给予一定优惠,在原基础上每月减少 30% 的租金。其他费用均无变化。

(6)奶茶店是现做现卖,没有存货,并且均为现金收款。除了原料成本外,其他费用均属于管理费用。

(7)假设奶茶店属于一般纳税人,增值税税率 13%,采购货物均能获取增值税专用发票,增值税税率 13%。附加税费率 10%。

(8)奶茶店的销售成本即产品的原料成本。

二、任务操作

假设产品的原料构成除主要原料外,其他均属于辅料,在表 5-33 中进行说明。根据表 5-34 至表 5-37 所示资料的情况,完成"一月的茶"奶茶店 2023 年产品销售预算、原材料采购预算、应交税费预算、管理费用预算及利润的预算,应交税费预算表采用常规法编制。

表 5-33 "一月的茶"主要产品原料构成资料表

序号	产品	原材料
1	珍珠奶茶	茶叶、牛奶、珍珠圆子、辅料
2	水果茶	茶叶、水果、椰果、辅料
3	芝士多肉水果冰沙	水果、果汁、芝士、辅料

表 5-34 2023 年"一月的茶"产品预计销售单价和预计销量资料表

产品		季度				合计
		第一季度	第二季度	第三季度	第四季度	
奶茶	单价/(元/杯)	10	10	10	10	
	销量/杯	6 000	8 500	7 320	9 500	31 320
水果茶	单价/(元/杯)	20	20	20	20	
	销量/杯	3 400	8 800	7 850	8 500	28 550
芝士多肉水果冰沙	单价/(元/杯)	24	24	24	24	
	销量/杯	2 300	6 500	8 600	3 240	20 640

表 5-35 "一月的茶"原料消耗定额及材料采购单价资料表

产品	材料	季度			
		第一季度	第二季度	第三季度	第四季度
奶茶/(克/杯)	茶叶	1	1	1	1
	牛奶	1	1	1	1
	珍珠圆子	1	1	1	1
	辅料	1	1	1	1

续表

产品	材料	季度			
		第一季度	第二季度	第三季度	第四季度
水果茶/(克/杯)	茶叶	2	2	2	2
	水果	2	2	2	2
	椰果	1	1	1	1
	辅料	1	1	1	1
芝士多肉水果冰沙/(克/杯)	水果	3	3	3	3
	果汁	3	3	3	3
	芝士	1	1	1	1
	辅料	1	1	1	1
材料采购单价/(元/克)	茶叶	2	2	2	2
	牛奶	3	3	3	3
	珍珠圆子	1	1	1	1
	水果	3	3	3	3
	椰果	2	2	2	2
	果汁	4	4	4	4
	芝士	2	2	2	2
	辅料	1	1	1	1

表 5-36 "一月的茶"2023 年原料结存情况表

材料种类	年初结存量/克	预计年末结存量/克	预计期末结存量占下期耗用量的百分比
茶叶	100	200	10%
牛奶	160	150	10%
珍珠圆子	300	480	10%
水果	200	260	10%
椰果	150	260	10%
果汁	320	240	10%
芝士	100	120	10%
辅料	130	150	10%

表 5-37 2022 年"一月的茶"管理费用项目实际明细表

单位:元

管理费用项目	金额
1.房租	120 000
2.水电煤	36 000
3.折旧费	6 000
4.维护费用	4 200
5.员工工资	144 000
6.广告费	13 200
合计	323 400

要求:

按以上资料填写完成表 5-38 销售预算表、表 5-39 原料耗用量预算表、表 5-40 原料采购预算表、表 5-41 应交税费预算表、表 5-42 管理费用预算表和表 5-43 预计利润表。

表 5-38 2023 年"一月的茶"销售预算表

数量:杯/金额:元

产品		季度				合计	数据来源
		第一季度	第二季度	第三季度	第四季度		
奶茶	单价	10	10	10	10		①单价、销量见表 5-34 ②销售收入=单价×销量 ③销项税额=销售收入×13% ④含税销售收入=销售收入+销项税额或销售收入×(1+13%)
	销量	6 000	8 500	7 320	9 500	31 320	
水果茶	单价	20	20	20	20		
	销量	3 400	8 800	7 850	8 500	28 550	
芝士多肉水果冰沙	单价	24	24	24	24		
	销量	2 300	6 500	8 600	3 240	20 640	
奶茶	销售收入	60 000	85 000	73 200	95 000	313 200	
水果茶		68 000	176 000	157 000	170 000	571 000	
芝士多肉水果冰沙		55 200	156 000	206 400	77 760	495 360	
合计		183 200	417 000	436 600	342 760	1 379 560	
增值税销项税额		23 816	54 210	56 758	44 558.8	179 342.8	
含税销售收入		207 016	471 210	493 358	387 318.8	1 558 902.8	

表 5-39 2023 年"一月的茶"原料耗用量预算表

产品	项目	材料	季度				合计	数据来源
			第一季度	第二季度	第三季度	第四季度		
奶茶	原料单耗/(克/杯)	茶叶	1	1	1	1		
		牛奶	1	1	1	1		
		珍珠圆子	1	1	1	1		
		辅料	1	1	1	1		
	预计销量/杯		6 000	8 500	7 320	9 500	31 320	
	预计耗用量/克	茶叶	6 000	8 500	7 320	9 500	31 320	
		牛奶	6 000	8 500	7 320	9 500	31 320	
		珍珠圆子	6 000	8 500	7 320	9 500	31 320	
		辅料	6 000	8 500	7 320	9 500	31 320	
水果茶	原料单耗/(克/杯)	茶叶	2	2	2	2		①原料单耗见表 5-35 ②预计耗用量＝原料单耗×预计销量
		水果	2	2	2	2		
		椰果	1	1	1	1		
		辅料	1	1	1	1		
	预计销量/杯		3 400	8 800	7 850	8 500	28 550	
	预计耗用量/克	茶叶	6 800	17 600	15 700	17 000	57 100	
		水果	6 800	17 600	15 700	17 000	57 100	
		椰果	3 400	8 800	7 850	8 500	28 550	
		辅料	3 400	8 800	7 850	8 500	28 550	
芝士多肉水果冰沙	原料单耗/(克/杯)	水果	3	3	3	3		
		果汁	3	3	3	3		
		芝士	1	1	1	1		
		辅料	1	1	1	1		
	预计销量/杯		2 300	6 500	8 600	3 240	20 640	
	预计耗用量/克	水果	6 900	19 500	25 800	9 720	61 920	
		果汁	6 900	19 500	25 800	9 720	61 920	
		芝士	2 300	6 500	8 600	3 240	20 640	
		辅料	2 300	6 500	8 600	3 240	20 640	
小计	预计耗用量/克	茶叶	*12 800	26 100	23 020	26 500	88 420	
		牛奶	6 000	8 500	7 320	9 500	31 320	
		珍珠圆子	6 000	8 500	7 320	9 500	31 320	
		水果	*13 700	37 100	41 500	26 720	119 020	
		椰果	3 400	8 800	7 850	8 500	28 550	
		果汁	6 900	19 500	25 800	9 720	61 920	
		芝士	2 300	6 500	8 600	3 240	20 640	
		辅料	*11 700	23 800	23 770	21 240	80 510	
合计			62 800	138 800	145 180	114 920	461 700	

编表说明：＊12 800＝6 000＋6 800
＊13 700＝6 800＋6 900
＊11 700＝6 000＋3 400＋2 300

表 5-40　2023 年"一月的茶"原料采购预算表

实物量单位：克/金额单位：元

材料	项目	季度				合计	数据来源
		第一季度	第二季度	第三季度	第四季度		
茶叶	采购单价/(元/克)	2	2	2	2		
	耗用量	12 800	26 100	23 020	26 500	88 420	
	加：期末结存量	2 610	2 302	2 650	200	200	
	减：期初结存量	100	2 610	2 302	2 650	100	
	采购量	15 310	25 792	23 368	24 050	88 520	
	采购成本	30 620	51 584	46 736	48 100	177 040	
牛奶	采购单价/(元/克)	3	3	3	3		
	耗用量	6 000	8 500	7 320	9 500	31 320	
	加：期末结存量	850	732	950	150	150	
	减：期初结存量	160	850	732	950	160	① 采购单价见表 5-35
	采购量	6 690	8 382	7 538	8 700	31 310	② 耗用量见表 5-39
	采购成本	20 070	25 146	22 614	26 100	93 930	③ 期末结存量和期初结存量见表下方详细说明
珍珠圆子	采购单价/(元/克)	1	1	1	1		④ 采购量＝耗用量＋期末结存量－期初结存量
	耗用量	6 000	8 500	7 320	9 500	31 320	⑤ 采购成本＝单价×采购量
	加：期末结存量	850	732	950	480	480	
	减：期初结存量	300	850	732	950	300	
	采购量	6 550	8 382	7 538	9 030	31 500	
	采购成本	6 550	8 382	7 538	9 030	31 500	
水果	采购单价/(元/克)	3	3	3	3		
	耗用量	13 700	37 100	41 500	26 720	119 020	
	加：期末结存量	3 710	4 150	2 672	260	260	
	减：期初结存量	200	3 710	4 150	2 672	200	
	采购量	17 210	37 540	40 022	24 308	119 080	
	采购成本	51 630	112 620	120 066	72 924	357 240	
椰果	采购单价/(元/克)	2	2	2	2		
	耗用量	3 400	8 800	7 850	8 500	28 550	
	加：期末结存量	880	785	850	260	260	
	减：期初结存量	150	880	785	850	150	
	采购量	4 130	8 705	7 915	7 910	28 660	
	采购成本	8 260	17 410	15 830	15 820	57 320	
果汁	采购单价/(元/克)	4	4	4	4		
	耗用量	6 900	19 500	25 800	9 720	61 920	
	加：期末结存量	1 950	2 580	972	240	240	
	减：期初结存量	320	1 950	2 580	972	320	
	采购量	8 530	20 130	24 192	8 988	61 840	
	采购成本	34 120	80 520	96 768	35 952	247 360	

续表

材料	项目	季度				合计	数据来源
		第一季度	第二季度	第三季度	第四季度		
芝士	采购单价/(元/克)	2	2	2	2		
	耗用量	2 300	6 500	8 600	3 240	20 640	
	加:期末结存量	650	860	324	120	120	
	减:期初结存量	100	650	860	324	100	
	采购量	2 850	6 710	8 064	3 036	20 660	
	采购成本	5 700	13 420	16 128	6 072	41 320	
辅料	采购单价/(元/克)	1	1	1	1		
	耗用量	11 700	23 800	23 770	21 240	80 510	
	加:期末结存量	2 380	2 377	2 124	150	150	
	减:期初结存量	130	2 380	2 377	2 124	130	
	采购量	13 950	23 797	23 517	19 266	80 530	
	采购成本	13 950	23 797	23 517	19 266	80 530	
采购成本合计		170 900	332 879	349 197	233 264	1 086 240	
增值税进项税额		22 217	43 274.27	45 395.61	30 324.32	141 211.2	
采购金额合计		193 117	376 153.27	394 592.61	263 588.32	1 227 451.2	

编表说明:

原料的期末结存量和期初结存量计算过程如下:

以原料茶叶为例:

(1)茶叶第一季度的期初结存量为100克,为题目所给数据,见表5-36。

茶叶第四季度的期末结存量为200克,为题目所给数据,见表5-36。

(2)根据题意,预计期末结存量占下期耗用量的百分比为10%,则:

茶叶第一季度的期末结存量=第二季度耗用量×10%=26 100×10%克=2 610克

以此类推:

茶叶第二季度的期末结存量=23 020×10%克=2 302克

茶叶第三季度的期末结存量=26 500×10%克=2 650克

(3)茶叶第二季度的期初结存量应等于第一季度的期末结存量2 610克。

茶叶第三季度的期初结存量应等于第二季度的期末结存量2 302克。

茶叶第四季度的期初结存量应等于第三季度的期末结存量2 650克。

其他原料的期末结存量和期初结存量计算原理同茶叶。

表 5-41　2023 年"一月的茶"应交税费预算表

单位:元

项目	季度				合计	数据来源
	第一季度	第二季度	第三季度	第四季度		
①销项税额	23 816	54 210	56 758	44 558.80	179 342.80	①见表 5-38
②进项税额	22 217	43 274.27	45 395.61	30 324.32	141 211.2	②见表 5-40
③应交增值税	1 599	10 935.73	11 362.39	14 234.48	38 131.6	③应交增值税＝①－②
④税金及附加	159.9	1093.57	1 136.24	1 423.45	3 813.16	④税金及附加＝③×10%

表 5-42　2023 年"一月的茶"管理费用项目预算表

单位:元

管理费用项目	金额	数据来源
1.房租	84 000	
2.水电煤	28 800	
3.折旧费	6 000	表中数据的计算依据表 5-37 及预算要求,
4.维护费用	3 360	具体计算过程见该表下方
5.员工工资	146 880	
6.广告费	9 240	
合计	278 280	

编表说明:

①房租＝120 000×(1－30%)元＝84 000 元

②水电煤＝36 000×(1－20%)元＝28 800 元

③维护费用＝4 200×(1－20%)元＝3 360 元

④员工工资＝(4 000＋8 000)×(1＋2%)×12 元＝146 880 元

⑤广告费＝13 200×(1－30%)元＝9 240 元

其他费用项目均无变化。

表 5-43　2023 年"一月的茶"预计利润表

单位:元

项目	金额	数据来源
①销售收入	1 379 560	①见表 5-38
②减:*销售成本	1 085 750	②见表 5-40
③税金及附加	3 813.16	③见表 5-41
④管理费用	278 280	④见表 5-42
⑤利润总额	11 716.84	⑤＝①－②－③－④
⑥减:所得税费用(25%)	2 929.21	⑥＝⑤×25%
⑦净利润	8 787.63	⑦＝⑤－⑥

编表说明:

＊销售成本＝(88 420×2＋31 320×3＋31 320×1＋119 020×3＋28 550×2＋61 920×4＋20 640×2＋80 510×1)元＝1 085 750 元

想一想

"一月的茶"利润最后计算下来还是比较薄的,主要原因有两个,第一销售的产品种类较少,第二相关费用需要进行控制,包括采购成本、管理费用。从对奶茶店的规划来说,我们可以从两个方面来考虑:一是从哪里赚钱,二是如何赚钱。经老师指导,试分析"一月的茶"开源和节流的规划。

知识拓展

人工智能下的管理会计发展

近几年,中国发生了很多惊人的变化,以大数据、人工智能、区块链为核心的新一代信息技术正对企业的战略、业务流程、流程再造、管理运营等带来新的挑战和更大的机遇。因此人工智能时代,管理会计会引领企业开启新的时代。首先,管理会计帮助管理重新塑造角色。人工智能大量地运用在我们的生活和工作中,尤其是新冠肺炎疫情发生以来。其次,管理会计更多地应用于企业内部价值链中的不同环节。伴随着人工智能技术的成熟和广泛应用,企业使用数据,精准制定策略,创新商业模式,管理会计可以推动企业跨界融合、互联互通。最后,人工智能时代,企业必须要做好数字化转型,企业的组织边界也变得越来越模糊。2020年的新冠肺炎疫情,把企业数字化转型推到风口浪尖,因此管理模式和运营模式必须升级变革,向精准经营和精细化管理迈进。而管理会计一如既往的职能就是为企业创造价值和提升价值。

项目5 小结

本项目主要内容为管理会计基础知识,主要介绍了管理会计的基本概念、管理会计中成本按性态进行分类的理念、本量利的原理及基本分析方法,以及全面预算的基本方法。在各项目任务中,设置了"一月的茶"奶茶店为案例,学生在掌握了基本的概念及方法之后,以该奶茶店的基本信息为依据,运用管理会计的相关知识与方法,在老师的指导下自主完成项目任务的学习要求,进一步熟练掌握相关知识点。主要学习任务包括:

(1)掌握管理会计的基本概念,能够比较管理会计与财务会计的异同,了解管理会计的发展历程。总体来说,管理会计与财务会计在工作主体、工作目的、服务对象、工作内容等方面均有所不同。管理会计偏向于对内,通过战略决策、预算、经营分析、成本管理、绩效评价、风险控制等各项工作内容,能够看到过去、现在和未来,更多的是关注价值的创造,能够为企业创造更大的利润及经济效益。财务会计则偏向于对外,通过记账、算账、报账等工作内容,能够把控企业的合法合规以及控制一定的风险,更多的是关注企业的过去。

(2)理解管理会计中的成本按性态进行分类,理解固定成本和变动成本的含义。固定成本一般包括生产成本中属于制造费用但是不随产量而发生变动的办公费、差旅费、折旧费、劳动保护费、管理人员工资薪酬和租赁费等。变动成本是指在一定条件下,其总额随业务量变动呈正比例变化的那部分成本,又称可变成本。例如,原材料、燃料及动力、外部的加工费用、外购的半成品成本、一线生产工人工资薪酬,以及销售费用、管理费用和财务费用中某些与销售量成正比例的费用项目。通过成本的性态分析,能够很直观地看到哪些成本是和收入的上升、下降有关的,就可以快速做出决策。同时,根据给出的项目任务的案例,根据案例给定的信息,区分案例中的固定成本和变动成本。

(3)理解本量利的概念,熟练掌握本量利分析方法,理解边际贡献、边际贡献率、盈亏分析点等基本概念。本量利分析是在变动成本计算模式的基础上,以数量化的会计模型与图文来揭示固定成本、变动成本、销售量、销售单价、销售额等变量之间关系的,能够有助于预测和决策的一种技术方法。通过本量利分析中的保本分析,就可以研究出企业收入等于费用时的销售量和销售额。保本分析是本量利分析的核心。同时,完成给定案例的本量利分析,计算案例中的保本销量和销售额。

(4)理解并熟悉全面预算的概念及经营预算的基本编制方法。全面预算是在企业总的战略目标的指导下,对未来的经营活动和相应财务活动进行充分、全面的预测和筹划,并通过对执行过程的监控,将实际完成情况与预算目标不断对照和分析,从而及时指导经营活动的改善和调整,可以帮助企业管理者更有效地对企业进行管理。通过全面预算,可以明确并量化企业的经营目标、规范企业的管理控制、落实各责任中心的责任、明确各级责权、明确考核依据,因此全面预算其实就是战略目标分解、实施、控制和实现的过程。在该模块,根据所给案例的基本信息,在老师的指导下,完整地编制案例企业的经营预算,并且分析企业的相关问题。

◆核心技能

区分固定成本和变动成本,掌握本量利分析方法、经营预算编制方法。

◆课堂讨论

1.管理会计是如何发展起来的?

2.管理会计是会计吗?

3.销售人员的工资属于固定成本还是变动成本?

4.简述企业实施全面预算的意义。

▶ 课后自测

一、单项选择题(下列每小题备选答案中,只有一个符合题意的正确答案,请将选定的答案编号,用英文大写字母填入括号内。)

1.现代企业会计可以分为两个重要领域,它们是(　　)。

　A.财务会计与管理会计　　　　　　　　B.规划会计与决策会计

　C.控制会计与责任会计　　　　　　　　D.管理会计与成本会计

2.下列不属于管理会计基本内容的是(　　)。

　A.责任会计　　　　B.规划与控制会计　　C.预测、决策会计　　D.成本会计

3.不属于管理会计职能的有(　　)。

　A.对会计事项进行账务处理　　　　　　B.预测资金需求量

　C.以各种指标评价投资方案　　　　　　D.制定成本定额,控制成本支出

4. 从工作侧重点的角度而言,管理会计被称为( )。
   A. 经营性会计 B. 报账性会计 C. 内部会计 D. 外部会计

5. 假定本期与上期的其他条件不变,当本期的销售量比上期减少时,则采用变动成本计算法,本期的利润将比上期( )。
   A. 增加
   B. 减少
   C. 可能增加,也可能减少
   D. 没有变化

6. 下列属于变动成本的是( )。
   A. 折旧费 B. 广告费 C. 差旅费 D. 原材料

7. 某产品单价10元/件,边际贡献率为40%,固定成本800元,目标利润1 000元,则保利量为( )。
   A. 300件 B. 450件 C. 200件 D. 133件

8. 直接材料采购、直接人工和制造费用预算是依据( )确定的。
   A. 销售预算 B. 成本预算 C. 生产预算 D. 现金预算

9. 将全部成本分为固定成本、变动成本和混合成本所采用的分类标志是( )。
   A. 成本的目标
   B. 成本的可辨认性
   C. 成本的经济用途
   D. 成本的性态

10. 管理会计的信息要求必须做到( )。
    A. 平衡性 B. 时效性 C. 准确性 D. 系统性

11. 生产单一品种产品企业,保本销售额是( )。
    A. 保本销售量×单位利润
    B. 固定成本总额÷边际贡献率
    C. 固定成本总额÷(单价－单位变动成本)
    D. 固定成本总额÷综合边际贡献率

12. 某企业只生产一种产品,月计划销售600件,单位变动成本6元/件,月固定成本1 000元,欲实现利润1 640元,则单价应为( )元。
    A. 16.4 B. 14.6 C. 11 D. 10.4

13. 在其他因素不变的情况下,固定成本减少,则保本点( )。
    A. 升高 B. 降低 C. 不变 D. 不能确定

14. 某企业固定成本总额为480 000元,产品销售单价20元/只,单位变动成本为12元/只,则保本量为( )。
    A. 60 000只 B. 25 000只 C. 10 000只 D. 20 000只

15. 如果产品的单价与单位变动成本上升的百分率相同,其他因素不变,则保本量( )。
    A. 不变 B. 上升 C. 下降 D. 不确定

16. 制造费用预算的编制主要由( )负责。
    A. 销售部门 B. 生产部门 C. 人事部门 D. 财务部门

17. 生产预算的主要内容有生产量、期初和期末产品存货及( )。
    A. 资金量 B. 工时量 C. 购货量 D. 销售量

18. 产品成本预算的主要内容不包括( )。
    A. 生产成本 B. 销售成本 C. 期末存货成本 D. 销售单价

19. 管理会计的服务侧重于( )。
   A. 股东   B. 外部集团
   C. 债权人   D. 企业内部经营管理
20. 成本分为固定成本和变动成本,是按( )分类。
   A. 时态   B. 是否相关   C. 性态   D. 经济内容

二、多项选择题(下列每小题备选答案中,有两个或以上符合题意的正确答案,请将选定的答案编号,用英文大写字母填入括号内。)
1. 管理会计的职能包括( )。
   A. 参与经济决策   B. 控制经济过程
   C. 预测经济前景   D. 考核评价经营业绩
2. 管理会计与财务会计的区别主要体现在( )。
   A. 工作内容不同   B. 服务对象不同
   C. 目的不同   D. 工作主体不同
3. 成本按其实际发生的时态分为( )。
   A. 历史成本   B. 固定成本   C. 相关成本   D. 未来成本
4. 以下属于固定成本的是( )。
   A. 生产工人工资费   B. 车间机器折旧费
   C. 房子的租赁费   D. 职工差旅费
5. 影响保利点的因素包括( )。
   A. 单价   B. 单位变动成本   C. 固定成本   D. 目标净利润
6. 下列因素的单独变化对保本点的影响是( )。
   A. 销售单价降低,保本点上升   B. 销量上升,保本点下降
   C. 单位变动成本降低,保本点上升   D. 固定成本总额下降,保本点不变
7. A产品销售单价为8元/件,固定成本总额为2 000元,单位变动成本为5元/件,计划产销量600件,要实现400元的利润,可以采取的办法有( )。
   A. 减少固定成本总额600元   B. 提高销售单价1元
   C. 提高产销量200件   D. 降低单位变动成本1元
8. 当企业生产经营处于保本点时( )。
   A. 边际贡献总额等于固定成本总额   B. 边际贡献总额等于利润
   C. 边际贡献率等于变动成本率   D. 利润等于零
9. 编制直接人工预算的主要依据有( )。
   A. 单位工时定额   B. 预计生产量   C. 标准工资率   D. 材料消耗定额
10. 全面预算包括( )。
   A. 销售预算   B. 生产预算   C. 采购预算   D. 制造费用预算

三、判断题(请在每小题后面的括号内填入判断结果,正确的用"√",错误的用"×"。)
1. 管理会计与财务会计同属于现代会计的两大分支,因此,两者在信息特征及信息载体、方法体系上是一致的。( )
2. 成本按性态分类属于定量分类。( )
3. 在相关范围内,固定成本的总额和单位固定成本均保持不变。( )

4. 在相关范围内，单位成本随业务量的变动而变动的成本称为变动成本。（　　）

5. 若销售单价与单位变动成本是同一方向变动、同比例变动，则单一品种的产品保本点业务量不变。（　　）

6. 企业生产多种产品时，也是可以使用本量利分析法的。（　　）

7. 保本点的边际贡献等于固定成本总额。（　　）

8. 全面预算通过货币度量的形式反映企业的整体规划。（　　）

9. 经营预算、专门决策预算和财务预算一般都是由企业的财务部门负责编制的。（　　）

10. 在编制业务预算时，常常附有预计现金收入（或支出）计算表，目的是方便现金预算的编制。（　　）

四、计算题

1. 星空公司主要生产保温杯，经测算，每件产品在市场上的售价是150元，产品的单位变动成本为110元/个，生产该产品需要负担的固定成本总额为200 000元。

要求：①计算保温杯的保本销售量与保本销售额；②计算保本点的单位边际贡献、边际贡献率；③当销售量为10 000个时，计算可实现的利润额。

2. 明华工厂生产皮包10 000只，销售单价为每只80元，单位变动成本为每只40元，固定成本总额为200 000元。

要求计算：①该产品保本点的销售量和销售额；②当固定成本减少20%时，其他条件不变，求该产品的保本点的销售额和销量；③单位变动成本下降5元，其他条件不变，求该产品的保本点的销售额和销售量。

3. 华新工厂是制造零部件的小型生产企业，2021年底接到了得利公司的订单：2022年生产5 000件AB型号的零部件。合同规定，该零部件的价格是500元/件，企业按季度向客户交货，四个季度的供货量分别为800件、1 200件、1 400件和1 600件。合同规定的付款方式是：每个季度的货款应当在当季支付60%，其余40%在下季支付。现在，得利公司还欠华新工厂50万元的货款，预计在2022年的第一季度进行支付。增值税税率13%。

要求：根据上述基本信息，填写表5-44 华新工厂销售预算表。

表5-44　2022年华新工厂销售预算表

项目	第一季度	第二季度	第三季度	第四季度	合计
预计销售量/件					
预计单价/(元/件)					
销售收入/元					
增值税销项税额/元					
含税销售收入/元					
合计					
预计现金收入					单位：元
期初应收账款					
第一季度					
第二季度					

续表

项目	第一季度	第二季度	第三季度	第四季度	合计
第三季度					
第四季度					
现金收入合计					

预计年末应收账款　　　　　　　　　　　　　　　　　　　　　　　　　　单位:元

期初应收账款	
加:预计全年含税销售收入	
减:预计全年收回货款	
期末应收账款	

实训操作

将全班同学按5～6人一组进行分组,具体分组情况也可以按任课老师的要求。现有几项大学生创新创业项目,每组同学可以选择任一,也可以自行确定创新创业项目。具体说明如下:

1. 经营项目以两类产品的销售为主进行分析,各组同学可以自己设定。
2. 创业经营项目不需要很复杂,简单明了即可。
3. 假设创设的公司为一般纳税人。
4. 可选择的创新创业项目:①面馆;②小吃店;③手工饰品店;④小超市;⑤服饰店;⑥面包蛋糕店;⑦玩具店;⑧咖啡店。

根据上述资料,完成以下任务:

1. 从以上可选范围内选择其一,也可以自行确定,进行项目的基本说明与介绍,包括店的命名、经营的项目、主要的产品介绍、组织机构及人员的组成等。
2. 设定基本的成本项目,并且区分固定成本和变动成本。
3. 运用本量利分析法,自行设定相关数据,分析各组的项目产品的保本销售额和保本销售量。
4. 运用全面预算编制方法,自行设定相关数据,编制销售预算、生产预算、采购预算、相关费用预算等经营预算表,最后编制完成预计利润表。

参考文献

[1] 财政部.企业会计准则——基本准则,2018年修订.
[2] 蒋漱清.会计基础知识与应用[M].2版.北京:北京交通大学出版社,2016.
[3] 刘海涛.会计原来这么有趣[M].北京:机械工业出版社,2016.
[4] 吴大军.管理会计[M].6版.大连:东北财经大学出版社,2021.
[5] 吴文学.管理会计那点事儿[M].北京:清华大学出版社,2017.
[6] 周阅,丁增稳.管理会计实务[M].2版.北京:高等教育出版社,2021.
[7] 邹志英.漫话管理会计是什么[M].北京:机械工业出版社,2021.
[8] 刘靳.财务报表分析从入门到精通[M].天津:天津科学技术出版社,2020.
[9] 张新民.从报表看企业数字背后的秘密[M].4版.北京:中国人民大学出版社,2021.
[10] 胡玉明.财务报表分析[M].4版.大连:东北财经大学出版社,2021.
[11] 中审众环会计师事务所.中审众环研究·实务案例卷(2020),2021.
[12] 刘蕾,柯霜.基础会计[M].北京:高等教育出版社,2018.
[13] 李学春,张晓楠,王岌.财务报表分析[M].上海:上海交通大学出版社,2015.
[14] 杨雄胜.现代会计研究的理论起点[J].财会月刊,2021(6).
[15] 杨雄胜.论会计应文明而演进[J].财会月刊,2021(7).
[16] 杨雄胜.会计的"星空与内心"[J].财会月刊,2021(9).